Humbert Fink

Süditalien

Tränen unter der Sonne

Mit 18 Abbildungen nach Fotografien
von Ulrike Elsinger und Humbert Fink

Fischer Taschenbuch Verlag

Fischer Taschenbuch Verlag
März 1981
Umschlagentwurf: Jan Buchholz/Reni Hinsch
Foto: Klaus D. Francke
Fischer Taschenbuch Verlag GmbH, Frankfurt am Main
Lizenzausgabe mit freundlicher Genehmigung des
Süddeutschen Verlages GmbH, München

Gesamtherstellung: Hanseatische Druckanstalt GmbH, Hamburg
Printed in Germany
1280-ISBN-3-596-23038-1

Für Ulrike Elsinger

Inhalt

Das falsche Gold der Hinterhöfe

Staub fällt auf die Phlegräischen Felder

Ich habe Neapel aus jeder Perspektive kennengelernt, unter allen möglichen Vorzeichen erlebt, zu jeder Jahreszeit aufgesucht und in allen seinen gräßlichen oder auch nur erstaunlichen sozialen Schichten immer als etwas hingenommen, das dem Mythos vom Menschen wahrscheinlich am nächsten kommt. Ich behaupte sogar, daß man nur hier das sogenannte gemeine Leben mit der gleichen Aufrichtigkeit betrachten und genießen kann wie den befriedigenden Wohlstand eines saturierten Kleinbürgertums in irgendeiner europäischen Sozialdemokratie. Es macht, was die soziale Rangordnung betrifft, in Neapel überhaupt nichts aus, wenn man arm ist, so bitter und verzweifelt arm, daß man nicht einmal mehr geschmuggelte Zigaretten oder irgendwelche gebrauchten und nutzlosen Bedarfsartikel des täglichen Lebens verkaufen kann, obgleich mehr als hunderttausend Menschen von solchen Beschäftigungen und solchem Handlangerdienst rund um den Golf leben müssen. Und genausowenig macht es etwas aus, wenn man vermögend genug ist, um sich alle die Dinge kaufen zu können, die Neapel zur interessantesten und lasterhaftesten Stadt Italiens machen. Armut, Reichtum, bürgerlicher Wohlstand oder die Erniedrigung durch das Elend, das alles zählt hier nicht so viel wie anderswo, weil es nicht die gleiche Bedeutung hat wie anderswo, weil der Instinkt des Volkes hier nicht auf soziale Rangunterschiede reagiert, weil der durchschnittliche Neapolitaner sich völlig anders verhält als der durchschnittliche Italiener, weil Neapel überhaupt nichts mit dem übrigen Italien zu tun hat, weil es etwas von Algier besitzt und ein wenig von Kairo und eine Spur süßer lasziver alexandrinischer Lasterhaftigkeit und eine vage Erinnerung an Tanger und Marseille und vielleicht auch einen Abglanz dieser palermitanischen Rücksichtslosigkeit, obgleich man hier nicht so dramatisch und schwerblütig ist wie auf Sizilien – weil Neapel alle Grausamkeit und alle Schönheit des mediterranen Raumes in sich vereinigt, ohne daß es deshalb mit irgendeinem Schauplatz

oder mit irgendeiner Stadt oder mit irgendeinem Charakter des mediterranen Raumes vergleichbar wäre.
Ich weiß, wovon ich rede, denn ich verleugne Neapel seit vielen Jahren schon als meine zweite oder dritte Heimatstadt, ich lehne es seit meiner Kindheit verzweifelt ab, mich an die Straßen und Plätze zu erinnern, zwischen deren Mauern ich gelebt habe, ich vergesse hartnäckig den verdorbenen und fauligen Geruch Neapels und verschließe mein Herz vor den abscheulichen Verlockungen gewisser Stadtviertel, die auf dem Vómero oder hinter der Via Roma oder auch draußen in Barra liegen können, ich unternehme alle möglichen Verrücktheiten, nur um nie daran erinnert zu werden, daß etwas von der schönen Laszivität und der gotteslästerlichen Unschuld dieser Stadt in meine Seele oder in meinen Charakter gedrungen sein könnte, weil ich es als ein zwar schönes, aber überflüssiges Martyrium betrachte, so zu sein wie ein Neapolitaner.
Und trotzdem kann ein Tourist, der aus Deutschland oder England oder von sonstwoher geradenwegs nach Neapel gekommen ist und dann im Taxi zu seinem Hotel gebracht wird und natürlich nichts vom perversen Ritual ahnt, das sich von dem Augenblick an, da er neapolitanischen Boden betreten hat, um seine Person entwickelt, und trotzdem, behaupte ich, kann dieser Tourist einige Tage lang in der Stadt bleiben und dabei das stereotype Programm der üblichen Rundfahrten und Ausflüge absolvieren und die gewohnten genießerischen Blicke aufs berühmte Panorama werfen, ohne daß er etwas vom abnormen Charakter der Stadt und den ebenso liederlichen wie naiven Gewohnheiten ihrer Bewohner ahnt.
Auch ich nehme dieses bequeme Beispiel touristischer Unvoreingenommenheit oder Blindheit manchmal in Anspruch, denn es gibt für mich kein sonderbareres und zugleich auch prickelnderes Vergnügen, als abends mit der Kursmaschine aus Rom oder mit einem der zahlreichen gewichtigen, hoffnungslos überfüllten und leise schaukelnden Schnellzüge anzukommen und mich dann von dem Taxichauffeur, dessen Zutreiber und Helfershelfer am geschicktesten vorgegangen sind, in eines der verstohlen seufzenden und knarrenden und an vornehmer Altersschwäche leidenden Hotels an der Via Partenope in Santa Lucia bringen zu lassen, wo ich dann, umsorgt von Trinkgeld heischenden Neapolitanern, die sich als Kellner kostümieren, aufs vertraute Gemäuer des Castel dell'Ovo

schaue und mich ein paar Augenblicke lang der angenehmen Erinnerung an diesen Mann namens Lucullus hingebe, der nicht nur den Kirschbaum aus dem Orient mitgebracht hatte, sondern dessen berühmte Villa, umgeben von kleinen Gärten und Fischteichen, genau auf dem Platz stand, wo sich heute das Kastell erhebt, und wo er, *der wählerischste unter allen Epikureern,* inmitten seiner hervorragenden Bibliothek über immer neue Saucen und Gewürze, Fleisch- und Fischgerichte, Gaumenfreuden und üppige Festbankette und die dazugehörenden Ausschweifungen nachgrübelte, bis er hinlänglich für seinen und seiner Freunde Gaumen gesorgt hatte, um so etwas wie eine zweifelhafte Unsterblichkeit zu gewinnen. Und es ist eine niederträchtige Ironie des Schicksals, daß einige Restaurants, die durch Film und Fernsehen zwar weltberühmt, aber in der Qualität der von ihnen angebotenen Mahlzeiten und folkloristischen Darbietungen eher zweifelhaft geworden sind, direkt im Schatten des Castel dell'Ovo liegen, was dem ersten römischen Gourmand und Gourmet, würde er diese lärmende Profanierung noch miterlebt haben, ein grundsätzliches Mißvergnügen bereitete.
Aber ich will beweisen, daß man nach Neapel kommen kann, ohne die irritierende Absurdität seiner Verhältnisse kennenlernen zu müssen! Dieses für jeden glücklichen Phlegmatiker erstrebenswerte Ziel erreicht man, wenn man zum Beispiel am ersten Morgen nach der Ankunft die legendären Phlegräischen Felder aufsucht und sich zwischen griechischen Erinnerungen und römischen Ruinen, vulkanischen Erscheinungen und einer bukolischen Landschaft noch einmal dieses weit zurückliegende Zeitalter zu vergegenwärtigen sucht, da Namen und Begriffe wie Kyme und Cumae, Baiae, Puteoli und Misenum das entzückte Erstaunen der damaligen zivilisierten Welt bildeten und noch niemand ahnte, daß nur wenige römische Meilen davon entfernt und halbwegs in der Mitte zwischen dem vornehmen und wollüstigen Modebad Baiae und der betriebsamen Textilstadt Pompeji in den folgenden Jahrhunderten eine schmutzstarrende und von obskuren Leidenschaften erfüllte Millionenstadt entstehen würde.
Aber vergessen wir jetzt einmal Neapel, vergessen wir seine blutrünstige Geschichte mit ihren zahllosen verrückten Revolutionen, Bettleraufständen und lächerlichen Blutorgien, vergessen wir die imponierende Genealogie aller mörderischen

und heimtückischen Seuchen, denen es freilich noch immer nicht gelungen ist, diese von Bakterien und Bazillen wimmelnde Stadt auszurotten, vergessen wir die poetischen Namen der alten Gilden und Geheimbünde, hinter denen sich die geschicktesten Taschendiebe und die skrupellosesten Zuhälter verbergen, vergessen wir die berühmten Toten von Vergil bis Leopardi und die anonymen Lebenden vom Fischhändler bis zur Vorsteherin eines der vielen illegitimen Freudenhäuser! In Cuma, dem alten griechischen Kyme und römischen Cumae, kann man heute noch die Anfänge besichtigen, aus denen Neapel wie aus einem schwangeren Bauch gekrochen ist, und, das Ohr an den sibyllinischen Stein gepreßt, melancholische Überlegungen darüber anstellen, warum alle Schönheit, die irgendwann einmal der menschlichen Phantasie entsprungen ist, sich zur janusköpfigen Fratzenhaftigkeit verändert. Denn wer hier unter der geheimnisvoll rauschenden Wölbung von Lorbeer- und Eichenbäumen und im Angesicht des blauen schimmernden Meeres zwischen riesigen Quadern und zertrümmertem Gestein plötzlich erstaunt darüber nachzudenken beginnt, daß er sich an einem der ältesten Schauplätze abendländischer Zivilisation befindet, dem wird vielleicht auch die zynische Genugtuung zuteil, solch melancholische Gedanken als ganz selbstverständlich zu empfinden.
Warum stelle ich diese Überlegung an? Noch dazu auf der Akropolis von Cumae, umgeben von heidnischem Mythos und der Ahnung frühchristlicher Frömmigkeit und respektvoll begreifend, daß aus dem ersten cumaeischen Alphabet, das die Griechen hier vor rund dreißig Jahrhunderten formulierten, alle italienischen und lateinischen Alphabete entstanden sind, und daß hier vor undenklicher Zeit schon eine seherische Sibylle inmitten einer von Göttern und Dämonen bewohnten Welt prophetisch das Entstehen der christlichen Religion vorhergesagt hatte. Ergriffenheit wäre angebracht, Demut und Staunen angesichts der verschlungenen Pfade, die das menschliche Geschlecht auf wenigen Quadratmetern gehen mußte, um alle spektakulären Möglichkeiten auszuschöpfen, die ein mythischer Gott wie ein Geschenk verstreut hat. Aber dann blättere ich in einem beliebigen Handbuch. Und ich lese Jahreszahlen und lapidare Anmerkungen. Und mein Respekt vor dem Genius des Ortes wird zum höhnischen Witz, wie ihn die Neapolitaner erzählen. Denn was sich als Heiligtum an-

bietet und wo die ersten griechischen Siedler aus Euböa ihr berühmtes Alphabet, das sie mitgebracht hatten, weiter vervollkommneten, und wo die berühmteste aller abendländischen Seherinnen, die hochverehrte Sibylle, im innersten Kultraum eines tief in den Tuffstein geschnittenen Felsenganges ihre geheimnisvollen Verkündigungen machte und wo natürlich einige der schönsten Tempel dem allmächtigen Zeus und dem strahlenden Apollo geweiht waren: Das alles war nichts weiter als ein Anlaß zu unaufhörlichen Kriegen und erbitterten Auseinandersetzungen! Dabei war den ersten griechischen Siedlern, die an dieser schönen Küste landeten, ausgerechnet eine friedliebende und friedenstiftende Taube wegweisend vorangeflogen, was dann freilich nicht verhindern konnte, daß Mord und Totschlag den mächtig gewölbten Stadthügel beherrschten. Es begann mit einem zähen und lang anhaltenden Abwehrkrieg gegen die Etrusker, der erst entschieden werden konnte, als eine gewaltige Flotte der Syrakusaner, mit denen man sich in Kyme verbündet hatte, die Etrusker draußen vor der Küste vernichtete. Aber auf die etruskische Gefahr folgten die Samniten, und dann die Römer, die das griechische Kyme endgültig eroberten und zu Cumae machten, und wenn man will, kann man auch den Einzug des Christentums, das auf den schönen Tempeln und Kultstätten seine ersten frühchristlichen Basiliken und Kapellen errichtete, als eine gewaltsame Veränderung betrachten, denn es floß zuerst das Blut der christlichen Märtyrer und dann natürlich das Blut der hartnäckigen Heiden, die freilich keine Heiden in einem barbarischen Sinne waren, sondern gläubige Menschen, die einfach das Pech hatten, beharrlich an ihre alten Götter zu glauben. Und immer noch tobten die Furien des Krieges über den alten Stadthügel hinweg! Ostgoten, Byzantiner, Langobarden, Sarazenen, bis sich schließlich eine Piratenkolonie in den verwüsteten und immer noch mächtigen Mauern einnistete und die ganze Küste beherrschte. Erst im Jahre 1207 gelang es einer neapolitanischen Armee, Cumae zu erstürmen und die Seeräuber zu verjagen. Später versumpfte und verwilderte die Landschaft, die Malaria kroch mit der wild wachsenden Macchia über den mächtigen Hügel, und fast ein halbes Jahrtausend lang vergaß man völlig diese älteste griechische Siedlung, die es auf italienischem Boden gegeben hat. Erst um die Mitte des 19. Jahrhunderts begannen die Ausgrabungen, die bald

bestätigten, daß im uralten Kyme der Kult um den strahlenden Gott Apollo für die Völker Italiens seinen Anfang genommen hatte, und es ist nicht besonders erstaunlich, daß man auch hier dem unsterblichen Genie Daedalos begegnet: Er nämlich soll die großen griechischen Tempel gebaut haben, deren Trümmer heute noch entlang der heiligen Straße aus dem üppigen Grün der kampanischen Landschaft aufleuchten. Die Flügel, die er auf Kreta konstruiert hatte und mit deren Hilfe er übers Mittelmeer geflogen war – ich persönlich zweifle nicht am Wahrheitsgehalt dieses großartigen Mythos –, weihte er dann dem strahlenden Gott von Delos und Delphi und hinterlegte sie im apollinischen Tempelheiligtum.
Blut und Tränen und eine immerwährende Erniedrigung des menschlichen Geistes also auch hier, wo der Triumph des Geistes begonnen hatte? Und trotzdem kann man auf diesem einsamen Hügel, der feierlich unter der Sonne glänzt, das schreckliche Neapel vollkommen vergessen und sich sogar einen verzauberten Vormittag lang einbilden, daß die Welt nur aus Schönheit besteht, aus anmutigen Dingen und handlich verpackter Nützlichkeit. Seltsame Gedanken fliegen mir durch den Kopf, wenn ich über die Phlegräischen Felder wandere, über dieses erstaunliche Trümmerfeld der Geschichte, das freilich in keinem Augenblick diesen verdorbenen Eindruck vermittelt, den die Geschichte manchmal dort hinterläßt, wo sie sich schamlos den Blicken späterer Generationen preisgibt. Was soll ich erzählen, was aufzählen von den tausend Sehenswürdigkeiten und Erstaunlichkeiten und Überresten aus einer größeren Zeit? Und welche Namen sind bedeutsam und welche nur für das Lokalkolorit Neapels wichtig? Die Sonne fliegt wie ein Vogel durch den Himmel. Das Meer schimmert hinterm dunkelgrünen Geäst schwerbeladener Orangenbäume. Weingärten wachsen stufenförmig hügelaufwärts. Manchmal weht Schwefelgeruch über die Landschaft. Eine Erinnerung an das unterirdische Drama, das tief in der Erde sich abspielt und von dem freilich nur dünner weißer Rauch, der sich fauchend an die Oberfläche drängt, ein beängstigendes Zeugnis ablegt.
Pozzuoli zum Beispiel, die Stadt der Fischer, des heiligen Gennaro und der allgegenwärtigen Sofia Loren, wo Paulus, der fanatische Propagandist einer neuen Religion, sieben Tage lang Aufenthalt genommen und das Grab des von ihm hochverehrten Vergil besucht hatte, bevor er weiter mußte nach Rom,

Pozzuoli zum Beispiel, das samiotische Griechen ein halbes Jahrtausend vor Christus gegründet hatten und in ihrer naiven Euphorie Dikaiarcheia, *die Stadt, in der das Recht herrscht,* nannten und das trotzdem schon hundert Jahre später von den Römern erobert wurde und dann als Puteoli zum wichtigsten römischen Handelshafen ausgebaut wurde, der den Weg in die griechische und levantinische Welt öffnete, und wo mit den heimkehrenden Matrosen die seltsamen Kulte und Mythen aus Ägypten und der ganzen östlichen Mittelmeerwelt ins römische Imperium eingeschleust wurden, Pozzuoli also ist ein solches Beispiel für das dichte Nebeneinander von historischer Hinterlassenschaft und pulsierender Gegenwart. Jeden Tag findet hier heute noch wie seit Jahrtausenden der unvermeidliche Fischmarkt unten am alten Hafen statt, wo die Fischer ihren nächtlichen Fang verkaufen. Jeden Tag immer wieder von neuem dieses erbarmungswürdige *von der Hand in den Mund leben,* auch wenn die prachtvollsten und schauerlichsten Polypen schleimig und hartnäckig mit ihren tastenden Fangarmen über die verwitterten Barken kriechen oder rotbraun gefleckte Krebse, Krabben und Langusten hysterisch in ihren engen Behältern tanzen und draußen am Kai in primitiven Kisten und Schachteln sich die silbrigen Fischleiber glitschig und verlockend türmen. Hier kaufen die berühmten Restaurants vom neapolitanischen Santa Lucia genauso ein wie die ländlichen Gaststätten von Baia, Bácoli oder von Pozzuoli selbst. Hier feilschen Hausfrauen hartnäckig um jeden einzelnen Fisch und verteidigen die Fischer mehr verdrossen als lautstark ihren Anteil, von dem sie mit ihren Familien manchmal tagelang leben müssen. Es ist ein eigenes Volk mit einer eigenen Physiognomie und mit eigenen Gewohnheiten, die rund ums ganze Mittelmeer ähnlich oder sogar gleich sind. Und auch ihre Kinder sehen anders aus als andere Kinder, sprechen anders, verhalten sich anders, sind frühzeitig schon von diesem Beruf geprägt, der hier jede Romantik verliert und sich nur noch als ein mühsames Handwerk entpuppt, von dem man kaum noch vernünftig leben kann. Daneben und dazwischen die kreischenden Variationen und Kunststücke der ambulanten Obst- und Gemüsehändler, die den Reichtum der kampanischen Landschaft, der über die Gehsteige quillt, mit einem unglaublichen Erfindungsreichtum an Worten und Gebärden anpreisen, daneben und dazwischen aber auch das

ganze abwechslungsreiche Gewerbe der Marktfieranten und Wanderhändler, die vom rosafarbenen Schlüpfer über hausgemachte Pfefferwürste bis zur Brautausstattung buchstäblich alles verkaufen. Und alles unter freiem Himmel und inmitten einer schiebenden und stoßenden Menge, die sich auf engstem Raum zwischen dem leuchtenden Viereck des Hafens und den erstaunlichen Ruinen des sogenannten Serapeum drängt. Dieses Serapeum, dessen Säulenstümpfe und knochenbleiche Trümmer dicht hinter dem Hafen und dem Markt von Pozzuoli in einem grün schimmernden Teich stehen, war in römischer Zeit eine Markthalle, vergleichbar einem orientalischen Basar, wo die aus der Levante, aus Ägypten und aus den griechischen Gewässern heimkehrenden Kaufleute ihre ebenso seltenen wie kostbaren Waren anboten und wo zugleich die Matrosen und Soldaten, die vom nahen Kriegshafen Misenum herüberkamen, ihre derben Vergnügungen suchten und fanden. Übrigens sind diese eigenartigen Ruinen auch in geologischer Hinsicht interessant, denn der Boden, auf dem sie stehen, hebt und senkt sich seit vielen Jahrhunderten in regelmäßigen Abständen, so daß sie manchmal schon völlig vom Meerwasser bedeckt waren, um dann wieder daraus aufzutauchen.
Im römischen Puteoli belagerte Hannibal die Akropolis, die sich auf dem Gelände der heutigen malerischen Altstadt hinter dem Dom befand, wurde der Leichnam des Augustus an Land gebracht und verschmähten im sogenannten flavischen Amphitheater, dessen gewaltige Ruinen jetzt wieder einmal renoviert werden, die wilden Raubtiere im April des Jahres 305 den Bischof von Benevent, der dann enthauptet werden mußte und dessen Blut im Dom von Neapel sich heute noch zweimal jährlich im Verlauf eines spektakulären Wunders, an das freilich nicht einmal alle Neapolitaner selbst glauben, erstaunlicherweise verflüssigt. Empfindsame Christen, die sich auch heute noch Gedanken machen über die Entwicklung ihrer Religion, sollten in diesem riesigen Amphitheater von Pozzuoli darüber nachdenken, daß hier während der großen römischen Christenverfolgungen Zehntausende ihrer Brüder und Schwestern bestialisch zu Tode geschunden worden sind, während zur gleichen Zeit die verehrungswürdigen Götter der Antike schon allmählich aus dem Bewußtsein der Menschen verschwanden und an der Vergnügungssucht und am oberflächlichen Wohlstand eines Zeitalters scheiterten, das reif war für

Zusammenbruch und Erneuerung. Und das mich manchmal auf makabre Weise an unsere Gegenwart erinnert.
In Baia dann, dem römischen Baiae, nähert man sich wieder Neapel, und zwar nicht so sehr in einem geographischen Sinne als was die verdorbenen und verlorenen menschlichen Tugenden angeht. Plinius und Properz, Seneca und Cicero, Horaz und Martial und noch eine ganze Reihe anderer römischer Schriftsteller beschrieben in unterschiedlicher Tonart und mit abwechslungsreicher Bedeutung dieses wahrscheinlich luxuriöseste und mondänste Seebad der antiken Welt: *Und hier scheint der Luxus in der Tat mit den ausschweifendsten Raffinements auf jede Art und Weise geherrscht zu haben,* schreibt Plinius, während Properz warnend sagt: »Du aber mache dich auf und verlaß' das verrottete Baiae.« Und es ist fast selbstverständlich, daß auch eine so zwiespältige Persönlichkeit wie Nero hier in den sogenannten *Öfen des Nero* verewigt worden ist, natürlichen Schwitzkammern, die unserer modernen Sauna vergleichbar sind und für die die zahlreichen Thermen, über die Baiae verfügte, unerläßlich waren. Hadrian ist hier gestorben, Plinius der Ältere beobachtete von Misenum aus, wo er die römische Flotte befehligte, den Untergang Pompejis und bestieg dann ein schnelles Ruderschiff zu seiner letzten Fahrt, worüber Jahre später sein Neffe, Plinius der Jüngere, einen berühmten Brief an Tacitus schreiben sollte, die bourbonischen Könige besorgten sich hier die begehrten Austern, und schließlich sollte man nicht vergessen, daß Baios, der Namensstifter dieser längst schon herabgewohnten und unansehnlich gewordenen kleinen Seestadt, einer der legendären Gefährten des Odysseus gewesen und hier begraben worden ist. Übrigens verdankt auch Miseno, das wie eine zu Stein erstarrte Träne vor Procida und Ischia liegt, seinen Namen einer mythischen Figur, nämlich dem Trompeter Misenus, der Äneas bis an diese Küste begleitet hatte, wo er dann den Tod fand.
Was bleibt noch aufzuzählen? Am Strand von Bácoli die sogenannte Gruft der Agrippina, die an den Muttermord Neros erinnert, und das Wasserreservoir der römischen Flotte, eine der eindrucksvollsten architektonischen Leistungen des bauwütigen Imperiums. Ähnlich beeindruckend ist auch der großartige *Arco Felice,* der in kühner Wölbung vor Cumae die alte Via Domitiana überquert, oder die zahllosen Ruinen, unterirdischen Höhlengänge und Überreste von Thermalanlagen und

Tempelheiligtümern am *Lago di Fusaro* und am *Lago d'Averno*. Und natürlich beeindrucken auch die Solfataren mit ihren giftigen und stinkenden Dämpfen, die tief aus dem Erdinneren hervorschießen und eine warnende Erinnerung daran sind, daß diese Phlegräischen Felder und mit ihnen natürlich auch Neapel immer noch auf vulkanischem Boden stehen.
Was für ein Gedanke, sich das heute zu veranschaulichen, wie vor den Toren Neapels das Leben mit seinen vielfältigen Verirrungen und Abgründen und Schönheiten begann! Und wie alles das, was später in der zerstörerischen und verrufenen Millionenstadt stattfinden sollte, hier draußen auf dem großen Gelände der Phlegräischen Felder bereits durchgespielt wurde! Ich habe mir manchmal überlegt, daß Neapel die wahre Wölfin Italiens sei, die schmatzend und saugend an allen diesen Geheimnissen hängt, aus denen sie ihre Laster, Vergnügungen, Perversionen, ihre erstaunliche Kraft und ihre unüberbietbare Liederlichkeit empfängt. Denn hat nicht das zutiefst abergläubische Neapel seinen Ursprung in der dämonischen Gestalt einer der größten Wahrsagerinnen der Antike, die als Sibylle unsterblich wurde? Und befand sich draußen auf den Phlegräischen Feldern nicht einer der furchteinflößendsten Einstiege in die Unterwelt? Und besaß die Stadt im wollüstigen Baiae nicht ein unübertreffliches Vorbild für ihre berüchtigte Lasterhaftigkeit? Und könnte die unbestreitbare Intelligenz der Neapolitaner, ihr wacher Verstand und ihr böser Sarkasmus, nicht etwas mit diesem ersten abendländischen Alphabet zu tun haben, das aus dem griechischen Kyme kommt? Und war nicht das römische Puteoli das Tor in eine fremde und mirakulöse Welt, wie heute der Hafen von Neapel immer noch die letzte Station der Auswanderer ist, bevor sie zu fernen Kontinenten aufbrechen? Und erzählt der Schwefelgeruch der Solfataren nicht unaufhörlich vom nahen Ende der Welt, von dem die ebenso lebenslustigen wie zutiefst skeptischen Neapolitaner seit zweitausend Jahren fest überzeugt sind? Und verdanken sie nicht schließlich auch ihren Stadtheiligen San Gennaro, der geduldig seit vielen Jahrhunderten für eines der größten Wunder der Kirchengeschichte sorgt, einer dieser alten Vorstädte, die heute längst schon wieder zu einer unbegreiflichen Bedeutungslosigkeit herabgesunken sind?
Das alles sind Fragen, die natürlich unbeantwortbar bleiben.

Am erstaunlichen kulturgeschichtlichen Reichtum einer der faszinierendsten historischen Landschaften, über die das Abendland verfügt, ändert das freilich nichts.

Pompeji oder Der Blick zurück

Manchmal frage ich mich, warum mir Neapel, während ich es mit den Augen eines enttäuschten Liebhabers betrachte, so widerwärtig ist, so verabscheuungswürdig und auf eine sonderbare Weise nicht ganz geheuer, als ob ich Angst haben müßte, in dieser Stadt wie in einem verschmutzten und trüben Spiegel etwas von meinem eigenen Charakter zwar ungenau und unscharf, aber trotzdem schmerzhaft wiederzuerkennen. Und ich frage mich dann auch, was mich an Neapel zugleich fasziniert und abstößt, wobei es gleichgültig ist, ob ich im selben Hotel an der Via Partenope wohne, wo der unvergeßliche Caruso im August des Jahres 1921 gestorben ist, oder ob ich mich nächtelang in den finsteren und grausamen Quartieren der Altstadt herumtreiben muß, ob ich zwischen einem internationalen Reisepublikum in Santa Lucia und auf dem Vómero mir hartnäckig einbilde, ein paar sorglose Tage zu verleben, oder im berüchtigten Bauch von Neapel davon träume, dem vernichtenden Fluch dieser Stadt, die mich wie ein Riesenkrake saugend und verzehrend umklammert, doch noch zu entrinnen. Ich liebe Neapel. Und ich hasse Neapel. Ich fahre zum Beispiel zu den Phlegräischen Feldern hinaus und übersehe angestrengt die schmutzstarrenden und wie rostbraune Skelette zusammengepferchten und von absoluter Hoffnungslosigkeit erfüllten Arbeiterquartiere in Bagnoli zwischen den Ausläufern des schönen und vornehmen Posillipo und Pozzuoli, nur um mir einzubilden, daß Neapel auch über anmutige und bewundernswerte Vorstädte verfügt. Ich durchdringe den ekelhaften Ring aus Verfall und Gemeinheit, aus herabgekommenen Patrizierhäusern und desolaten Palästen, in denen die hochmütigen und selbstherrlichen Anführer der Schmugglerfamilien wie Feudalherren des 19. Jahrhunderts leben und wo zwischen Beerdigungsinstituten und Parteisekretariaten und kümmerlichen Handwerkerläden und Bergen von verfaulendem Gemüse und riesigen Hausaltären, deren süßlicher Kitsch anderswo jeden Glauben verspotten würde, wo also zwischen den rabiaten Regungen eines deformierten Lebens sich unaufhörlich die Erinnerung an eine großartige Vergangenheit rührt, als hier noch die berühmte und prachtvolle Goldene Meile von Neapel bis Portici und Torre del Greco reichte – ich durchdringe diesen Ring von üblen Gerüchen und üblen Gewohnheiten und gemeinen Dingen, aus denen sich die südlichen Vorstädte Neapels zusammensetzen, nur um nach Pompeji zu kommen, nur um mir einzubilden, daß die stolze zerstörte Vergangenheit auch heute noch über den zerlumpten Bankrott Neapels triumphiert. Aber während ich noch unterwegs bin nach Pompeji, ausgerüstet mit allen guten Vorsätzen und bereichert durch ein Wissen, das ich einer Legion von klugen Büchern entnommen habe, kommt mir noch in Neapel auf dem Corso Umberto, ungefähr auf der Höhe der blutbesudelten Piazza Mercato, die hinter einem Gewirr hoher und abscheulich düsterer Häuser verborgen liegt, eine Demonstration entgegen, deren Armseligkeit herzergreifend ist. Ein schwaches Dutzend zerlumpter Frauen und Männer, Bewohner der allerschlimmsten Elendsquartiere Neapels, der sogenannten *bassi*, tragen ein paar schmutzige Fetzen mit sich, auf denen ihre verzweifelten Anklagen wie ein dürftiges Alphabet der Hilflosigkeit wirken. Einige Männer lärmen auf zerbeulten Blechschüsseln und Kupferkannen, weil sie es noch nicht einmal zu einer agitatorischen Trommel gebracht haben. Einige Frauen kämpfen vergeblich mit ihren heiser geschrienen Stimmen gegen den Straßenlärm an. Ihre Parolen gegen Mietenwucher und Ausbeutung gehen im verkehrsreichen Wirbel des Corso Umberto nutzlos unter. Was aber diese hoffnungslose Demonstration wirklich zum ekelerregenden Elendszug macht, sind die kranken und entstellten Gesichter der Demonstranten, Gesichter, auf denen sich das wirkliche Neapel mit seinem verzehrenden Haß und seinen absonderlichen Leidenschaften, die im Grunde nur Gemeinheiten sind, längst schon verewigt hat. Aber ich ignoriere diese zehn oder zwölf schreienden und jammernden Karikaturen von Menschen, wie sie vom ganzen Corso Umberto und von ganz Neapel ignoriert werden, und fahre weiter hinaus nach Pompeji, fahre weiter vorbei an Kindern mit kleinen gelblichen spitzen Gesichtern, die mitten im Straßenverkehr ihre geschmuggelten Zigaretten verkaufen, fahre weiter durch den plötzlich einsetzenden Regen, der den Schmutz von Neapel in einen schlammigen Brei verwandelt, und während aus allen

Nebenstraßen und Seitengassen das verunstaltete und gepeinigte und trotzdem vor Sinnlichkeit fast platzende Leben Neapels auf mich eindringt, erinnere ich mich schaudernd daran, daß ich knappe vierundzwanzig Stunden vorher durch eines dieser Elendsquartiere, deren Bewohner jetzt auf so hoffnungslose Weise für die Erfüllung eines unerreichbaren Traumes demonstrieren, wie ein verrückter Gaukler gegangen bin, fotografierend und Grimassen schneidend und Kinder streichelnd und einstmals pompöse Hinterhöfe besichtigend und Jauche einatmend und unaufhörlich lächelnd, obgleich ein Würgen in meinem Hals war, obgleich mir tausend Flüche und Ängste durch den Kopf schossen, bis ich schließlich erschöpft und gedemütigt durch meine eigene Verlogenheit, mit der ich diese tiefste Erniedrigung und Verelendung unglücklicher Menschen als ein Spektakel hinnahm, am Ausgang des grauenhaften Quartiers noch eine dicke alte Frau, die hier geschmuggelte Zigaretten verkaufte, zynisch aufforderte, fröhlich zu lächeln, während ich sie fotografierte. Und das alles war im schönen berühmten Santa Lucia, nur ein paar Schritte hinter dem schönen und berühmten Hotel, in dem ich diesmal abgestiegen bin und wo Caruso gestorben ist, nur ein paar Schritte vom schönen und berühmten Königspalast entfernt, und die Sonne vergoldete auf unnachahmliche Weise die Wäschegirlanden, die wie ein Wald von weißen und gelben und blauen und roten Fahnen zwischen den längst schon abbruchreifen Häusern hingen. Und der Mann, der mich begleitete und dessen Furcht oder Nervosität mindestens so groß waren wie meine Furcht oder Nervosität, rannte und sprang vor mir her und schrie Unverständliches, schrie irgendein Zauberwort, irgendeinen magischen Spruch, der die Menschen veränderte, sie zu einer freundlichen Pose erstarren ließ. (Später gestand er mir achselzuckend ein, daß er mich als Journalist ausgegeben habe, weil er keine andere Möglichkeit gesehen hätte, uns beide mit heiler Haut durch dieses düstere Quartier zu bringen.) Und alle entstellten und ausgezehrten und verbitterten Gesichter, die sich mir plötzlich zuwandten, lächelten und grinsten zurück. Und ich drang in lichtlose und verkommene Wohnungen ein und stürzte mich auf zahnlose alte Vetteln und drängte mich zwischen Abfall und spielende Kinder, die wie diese alten Vetteln aussahen oder wie dieser Abfall, und alles lachte und krümmte sich vor Heiterkeit. Es war eine kichernde Monstrosität, ein freundschaftlich grinsendes Elend, durch das ich wie durch einen Sumpf watete. Aber ich fahre trotzdem nach Pompeji und rede mir trotzdem ein, daß die antiken Zeugnisse von enormer Bedeutung sind für die neapolitanische Gegenwart.

Was für ein Zufall, daß die beiden berühmtesten Opfer des Vesuv, die römischen Städte Pompeji und Herculaneum, durch Landarbeiter entdeckt worden sind, die auf der Suche nach dem lebenswichtigen Wasser Brunnen bohrten und dabei auf Marmor und im übertragenen Sinn buchstäblich auf pures Gold stießen, das freilich nicht die bettelarmen Landarbeiter und Fischer dieser Gegend zu vermögenden oder glücklichen Leuten machte, sondern vorerst einmal wieder nur dem unersättlichen Adel nützte, dieser habgierigen und raffsüchtigen Aristokratie, die sich jubelnd auf diese unerhofften Schatzkammern stürzte und sie hemmungslos auszubeuten begann! Was für ein Zufall, daß ums Jahr 1710 ein österreichischer Fürst auf der Suche nach Marmor war, um ihn zu zerstören und dann mit pulverisiertem Naturstein zu vermengen, so daß er für seine Prunkvilla, die er in Portici baute, einen besonders kostbaren Zement verwenden konnte! Was für ein Zufall, daß dieser österreichische Fürst vom erstaunlichen Fund des Landarbeiters, der in der Bauern- und Fischerstadt Resina statt eines Brunnens römischen Marmor gefunden hatte, sogleich erfuhr und mit dem geschärften Blick des intelligenten Aristokraten feststellte, daß dieser römische Marmor inmitten erstarrten vulkanischen Gesteins einer der legendären und längst vergessenen römischen Städte angehören mußte, von deren Existenz man nur noch eine vage Erinnerung hatte! Was für ein Zufall, daß der bourbonische König Carlo immer in Geldverlegenheiten war und sich freudig dieser außergewöhnlichen Funde bemächtigte, die, da es sich um das verschüttete und relativ kleine Herculaneum handelte, allerdings bald wieder versiegten! Was für ein Zufall, daß im März des Jahres 1748 – das bourbonische Königshaus befand sich immer noch in Geldverlegenheit – wieder Landarbeiter beim Brunnenbau Marmorstücke in einem Feld fanden, das wie die ganze umliegende Gegend einfach *La Cittá* genannt wurde, ohne daß man deshalb an das darunterliegende und seit mehr als anderthalb Jahrtausenden verschüttete und verschollene Pompeji dachte! Und was für ein Zufall, daß der vom König mit den Ausgrabungen

beauftragte Oberst namens Alcubierre, dessen
Methoden wesentlich mehr Schaden als Nutzen a
weil er dem dringenden Wunsch des Königs nach der
dung wertvoller Schätze unbedingt entsprechen wollte
Schweizer Ingenieur Karl Weber einen archäologisch gebil
ten Mitarbeiter hatte, der die schlimmsten Verwüstungen und Zerstörungen gerade noch verhindern konnte!

Das Unglück begann am frühen Nachmittag des 24. August im Jahre 79 nach Christus. Sechzehn Jahre vorher schon hatte ein schweres Erdbeben warnend auf die Möglichkeit eines Vesuvausbruches hingewiesen, und auch das Massaker, das Spartacus, der Anführer eines Sklavenheeres, im Jahre 73 vor Christus unter den römischen Truppen an den Abhängen des Vesuv verursacht hatte, wurde später von abergläubischen Naturen als eine Art Menetekel angesehen. Dabei besteht kein Zweifel daran, daß der Vulkan bereits in vorgeschichtlicher Zeit immer wieder tätig gewesen sein muß. Pompeji selbst, das zum Zeitpunkt seines dramatischen Unterganges auf eine achthundertjährige Geschichte zurückblicken konnte, ist auf einem uralten Lavahügel erbaut worden. Jetzt, im schicksalsschweren August des Jahres 79 nach Christus, erhob sich über dem Berg plötzlich eine riesige Wolke, die nach der Darstellung des jüngeren Plinius einer Schirmpinie ähnelte, *erst weiß, dann schwarz, als trage sie Erde und Asche hoch.* Es muß bei aller Entsetzlichkeit ein grandioser Anblick gewesen sein! Der ganze Berg brannte und erleuchtete mit seinem Feuer die vom Aschenregen verdunkelte Landschaft. Ein Sturzregen von glühenden Steinen fiel auf die Erde, die sich wellenförmig bewegte. Und vom tobenden Berg herunter lösten sich immer neue Erdrutsche, gefolgt vom zähflüssigen Lavaschlamm. Die Luft war erfüllt von giftigen Schwefeldämpfen, das Meer veränderte seine Natur, der Himmel zerbrach in tausend dunkle Sterne, der Weltuntergang war wieder einmal nahe, und der berühmteste Tote dieses ersten großen Vesuvausbruches in geschichtlicher Zeit, Plinius der Ältere, starb vielleicht an einem Herzschlag angesichts des unvorstellbaren Grauens, in das er sich freiwillig begeben hatte, um seinen Freunden zu helfen, denn als man ihn drei Tage später fand, war sein Leichnam *unversehrt und ohne jede Verletzung.* Sein Neffe vermutete zwar, daß der dicke Qualm seine Atmung erschwert hätte, aber wäre es nicht auch ebenso wahrscheinlich, daß der

. .ie Mann ganz einfach vor dem Grauen, das rund um ihn buchstäblich die Welt verschlang, zu Tode erschrak?
Übrigens starben die beiden Städte Pompeji und Herculaneum auf eine voneinander völlig verschiedene Weise! Denn während man im kleineren Herculaneum noch genügend Zeit hatte, sich vor den heranwälzenden Lavamassen, die dann die Stadt bis zu einer Höhe von zwanzig Metern unter sich begruben, in Sicherheit zu bringen, überfiel das Chaos das wesentlich größere Pompeji ganz überraschend, vernichtete der heiße Aschenregen alles Leben innerhalb von Augenblikken, so daß Pompeji wie ein in seiner allerletzten Bewegung plötzlich erstarrter Körper vor uns liegt. Im kleinen Antiquarium an der Porta Marina, wie auch in einigen Häusern in der Ruinenstadt selbst, kann man heute noch die im Tode erstarrten und verkrümmten Leiber der Menschen sehen, die auf der Flucht vor dem vernichtenden Aschenregen und den giftigen Schwefeldämpfen innerhalb weniger Augenblicke erstickt sein müssen. Dann erst überzog die langsam erkaltende Asche, überzog der Lavastaub die Toten und veränderte sie zu schaurigen Skulpturen. Mich persönlich beeindruckt vor allem der Leichnam eines Badegastes, der in der geräumigen Vorhalle des öffentlichen Bades von Pompeji ausgestellt wird, und zwar beeindruckt mich die schamlose Kaltblütigkeit, mit der man den verzerrten Mund des Sterbenden sorgfältig von aller erkalteten Asche und allem Lavastaub gesäubert hat, so daß man die gefletschten Zähne dieses Mannes mit einem fast klinischen oder auch nur makabren Interesse betrachten kann.
Überhaupt diese genußvollen oder amüsierten oder auch nur pflichtgemäßen Spaziergänge durch die Ruinenlandschaft dieser beiden Städte! Wer will, kann hier dem neapolitanischen Charakter in allen seinen bizarren Auswüchsen und in seinem ganzen Erfindungsreichtum begegnen, denn ähnlich wie der einsame Stadthügel von Cumae enthüllen auch Pompeji und Herculaneum so gut wie alles von den intimsten Geheimnissen, abergläubischen Ideen und lasziven Wunschträumen, mit denen die Neapolitaner seit mehr als fünfundzwanzig Jahrhunderten schwungvoll und kunstreich ihre Seele kostümieren. Das beginnt mit den flüsternden und nur scheinbar geheimnisvollen Anbiederungsversuchen der Souvenirverkäufer, die ihre pornographischen Darstellungen immer noch wie eine

verbotene Rarität anpreisen, das läßt in Herculaneum einen biederen und braven Ehemann, der dort als Aufseher angestellt ist, ebenso stumpfsinnig wie eifrig einen Leinwandfetzen hin- und herschieben, hinter dem sich die Andeutung eines eregierten Phallus verbirgt, das führt zu den absonderlichsten Verrenkungen und Verschwörungen, wenn die Reiseführer in Pompeji ihr gutgläubiges Publikum in das bewußte Haus mit dem bewußten Zimmer bringen, wo ein paar pornographische Darstellungen, über die heute jeder Gymnasiast lächelt, das alte müde Blut der Neapolitaner in Wallung bringen, oder zumindest geben sie sich den Anschein, als ob sie von diesen Fresken schockiert wären, weil sie immer noch erwarten, daß ihr Publikum freudig auf diese abgedroschene und langweilige Phrase hereinfällt, während sie vor der wirklich schönen und beeindruckenden Farbigkeit der römischen Wandmalereien in Pompeji und Herculaneum zu nichts anderem imstande sind als zur Aufzählung der Farben, die der Besucher ohnedies mit eigenen Augen sieht. Ach, diese neapolitanischen Fremdenführer da draußen vor den Toren der wirbelnden Millionenstadt, und ich muß sie immer wieder von neuem bewundern, wenn sie mit der ganzen Kraft ihrer geschwätzigen Persönlichkeit inmitten ihres Publikums, das sie zugleich wie Könige und wie dumme Untertanen behandeln, wortreich den Namen einer Straße oder eines Gebäudes buchstabieren, der gut sichtbar an den verschiedenen Ruinen angeschrieben steht. Mich erinnert Pompeji tatsächlich an einen fröhlichen Jahrmarkt, wo man sich durch die Erinnerung an einen schrecklichen Tod köstlich amüsiert, und ich habe oft mit einem Gefühl des behaglichen Zynismus dieses eindrucksvolle Schauspiel genossen, wenn fünfzig oder hundert erschöpfte und halbverdurstete Touristen den Selbstbedienungsladen inmitten der pompejanischen Ruinen stürmen und schmatzend und stöhnend und kauend und schluckend die kleinen Freuden des Lebens konsumieren, während draußen ein tausendfacher Tod immer noch die schwüle Luft schwängert.

Herculaneum ist anders! Es ist düster, streng, fast barbarisch, fast feindselig! Vielleicht hat es damit etwas zu tun, daß Ercolano, wie das alte Resina heute heißt, mit seinen dunklen und todtraurigen und todkranken Häusern bis unmittelbar an die große tiefe Grube reicht, in der die wohlgeordneten und mit einem Blick überschaubaren Ausgrabungen stehen. Vielleicht

rührt der Eindruck finsterer Gewalttätigkeit daher, daß der antike Kraftprotz Herkules dieser ganzen Gegend seinen Namen hinterlassen hat. Ich freilich glaube, daß dieses Gefühl der Beklemmung, das mich in Ercolano und zwischen den Ruinen von Herculaneum immer überfällt, etwas mit den rabiaten Menschen zu tun haben muß, deren Gefährlichkeit sogar die Neapolitaner selbst nachdrücklich betonen. Denn während Pompeji für sich selbst auf seinem uralten Lavahügel thront und voll stolzer Würde – wenn nicht gerade tausend Besucher zugleich das Gelände stürmen – über die Landschaft am gerundeten Golf schaut, ist das antike Herculaneum vom schmutzigen und verwahrlosten Ercolano umgeben, erstickt es fast in dieser Umarmung aus Häßlichkeit und Verwahrlosung. Und beinahe zwangsläufig färbt die Stadt der Schmuggler und kleinen Ganoven, der Autodiebe und Zuhälter und eines ebenso trostlosen wie hoffnungslosen Proletariats auf das darunterliegende Herculaneum ab, dessen Häuser und Straßen und Thermen wie in einer Falle gefangen sind. In Pompeji starben Tausende, aber die schwermütige Armut zwischen seinen Ruinen hat etwas Sanftes und Tröstendes. In Herculaneum starb niemand, aber der Geruch des Todes lastet hier lähmend über den Ausgrabungen.
Übrigens vergessen die meisten Besucher dieser verschütteten und wieder ausgegrabenen römischen Städte, daß der Vesuv auch in späteren Jahren mit gewaltigen Eruptionen und Sturzbächen von Lava die Landschaft zu seinen Füßen veränderte und zerstörte. So zum Beispiel wurde Pompeji –, das neue Pompeji –, das man in den Jahren nach der Katastrophe inmitten der aschfarbenen und grausam entstellten Küstenebene neuerlich aufgebaut hatte, und zwar über das alte verschwundene Pompeji, das man innerhalb weniger Generationen völlig vergessen hatte, durch die Ausbrüche in den Jahren 202 und 472 vollends vernichtet. Einige der kleinen Städte am Golf sind in den vergangenen zweitausend Jahren bis zu siebenmal immer wieder von neuem aufgebaut worden, und der verheerende Aschenregen, der dem Ausbruch vom Dezember 1631 folgte, verdüsterte tagelang den Himmel über ganz Süditalien. Aber auch in den folgenden Jahrhunderten kam es durch den feuerspeienden Vulkan zu Katastrophen, bis dann schließlich im März 1944 der bisher letzte Vesuvausbruch den Berg gleichsam zum Schweigen brachte, denn seit damals ist

die charakteristische Rauchfahne über dem Hauptkrater verschwunden. Lange Zeit hielten sich hartnäckig Gerüchte, daß dieser letzte und entscheidende Vulkanausbruch durch Bombenabwürfe verursacht worden sei, was aber nur eine der zahlreichen Legenden sein dürfte, die sich mit diesem neben dem Ätna berühmtesten europäischen Vulkan beschäftigten. Die Neapolitaner freilich genießen die Hinterlassenschaften ihres Hausberges mit einer nahezu ehrfurchtsvollen Genugtuung, denn ihnen verdanken sie immerhin eine der großen Attraktionen ihres touristischen Angebotes. Seit zweihundert Jahren schon pilgern Archäologen, Kunstfreunde, Schriftsteller und ein internationales Reisepublikum vor allem nach Pompeji hinaus, das gemeinsam mit Herculaneum ein vollkommenes Bild über das Leben und die Gewohnheiten in einer römischen Stadt liefert. Der vernichtende Aschenregen und die zerstörerischen Lavaströme vom August 79 haben das Wunder einer ebenso erstaunlichen wie einzigartigen Konservierung vollbracht. Darüber hinaus aber liefern die einstige Tuchmacherstadt Pompeji und in einem gewissen Sinne auch die einstige Fischer- und Bauernstadt Herculaneum den Beweis, daß sich weder die sozialen Zustände noch die zwischenmenschlichen Verhaltensweisen in dieser ebenso hinreißend schönen wie durch die Menschen verdorbenen Landschaft am Golf von Neapel während der letzten zweitausend Jahre sonderlich verändert haben. Die sexuelle Offenherzigkeit der lebenslustigen und vielleicht sogar liederlichen Pompejaner unterscheidet sich nicht im mindesten von der erotischen Veranlagung der heutigen Neapolitaner, auch wenn sie sich jetzt nicht mehr in künstlerisch bemerkenswerten Fresken ausdrückt. Und die Vielfalt der Glaubensbekenntnisse und der mystischen Kulte, die sowohl in Pompeji als auch in Herculaneum auf eine ausgeprägte Neigung zum Aberglauben schließen läßt, findet im Hexenglauben und im theatralischen Kult rund um den sogenannten *bösen Blick* eine durchaus legitime Fortsetzung. Und wenn man auf der Stadtautobahn von Torre del Greco oder Portici nach Neapel fährt und sich Gedanken macht über die eigenartigen Lebensverhältnisse in diesen desolaten und melancholischen Küstenstädten, deren Bewohner fast ausschließlich vom Schmuggel leben, dann erinnert man sich jener längst verschwundenen Epochen, da die geschäftstüchtigen Leute aus Pompeji und Herculaneum zwischen den fließenden Fronten der Griechen und Römer, Osker und Samniten ihre gefährlichen Geschäfte machten. Und plötzlich sieht man neben der Autobahn ein kleines mageres Pferd vor einer hölzernen Pflugschar, die knirschend den saftigen Boden zwischen Wohnblöcken und Fabrikhallen aufreißt. Es ist ein Bild von verwunschener und zeitloser Schönheit, das wie ein trauriges Signal quer durch die Jahrhunderte weht.

Die große neapolitanische Illusion

Wenn ich vom Balkon meines Hotelzimmers, das ich zuletzt in Neapel bewohnte, auf Santa Lucia blickte, dann verriet nichts, daß ich mich in einer außergewöhnlichen und vielleicht sogar einzigartigen Stadt befand. Es waren ganz gewöhnliche mittelmeerländische Januartage mit einer großen runden Sonne, die in den späten Nachmittagsstunden den Horizont immer kupferrot verfärbte und das fast geräuschlose Meer darunter schwarzblau aussehen ließ, während die gelegentlichen Regengüsse, die mit leidenschaftlicher Heftigkeit auf den großen gerundeten Golf fielen, eine willkommene Abwechslung im monotonen Schauspiel ruhiger und sanfter Wintertage waren. Ich blickte direkt auf das Castel dell'Ovo, das ein dunkler Kontrapunkt zur lärmerfüllten Küstenstraße ist, und die schrecklichen Geschichten, an die man bei seinem Anblick erinnert wird, waren nur noch Geschichte, nur noch etwas Abstraktes. Rechts von mir sah ich den mit karminfarbenen und gelbbraunen Palästen dickgeäderten Küstenstrich des Posíllipo, zu meiner Linken war das weite Oval des Hafens, auf dessen Reede neben verschiedenen Frachtern und Tankschiffen auch zwei amerikanische Flugzeugträger ankerten, was ein wenig bizarr anmutete. Und wenn ich auf die Straße ging, auf diese legendäre Via Partenope, die wie eine kostbare Barriere das leuchtende Meer von den ehrwürdigen und dabei immer ein wenig verlotterten und herabgewohnten großen Hotels trennt, dann sah ich natürlich den charakteristischen Felsen von Capri wie eine kraftstrotzende und hochbordige Galeone weit draußen im Meer schwimmen. Und ich konnte dann über die Via Caracciolo zur Mergellina spazieren, wo die Motorboote nach Ischia und Capri übersetzen, und ich befand mich

immer entlang des Meeres und mit einem Panorama beschäftigt, dessen romantische Schönheit weltberühmt ist. Oder ich konnte nach ein paar Schritten das saftige bourbonische Rot des ehemaligen Königspalastes mit seinen martialischen Steinfiguren vor mir sehen, diesen dicken historischen Balken, der sich unmittelbar ans Teatro San Carlo anschließt, während ihm gegenüber auf der anderen Seite der Piazza Plebiscito die mächtige Kuppel von San Francesco di Paola an das römische Pantheon erinnert. Und dann stand ich auch schon auf der kleinen und intimen Piazza Trieste e Triento und spazierte an der beeindruckenden Galleria Umberto vorbei zum düsteren Kastell der Anjou, das wie ein strenger Trommelwirbel überleitet zur imposanten Fläche der Piazza Municipio, an deren Ufer das riesige Hafengelände beginnt. Und das alles war von meinem Hotel aus innerhalb weniger Augenblicke zu erreichen und lieferte ein ebenso köstliches wie unterhaltsames Schauspiel, prunkte mit leuchtenden Farben und protzte mit mächtigen Fassaden, besaß etwas von einem Zirkus, lärmte und war fröhlich oder auch turbulent und bewegte sich unaufhörlich wie ein kaleidoskopisches Spiel, das abwechslungsreiche Bilder von einem zauberhaften Leben liefert.
Warum hatte ich dann trotzdem unaufhörlich dieses beängstigende Gefühl, am Rande eines furchteinflößenden Abgrundes zu stehen? Und warum mußte ich immer wieder gegen eine aufsteigende Hysterie ankämpfen, die mich peinigte, wenn ich mich an das Leben außerhalb dieses vornehmen Hotelbezirkes erinnerte?
Ich weiß wirklich nicht, wie das alle die angesehenen und beliebten Autoren seit ein paar hundert Jahren anstellen, daß sie immer nur die Sonnenseite Neapels schildern, seine lärmende Fröhlichkeit und sein unzerstörbares Selbstvertrauen, daß sie sich also mit dem folkloristischen Antlitz begnügen und es selbst dort noch zauberhaft finden, wo es durch Elend und Gemeinheit längst schon entstellt ist! Ich weiß wirklich nicht, warum man sich bei den Darstellungen Neapels von diesen romantischen und lächerlichen Gefühlen beeinflussen läßt, von Begriffen wie Posíllipo und Vómero und Santa Lucia, während die Wahrheit über Neapel fast ausschließlich mit den düsteren Geheimnissen und schrecklichen Erfahrungen Spaccanapolis oder mit dem Leben der kleinen Leute in der Forcella oder mit den unheilvollen Mysterien des Schwarzen Marktes

zwischen der Porta Capuana und der Via del Duomo oder mit dem entwürdigenden und würgenden Elend und mit der Hoffnungslosigkeit in den *bassi* oder mit der niederträchtigen Abscheulichkeit in den neuen Slums im Rione Flegreo zu tun hat, mit einer Wirklichkeit also, die alle hübschen Spekulationen über Neapel grausam enttäuscht! Für mich war Neapel seit meiner Kindheit etwas Elementares, das den menschlichen Charakter zerstört. Meine Erinnerungen haben nur mit schmerzhafter Verdorbenheit zu tun, mit einem chaotischen Gefühl, das Liebe und Haß, Sehnsucht und Abscheu, Hoffnung und Enttäuschung enthält, mit einem Gefühl also, das sich von jeder Vernunft unabhängig gemacht hat. Und ich weiß, daß man in Neapel nicht vernünftig sein kann, weil diese Stadt ein süßer Alptraum ist, der selbst den nüchternen und methodisch arbeitenden Verstand verwirrt.

Der neapolitanische Widerspruch beginnt praktisch im Augenblick der Entstehung Neapels, denn der älteste Mythos berichtet von einer Sirene namens Parthenope, die sich aus Liebe zu Odysseus ins aufrauschende Meer stürzte und deren erkalteter Leichnam dann an diesem Küstenabschnitt strandete, über den heute die prachtvolle Via Partenope verläuft. Damals müßte also auch schon eine griechische Siedlung, die von Kolonisten aus Chalkis und Athen irgendwann im 7. vorchristlichen Jahrhundert gegründet worden war und Paleopolis hieß, an dieser Küste existiert haben, und drüben am Kap von Sorrent könnte natürlich auch das von Odysseus eigenhändig erbaute Heiligtum der Athene die heimkehrenden Seeleute begrüßt haben, während auf dem uralten Stadthügel von Kyme, im Hafen von Dikaiarcheia und im nachmaligen Herculaneum, das Herkules nach seiner Rückkehr aus Spanien gegründet hatte, Griechen und Samniten und Osker jene merkwürdige Urbevölkerung bildeten, aus der dann der Neapolitaner entstanden ist. Das alles bedeutet demnach, daß die ersten neapolitanischen Väter und die ersten neapolitanischen Frauen, deren zweifelhafter Ruhm in den späteren Jahrtausenden auf einer erotischen Anziehungskraft basiert, die man sich schon ein paar Meilen außerhalb der janusköpfigen Stadt nicht mehr vorstellen kann, daß also die Ureltern aller Neapolitaner aus dem ägäischen Raum gekommen sind, aus Athen und Kleinasien und wahrscheinlich wohl auch von irgendwelchen afrikanischen Ufern, was manchen negroiden Gesichtszug der heutigen Neapolitaner erklären könnte. Natürlich wissen wir nur sehr wenig über das Leben dieser ersten Griechen im Golf von Neapel, aber wenn man gleichsam rückblickend den Charakter der Menschen abspult, dann stößt man auf Eigenarten, die ebenso unverwechselbar wie mirakulös anmuten. Und wenn man davon überzeugt ist, daß Odysseus ein zwar listenreicher und gefinkelter Schlaukopf war, daß er aber zugleich auch mit einem miserablen Charakter begabt sein mußte, dessen einzige Stärke die absolute Charakterlosigkeit war, ein gottbegnadeter Egoist und heimtückischer Konformist, dessen hervorstechendste Fähigkeit darin bestand, daß er seine Gefährten für sich sterben ließ, selber wankelmütig und treulos und durchtrieben, wenn man also davon ausgeht, daß dieser gerissene Odysseus auf eine ähnliche Weise der Ahnherr Neapels ist, wie man im romantischen Neapel diese unglückliche Sirene Parthenope als erste aller Neapolitanerinnen feiert, dann hat man auch eine Erklärung für alle Merkwürdigkeiten und halsabschneiderischen charakterlichen Merkmale der Bewohner dieser Stadt.

Ich habe mir oft schon überlegt, warum man meines Erachtens keine geordnete und überschaubare Geschichte Neapels schreiben kann! Rom zum Beispiel oder Venedig oder auch zwei so mythische Städte wie Tarent und Syrakus verfügen über einen geordneten und jederzeit nachprüfbaren Lebenslauf, können jedem Verhör standhalten und legitimieren sich durch Biographien, die ebenso interessant wie glaubwürdig sind. Neapel hingegen verwirrt sowohl seine Bewunderer als auch seine Feinde durch ein Angebot schmutziger oder undurchsichtiger Geschichten, an denen man zwar ungefähr ablesen kann, wie die Geschichte dieser Stadt ausgesehen haben könnte, die im Grunde aber nichts anderes beweisen als die völlige Desolatheit der neapolitanischen Gehirne. Schon in Palermo ist mir diese Krankheit der Seele oder des Geistes aufgefallen, eine Krankheit, die sich über viele Generationen hinweg weitervererbt und die es jedem Beobachter unmöglich macht, neutral und damit objektiv zu bleiben. Und wenn ich zum Beispiel etwas über die Anfänge der neapolitanischen Geschichte erzählen sollte, dann fallen mir nur brudermörderische Klassenkämpfe und aufsehenerregende Skandale ein, etwas also, was auch nach einer zweieinhalbtausendjährigen Geschichte sich im modernen Neapel nicht geändert hat. So zum Beispiel stammt der weltberühmte Name Posíllipo von einem römischen Villenbesitzer namens Vedius Pollio, der seiner luxuriösen Villa den beziehungsreichen Namen *Aller Schmerzen Ende* schenkte, was freilich eine ziemlich doppelbödige Bedeutung erfährt, wenn man weiß, daß er seine Sklaven den gefräßigen Muränen und Neunaugen in seinem Fischteich als Futter vorwarf. Und auch Licinius Lucullus, dieser erste große Freßsack der Geschichte, dessen Haus auf dem Platz des heutigen Castel dell'Ovo stand und dessen hervorragendste Leistung darin bestand, daß er von seinen Orientreisen den Kirschbaum nach Italien brachte und der sein ganzes Vermögen, das er auf zahlreichen Kriegszügen angehäuft hatte, der kostspieligen Wollust eines vorweggenommenen *Dolce Vita* opferte, auch er also scheint mir ein Beispiel zu sein für die hervorragende Laszivität und praktische Nutzlosigkeit des Neapolitaners. Es konnte daher kaum ein Zufall sein, daß sich einige der niederträchtigsten und blutgierigsten römischen Kaiser wie Caligula, Tiberius und Nero entweder in Neapel selbst oder in seiner Umgebung aufhielten. Nero suchte sich die neapolitanische Küste aus, um seine lästig und gefährlich gewordene Mutter Agrippina zu ermorden. Und zugleich wählte er Neapel als diejenige Stadt aus, in der er seine künstlerischen Begabungen zum erstenmal in seiner zweifelhaften Karriere öffentlich produzierte. Er suchte fünftausend Neapolitaner aus, denen er in mühsamer Arbeit die hohe Kunst des unterschiedlichen Applauses beibrachte, bis sie so weit waren, daß sie vom zustimmenden Summen übers beifällige Klatschen bis zum frenetischen Jubelgebrüll alle Nuancen dieses speziellen neapolitanischen Applauses beherrschten, der heute noch die Sänger im Teatro San Carlo oder die Fußballstars im pompösen Stadion des Achille Lauro entzückt oder betrübt. Natürlich war der erste Auftritt Neros, der sich diese besondere Art von Zustimmung ein Vermögen kosten ließ, ein so rauschender Erfolg, daß er anschließend eine Tournee durch ganz Griechenland riskierte, auf der er sich freilich von einigen seiner neapolitanischen Jubelchöre begleiten ließ. Aber er war nicht undankbar, denn als er nach Neapel zurückkehrte, ließ er für seinen Triumphzug einen Teil der damaligen Stadtmauern niederreißen und trat dann noch ein letztes Mal im Odeon auf, von dem man heute noch in der Via Anticaglia Überreste sehen kann, die in die Häuserwände dieser alten Straße eingemauert sind.

Was soll man von einer Stadt halten, deren Geschichte möglicherweise unvergleichlich ist, die aber immer wieder alles unternommen hat, um diese Geschichte ins Anekdotenhafte zu verzerren? Und wer heute über das weite Gelände der Piazza Mercato geht und sich treiben läßt vom Gewimmel der Händler und Handwerker, Hausfrauen und Müßiggänger, die in dieser Stadt wohl nie aussterben werden, der schreitet nicht nur über einen der ältesten Plätze Neapels hinweg, sondern buchstäblich auch durch einen blutgetränkten Sumpf, aus dem sich die Geschichte dieser bizarren Metropole wie ein Gespenst erhebt. Das fing schon im Zeitalter der Anjou an, als auf diesem großen Platz der unglückliche Konradin von Hohenstaufen im Jahre 1266 enthauptet wurde. Und das erfuhr einen makabren Höhepunkt im Jahre 1799, als das ebenso lächerliche wie schreckliche Intermezzo der sogenannten Parthenopeischen Republik auf diesem Platz in Strömen von Blut ersäuft wurde. Diese revolutionäre Miniaturausgabe des wesentlich größeren und auch erfolgreichen Unternehmens begann am 23. Januar 1799 mit der offiziellen Ausrufung einer gleichermaßen theatralischen und absurden Republik, die sich einige intellektuelle Wirrköpfe und Utopisten in den Kopf gesetzt hatten, weil sie der Meinung waren, das materielle Elend der *lazzaroni* und ihren eigenen Nachholbedarf an demokratischen Freiheiten nur durch einen Aufstand gegen das verhaßte bourbonische Königshaus bewältigen zu können. Aber die *lazzaroni* ließen von Anfang an keinen Zweifel daran, für wen sie sich entscheiden würden, denn sie plünderten zwar ausgiebig alle königlichen Schlösser und Paläste, aus denen sie sogar die Türen und Fenster davonschleppten, und sie ermordeten gleichsam als Zugabe einige verhaßte Aristokraten, aber als ein französisches Entsatzheer dem nach Sizilien geflüchteten Bourbonenkönig zu Hilfe kam, wandte sich der Pöbel von Neapel, der mit den enthusiastischen und romantischen Freiheitsbeteuerungen der vermögenden Intellektuellen überhaupt nichts anzufangen wußte, gegen die verzweifelten Repräsentanten dieser Parthenopeischen Republik. Und so ereignete sich der völlig aberwitzige Fall, daß inmitten einer revolutionären Bewegung des Volkes sich dieses Volk selbst den Royalisten anschloß, die gemeinsam mit der britischen Armada des Lord Nelson und mit einer irregulären Armee halbwilder Banditen aus Kalabrien unter der Führung eines der unbarmherzigsten Kardinäle

gegen die bedauernswerten Idealisten in Neapel marschierten. Die französischen Hilfstruppen kamen natürlich zu spät und waren außerdem zu schwach. Am 13. Juni 1799 erreichten die sogenannten *Sanfedisti* die Stadt, vernichteten mit Unterstützung russischer Kanonen den halbherzigen Widerstand der wenigen revolutionären Patrioten und stürzten sich dann über Neapel, das sie plünderten und terrorisierten. Selbst Kardinal Ruffo, immerhin einer der hervorragendsten Schlächter im Namen Gottes und des Königs, schrieb in einem Brief an die bourbonische Königin: »Inzwischen räubern und plündern der Mob und viele Emigranten, die zurückkamen, um für den König zu kämpfen, ohne Unterlaß oder Behinderung.«
Es kam zu unvorstellbaren Szenen! So zum Beispiel mußte jeder Neapolitaner, der sein Haar nach der neuesten republikanischen Mode kurzgeschoren hatte, jetzt befürchten, ohne Verhandlung und Urteil erschossen zu werden. Die abgeschlagenen Köpfe der Revolutionäre wurden als Kegelspiel verwendet, die kalabresischen Banditen kochten sich, auf den Leichen sitzend, ihre Mahlzeiten, und in manchen Gassen der Altstadt lagen die Überreste ermordeter Menschen wie Abfall auf dem Pflaster. Das alles wurde nur noch von der Grausamkeit übertroffen, mit der König Ferdinand die glücklosen Revolutionäre verfolgte. Die Hinrichtungen begannen am 7. Juli 1799, und zwar auf dem düsteren Platz vor der Porta Capuana. Es wurde ein Schnellgericht eingesetzt, dessen einzige Aufgabe darin bestand, möglichst rasch möglichst viele Todesurteile zu verhängen. In den Archiven Neapels befindet sich ein Dokument, das eine Antwort dieses Schnellgerichtes auf eine Bitte um Begnadigung enthält: »Ich muß Sie davon unterrichten, daß die Hinrichtung um genau zwölf Uhr vollstreckt sein muß, da anschließend die Ziehung des Lotto stattfinden soll.« – Und in einem Kommentar dazu heißt es dann: »So kann das gute Volk das doppelte Vergnügen sowohl des Galgens als auch der Lotterie genießen.«
Nichts beschreibt den neapolitanischen Charakter besser als diese durchaus ernstgemeinte Antwort, deren Zynismus nur noch von der Naivität übertroffen wird, mit der man ein so köstliches Schauspiel wie die Ziehung der Lottonummern vor jeder Konkurrenzierung zu verteidigen suchte. Im übrigen wurden die verurteilten Revolutionäre, die nichts anderes

gewollt hatten als die Befreiung des Volkes, auf barbarische Weise umgebracht. Die ganze abscheuliche Grausamkeit der mediterranen Natur offenbarte sich in der Art der Hinrichtungen, in einem Zeremoniell also, das sowohl dem Volk, das gar nicht befreit werden wollte, als auch der königstreuen Aristokratie, die sich wieder in ihre alten Vorrechte eingesetzt sah, ein wahnwitziges Schauspiel bieten sollte. Die Verurteilten mußten hinter dem Henker, der am Querbalken des Galgens ein Seil befestigt hatte, eine hölzerne Leiter besteigen. Ihnen folgte der sogenannte *tirapiedi*, der Fußezieher, der in dem Augenblick, da das Seil festgezogen war und der Henker auf den Schultern des Gehenkten kniete, sich an den Füßen des Opfers anklammerte und es nach unten zerrte. Peter Gunn, der das in seinem Buch *Neapel* gleichfalls beschrieben hatte, formulierte dieses entsetzliche Schauspiel in einem recht anschaulichen Satz: »Der Henker glitt auf die Schultern des Hängenden, und so baumelten alle drei vor den Augen der Menge frei in der Luft.«
Am 20. August 1799 verlegte man dann diese Unterhaltung auf die Piazza Mercato, wo man ein eigenes Schafott errichtete und dem Publikum mehr Gelegenheit zur makabren Unterhaltung bieten konnte. Eine der letzten Hinrichtungen im Zusammenhang mit der Parthenopeischen Republik fand am 11. September 1800 statt und wurde an einer Frau durchgeführt, die nur unter entsetzlichen Qualen den erlösenden Tod fand, weil der Scharfrichter den Hals der Frau verfehlte und ihr das Beil in die Schultern hieb, so daß man den Kopf der unglücklichen Delinquentin erst mühsam mit einem Messer vom Rumpf trennen mußte. Es gab auch andere scheußliche Vorkommnisse rund um diese Massenhinrichtungen. So zum Beispiel zerfleischte der neapolitanische Pöbel den Leichnam eines gewissen Kapitän Fiani, bis nur noch das Skelett übrigblieb. Und von manchen Gehenkten, die laut Gesetz vierundzwanzig Stunden lang am Galgen bleiben mußten, schnitten sich die berüchtigten kalabresischen Banditen, die in den Reihen der königlichen Armee kämpften, die Leber heraus, rösteten und verzehrten sie. Ein schreckliches Ende fand auch dieser Admiral Caracciolo, dem die gleichnamige berühmte Straße ihren Namen verdankt. Er hatte die kleine Flotte der Revolutionäre befehligt und wurde als einer der ersten umgebracht. Man erhenkte ihn am Hauptmast seines eigenen Schiffes und warf dann den

Leichnam ins Meer. Einige Stunden später entdeckte ihn König Ferdinand, der im Schutz der britischen Flotte unter Admiral Nelson draußen im Golf auf die Niederwerfung des Aufruhrs wartete. Man faßte das allgemein als böses Vorzeichen auf, aber es dauerte immerhin noch eine ganze Reihe von Jahren, bis die fatale Herrschaft der Bourbonenkönige endgültig beseitigt war.

Auf der Piazza Mercato fand auch eine der legendärsten und abenteuerlichsten Figuren der neapolitanischen Geschichte, der aus Amalfi gebürtige Fischer oder Friseur Masaniello, ein grausiges Ende. Im Jahre 1647 erhob sich wieder einmal das Volk von Neapel gegen seine Herren, weil es mit der Verschärfung der Steuerpolitik nicht einverstanden war. Im konkreten Fall handelte es sich um eine sogenannte Obststeuer, die vor allem die Ärmsten der Armen betraf. Die wütenden Neapolitaner hatten Barrikaden errichtet, das große Zollhaus am Hafen niedergebrannt und einen jungen Amalfitaner, eben diesen Masaniello, der sie durch seine leidenschaftlichen und überzeugenden Ansprachen begeistert hatte, zu ihrem Anführer erwählt. Und für eine kurze Zeit hatte es auch den Anschein, als sollte dieser spontanen Revolution des Volkes ein gewisser Erfolg beschieden sein. Aber dann bewiesen die Neapolitaner wieder einmal nachdrücklich, was sie unter Freiheit und Gleichberechtigung tatsächlich verstanden: Sie ermordeten Masaniello in der alten Kirche Santa Maria del Carmine, schmähten und verstümmelten seinen Leichnam und kapitulierten dann, erschöpft von ihren rabiaten Anstrengungen, bedingungslos vor der Obrigkeit. In dieser Kirche, die so etwas wie ein Wahrzeichen des alten Hafenviertels ist, gibt es übrigens ein wundertätiges Marienbild, *La Bruna*, das vom Volk leidenschaftlich verehrt wird. Hier befindet sich auch das Konradin-Denkmal, das vom Kronprinzen von Bayern, dem nachmaligen König Maximilian II., in Auftrag gegeben worden ist.

Heute zählt diese Piazza Mercato, wie könnte es anders sein, zu den verrufenen und verwahrlosten Vierteln der Stadt, ein Tummelplatz der Taschendiebe und Ratten, umgeben von alten baufälligen Häusern und einer Atmosphäre, deren Melancholie bitter schmeckt. Bis vor wenigen Jahren begann hier auch die Zone der abscheulichen Slums, die sich über die ganze Marina erstreckte und deren Baracken und Wellblechhütten und Erdlöcher einer der erschütterndsten Anblicke waren, die das Neapel der Nachkriegszeit bot. Daran hat sich in der Zwischenzeit freilich nur insofern etwas geändert, als das offene himmelschreiende Elend, das wie eine schwärende Wunde das ganze Hafenviertel bedeckt hatte, sich jetzt in die alten dunklen Stadtviertel zurückgezogen hat. Und der Blutdunst der Geschichte, der hier stärker spürbar ist als anderswo in Neapel, lagert immer noch wie eine unsichtbare Wolke über der deprimierenden Ansammlung von Armut und Laster, Leidenschaft und hysterischer Lebensgier. Wer das wirkliche Neapel kennenlernen will, sollte sich also nicht zwischen der Mergellina und der Via Partenope oder im Umkreis des alten bourbonischen Königsschlosses aufhalten – obgleich es auch dort Straßenzüge und Hinterhöfe gibt, deren grelles Elend erschütternd ist –, sondern sich an einige der bestürzendsten Daten und Fakten der neapolitanischen Geschichte erinnern und diejenigen Schauplätze aufsuchen, auf denen das unberechenbare Volk von Neapel einfach dadurch Geschichte machte, daß es sich selber mit ungeschminkter Offenherzigkeit und Brutalität darstellte.

Das falsche Gold der Hinterhöfe

Blut, Brot der armen Leute! Nirgends trifft dieses Wort, das im Zeitalter eines allgemeinen europäischen Wohlstandes eigentlich längst schon unzeitgemäß sein müßte, besser und genauer die Situation einer benachteiligten Minderheit als gerade in Neapel. Denn es ist alter und wohlgeübter Brauch, daß sich die Armen Neapels im stinkenden Schlachthof einfinden, wo sie geduldig darauf warten, bis aus den Adern der getöteten Tiere endlich dieser dicke Blutstrahl stößt, den sie dann in ihren mitgebrachten Behältern auffangen und davonschleppen wie eine kostbare Beute. Es gab natürlich immer Elend in Neapel, es gab immer diese verschiedenen Klassen, die an der schön geschwungenen Rundung des angeblich schönsten Golfes im mediterranen Raum ein völlig verschiedenes Leben führten, ein Leben, das noch im Tod eine ungleichmäßige Beachtung erfuhr. Auf dem Campo Santo Vecchio standen den Armen im öffentlichen Massengrab täglich einige Dutzend Plätze zur Verfügung, und wenn dieses Kontingent erfüllt war, schüttete man Ätzkalk über die Leichen und verschloß das Massengrab wieder. Ein Jahr später verwendete man dann die Gebeine als Dünger. Die Leichen aus der sogenannten Gesellschaft hingegen, also gleichsam vermögende Leichen, wurden bis weit ins 19. Jahrhundert hinein ungefähr anderthalb Jahre nach ihrer Bestattung wieder exhumiert und mit den schönsten Kleidern angezogen, die sie im Leben getragen hatten. Das war ein langgeübter Brauch, der ähnlich wie in Palermo, wo man gegen gutes Geld jeden Leichnam von kunstfertigen Mönchen mumifizieren lassen konnte, den fließenden Übergang vom Leben zum Tod dokumentieren sollte. Das neapolitanische Proletariat freilich hatte an solchem Luxus keinen Anteil und war auch nie in einer *confraternità* vertreten, also in einer dieser eigentümlichen Gesellschaften, die von den vermögenden Neapolitanern gegründet worden sind. Es waren Sterbevereine, Organisationen, die ein möglichst prunkvolles Begräbnis garantieren sollten. Und je vermögender das jeweilige Mitglied war, um so größer war auch die Schar der trauernden Gemeinde, um so prunkvoller war der Leichenwagen, um so freudiger sangen die Priester am offenen Grab. Und wenn das verblichene Mitglied einer solchen *confraternità* genügend Geld hinterlassen hatte, dann stellte man jeweils zu Allerheiligen die mumifizierte Leiche am Campo Santo Nuovo prachtvoll ausgestattet zur Schau. Und in der zweiten Hälfte des 19. Jahrhunderts erfand man auf den neapolitanischen Friedhöfen sogar einen Apparat, der die schwierige Bestattung der schweren metallenen Särge wesentlich erleichterte. Ebenso galt es als glückbringend, wenn man die Anzahl der täglichen Bestattungen als Nummer im populären Lotto setzte.

Zwischen dem schäumenden Tierblut, das die Bewohner der *bassi* gierig auffangen, weil diese kostenlose Blutsuppe manchmal die einzige Nahrung ist, die sie sich leisten können, und dem pompösen Zeremoniell auf den verschiedenen riesigen Friedhöfen besteht ein Zusammenhang. Denn meines Erachtens existieren für den Neapolitaner nur einige wenige Grundelemente des Lebens, die in einer besonderen Weise mit dem Tod zu tun haben. Es gibt nichts Schöneres oder Einprägsameres als ein neapolitanisches Begräbnis. Und der Neapolitaner erwacht erst dann zu seiner ungestümen und wahren Leidenschaft, wenn er dem Tod, der für ihn eine ungeheuere erotische Anziehungskraft besitzt, in irgendeiner Form begegnet. Neapel war immer dann am erregendsten und beeindruckendsten, wenn entweder der Pöbel mordend durch die Straßen raste oder die Cholera das Leben in konvulsivische Zuckungen und Ekstasen versetzte. In diese Kategorie neapolitanischer Exzesse gehörte auch der seltsame Umstand, daß im Hinterland der Millionenstadt noch bis vor wenigen Jahren gelegentlich der Ehemann einer schwangeren Frau von den Wehen erfaßt wurde und alle die Qualen erdulden mußte, denen die gebärende Frau ausgesetzt war. Das war kein folkloristisches Schauspiel, sondern eine zutiefst religiöse Zeremonie, und die Schmerzen, die der im Wochenbett liegende Mann erduldete, waren auch nicht vorgetäuscht, sondern durchaus echt. Ich weiß nicht, ob es diesen seltsamen Mythos heute noch gibt, aber ich persönlich kann mich für die Wahrheit dieser Erzählung verbürgen, denn noch in meiner Jugend waren einige Dörfer am Vesuv und auf der Strecke nach Salerno dafür berühmt, daß sich die Ehemänner alle neun Monate ins Wochenbett legten.

Eine andere Geschichte, die mit dem Neapel der armen Leute zu tun hat, erfährt man durch die *camorra*, die zwar erst ums Jahr 1830 zu einer Macht im öffentlichen Leben wurde, deren Ursprünge aber weit in die neapolitanische Geschichte zurückführen und die heute noch ein Gegenstück zur palermitanischen Mafia ist, ohne freilich deren überregionale Bedeutung zu haben. Diese *camorra* war ursprünglich eine Vereinigung von Personen zum Schutze ihres persönlichen Eigentums und natürlich auch ihres Lebens, was in den unruhigen Zeiten der spanischen Vizekönige und der Bourbonen durchaus berechtigt schien. Allmählich aber entwickelte sich daraus nicht nur Macht im politischen, sondern auch in einem sehr profanen und brutalen Sinne, wobei man davon ausging, daß dieser Schutz von Personen und Eigentum auch an Menschen verkauft werden konnte, die einen solchen Schutz gar nicht verlangten. Erpressung, Prostitution, Schmuggel und Mord auf Bestellung wurden bald die bevorzugten Leistungen dieser *camorra*, und ich persönlich erinnere mich noch gut an eine sensationelle Verteuerung aller Arten von Gemüse und Feldfrüchten, die in der fruchtbaren Campagna rings um Neapel üppig aus dem Boden schießen, weil irgendein mächtiger Anführer dieses eigenartigen Schutzbundes entdeckt hatte, daß man auch Kartoffeln und Spargel, Tomaten und Salat mit einer ergiebigen Schutzgebühr belasten könnte. Die hilflosen Bauern und vor allem die eingeschüchterten Händler bezahlten diese Gebühr und schlugen sie dann einfach auf die Verbraucherpreise dazu. Und die Konsumenten fluchten und zahlten. Das war noch im letzten Krieg, und nicht einmal die diktatorischen Faschisten konnten gegen diese offenkundige Form grober Erpressung etwas ausrichten.

Ein erstaunliches Kapitel nepaolitanischen Erfindungsreichtums ist auch die Geschichte der kleinen Taschendiebe und Straßenräuber, die sich vor allem auf Touristen spezialisieren und deren Einfallsreichtum tatsächlich unerschöpflich zu sein scheint. So zum Beispiel hat die traurige Mode des Handtaschenraubes vom fahrenden Motorroller aus in Neapel ihren Anfang genommen, und auch die Plünderung eines Autos gleichsam unter den Augen der Polizei ist hier bis zur Perfektion entwickelt worden. Eine beliebte und fast immer erfolgversprechende Methode ist dabei die scheinbare Hilfsbereitschaft, indem man einen Autobesitzer darauf aufmerksam macht, daß die Reifen seines Wagens zu wenig Luft enthalten. Zu diesem Zweck stößt man mit der Kappe des Schuhs gegen die Reifen. In dieser Kappe ist allerdings ein Stahlstift verborgen, und der Reifen ist garantiert in den nächsten paar Minuten platt und muß ausgewechselt werden. Diesen Wechsel wiederum benützen dann die Mitglieder der jeweiligen Bande dazu, den Wagen innerhalb von wenigen Augenblicken radikal auszuräumen. Überaus beliebt ist auch der Verkauf von sogenannten Attrappen an ahnungslose Besucher des Schwarzen Marktes zwischen der Porta Capuana und der Via del Duomo. Dort nämlich kann man um einen Bruchteil des normalen Preises von amerikanischen Zigaretten über Schweizer Uhren bis zu japanischen Transistoren und Kameras alles erwerben. Und manchmal oder auch verhältnismäßig oft ist nur die Verpackung echt, während der Inhalt aus Putzwolle, feinem Sand oder auch ganz gewöhnlichen Kieselsteinen besteht.

Ein Thema ohne Ende sei Neapel, seufzte Guido Piovene, Goethe befand noch, daß es ein Paradies sei. Der englische Poet Percy Shelley hingegen wollte es nur noch als die Metropole eines zerstörten Paradieses gelten lassen, während der britische Schriftsteller John Ruskin überhaupt nur noch von einer Hölle voll geisteskranker Teufel redete. Er nannte Neapel auch noch ein ekelhaftes Nest menschlicher Raupen, was freilich gerade ein Brite des 19. Jahrhunderts nicht so ohne weiteres aussprechen sollte, wenn man bedenkt, wie miserabel die sozialen Verhältnisse der armen Bevölkerung etwa in London waren und wie gräßlich das Elend britischer Waisenkinder gewesen ist. Nun, in Neapel, wo das geschlechtliche Verlangen immer im Kampf mit der Religion lag, hatte man frühzeitig schon begriffen, daß etwas für die Kinder geschehen müßte, die elternlos aufwachsen. Das hört sich jetzt vielleicht rührend in einem falschen Sinne an, und nichts wäre ärgerlicher, als wenn man gerade dem Neapolitaner Mitgefühl und Mitleid zuerkennen wollte, etwas also, das in seiner grausamen und selbstsüchtigen Natur keinen Platz hat. Immerhin aber erleichterte die Kirche, die am Elend so vieler lediger Mütter indirekt beteiligt war, eben diesen Müttern ihr bitteres Los, indem sie in Neapel sogenannte Findelhäuser einrichtete. Dorthin konnte jedes unerwünschte Kind gebracht werden, und man brachte zu diesem Zweck auch eine Öffnung an einer Außenfront an – so etwa am Findelhaus der Annunziata –, die gerade groß genug war, daß man einen Säugling hindurchschieben konnte. Denn man respektierte natürlich den Wunsch nach Anonymität und behalf sich im übrigen damit, daß man den hinterlegten Kindern den Namen des Tagesheiligen gab. Das alles führte dann freilich zu abscheulichen Auswüchsen, denn bald stellte sich heraus, daß auch drei-, vier- und sogar fünfjährige Kinder gewaltsam durch diese schmale Öffnungen gezwängt wurden, was dann zu schrecklichen Wunden und lebenslangen Verstümmelungen und in einigen Fällen sogar zum Tod führte. Am Hospital der Annunziata konnte man bis vor wenigen Jahren zum Beispiel noch eine Gedenktafel besichtigen, die besagte, daß dieses Findelhaus im Juni 1875 geschlossen worden sei. Die Tafel verschloß einen schmalen Durchlaß von etwa zwanzig Zentimetern Größe, und man kann sich unschwer vorstellen, wie qualvoll es für einen Vierjährigen gewesen sein muß, durch diesen Spalt gezwängt zu werden.

Diese Kindesweglegung, die in Neapel eine große Tradition hat, ist freilich nur die Spitze eines Eisberges, die sozusagen über der trüben Flut neapolitanischen Elends schwebt. Sie beschreibt allerdings eines der erstaunlichsten Phänomene neapolitanischen Lebens, nämlich die Sexualität oder eigentlich die erotische Besessenheit der Menschen, für die das Geschlechtliche ein Beweis für ihre Existenz schlechthin ist.

Mir fällt keine andere Stadt im Mittelmeerraum ein, wo dieses Geschlechtliche eine ähnliche Bedeutung hätte wie in Neapel. Der australische Schriftsteller Peter Gunn, der lange Jahre in Neapel lebte und über diesen seltsamen Umweg zum britischen Schriftsteller wurde, bemerkte einmal, daß die Einstellung der Neapolitaner zu den geschlechtlichen Beziehungen von den Griechen ererbt sein müßte, und er spielte dabei auf den Aberglauben der Römer an, daß sexuelle Promiskuität eine durchaus griechische Schwäche wäre. Und er untersucht in seinem leider längst vergriffenen Buch *Naples – a palimpsest* die hauptsächlichen Voraussetzungen für diese besondere Art einer besitzergreifenden und selbstzerstörerischen Sexualität, der übrigens auch viele andere Autoren, darunter der hervorragende Analytiker und Schriftsteller Fernandez, ihre Aufmerksamkeit geschenkt haben. Gunn jedenfalls definiert dieses fast schon irrsinnige und in einem besonderen Sinne unmenschliche Geschlechtsleben des Neapolitaners, das ich persönlich als einen Ausdruck reinster mediterraner Philosophie bezeichnen möchte, ähnlich wie die Pein des Hungers und des Durstes als eine Befriedigung animalischer Triebe. Er führt das wollüstige Klima, aber auch die Enge des überfüllten Lebensraumes vor allem in der Altstadt und noch einige andere scheinbar banale Dinge an, die diese besondere Art neapolitanischer Liebe sowohl verursachen als auch erklären könnten.
Ich persönlich neige freilich zur gleichen Ansicht, die schon der neapolitanische Schriftsteller Domenico Rea dargestellt hat, weil auch ich glaube, daß die vielzitierte und vor allem dem Tourismus vorgespielte Sentimentalität des Neapolitaners, seine angebliche Keuschheit und damit auch sein scheinbar ausgeprägter Sittenkodex eine ungeheuerliche Lüge sind. Und ich riskiere jetzt durchaus im Bewußtsein dessen, was ich hier ausdrücke, die negative Behauptung, daß der Neapolitaner ein Barbar ist, was die Mysterien der Liebe angeht. Für ihn bedeutet Sexualität nichts weiter als ein Mittel der Beherrschung und Unterdrückung seines Partners. Und was die angebliche Ehre der neapolitanischen Frau betrifft, so behaupte ich allen Ernstes, daß sie allein durch einen ebenso mächtigen wie heuchlerischen und selbstverständlich religiös motivierten oder eigentlich von der Kirche oktroyierten Sittenkodex zustande kommt.
Im übrigen verweise ich in diesem Zusammenhang nachhaltig

auf Domenico Rea, dessen Ausführungen mir so interessant und auch so typisch für Neapel zu sein scheinen, daß ich daraus mit Vergnügen eine längere Passage zitiere: »Es ist selten und für eine neapolitanische, südländische Frau kaum möglich, sich von einem Manne sozusagen ganz und gar betrügen zu lassen. Sie hat eine närrische Furcht, eine alte Jungfer zu werden; es wäre eine soziale Stellung, die sie einer steten Gefährdung, wenn nicht seitens anderer und immer neuer Männer, so doch durch die Haltung des verheirateten Bruders oder der Schwester, des Schwagers und der Schwägerin aussetzen würde, eine soziale Stellung, die sie wie eine kranke Pflanze dahinwelken ließe. Und so, von der Glut des Fleisches bedrängt, opfert sie allmählich immer mehr von dem, was von ihrer sogenannten Ehre noch heil geblieben ist. Neapel ist die dramatische, tragische Bühne der Jungfrauen über Fünfzig. Die Sinnlichkeit, die eine so große Rolle in der neapolitanischen Liebe spielt, ist eine Frucht der Promiskuität und der Tatsache, daß sie zu den wenigen Glücksgütern gehört, die den armen Leuten gewährt werden. Sie ist außerdem auch eine der wenigen Verdienstmöglichkeiten!«
Wen erstaunt es da noch, wenn die Prostitution in Neapel seit vielen Jahrhunderten schon beinahe als die natürlichste Sache der Welt betrachtet wird! Und nicht umsonst hat es im Verlauf der neapolitanischen Geschichte immer wieder Dirnen oder eigentlich Kurtisanen gegeben, die aus den erbärmlichsten Slums allein dadurch zu erstaunlichen gesellschaftlichen Positionen aufsteigen konnten, weil sie mit Unterstützung ihrer eigenen Eltern und der ganzen umfangreichen Verwandtschaft den eigenen Körper und die eigene Schönheit geschickt zu vermarkten verstanden. Es ist zum Beispiel eine Tatsache, daß auch der neapolitanische Klerus nie sehr viel daran auszusetzen gehabt hat, daß es eine käufliche Liebe gibt, die nach den Vorstellungen und Wünschen vieler Priester den jungen unverheirateten Männern zur Verfügung stehen sollte. Und auch heute noch, da die Zahl der Prostituierten nicht einmal mehr annähernd abgeschätzt werden kann, toleriert die Kirche mit resignierendem Achselzucken die Tatsache, daß biedere Hausfrauen und Mütter, die daheim die hungrigen Mäuler ihrer Kinder zu stopfen haben, und scheinbar wohlanständige Verkäuferinnen, die auf ihre Aussteuer sparen, diesem ältesten Gewerbe der Welt mit schöner Offenherzigkeit nachgehen.

Was soll ich über Neapel erzählen, über dieses verfaulende Paradies, dessen atemberaubende Schönheit mir seit meiner Kindheit immer unvergeßlich bleiben wird, obgleich ich die Schattenseiten und Perversionen dieser Stadt, die man entweder nur herzzerreißend lieben oder mörderisch hassen kann, so gut kenne! Da wären zum Beispiel die Banden der Halbwüchsigen aus den ärmsten Stadtvierteln hinter der Via Roma und entlang der Spaccanapoli, diese blassen raschfingrigen mageren Kinder, die noch am Anfang ihrer hoffnungslosen Karriere stehen und ein paar Jahre warten müssen, ehe sie das abbrechende Stakkato einer Maschinenpistole oder die düsteren Mysterien eines langjährigen Zuchthausaufenthaltes auf Procida wert sind. Jetzt streunen sie noch wie Wölfe durch den neapolitanischen Dschungel, billige Handlanger der Zigarettenschmuggler, raffinierte Zuhälter, geschickte Diebe und immer auf der Jagd nach einem Fetzen Fleisch, das weiblich sein muß, das weich und warm und weiß sein muß, das irgendwie nach Mama schmeckt und doch fremdartig ist. Da wäre dieses neue Stadion, das achthundert Millionen Lire gekostet hat, diese schrecklichen achthundert Millionen, die für den Bau von neuen Schulen gedacht und bewilligt gewesen waren und die dann der legendäre Achille Lauro in den sporthungrig aufgesperrten Rachen des ebenso törichten wie maßlos eitlen Volkes geworfen hat. Dafür hat es dann die kommunalen Perversionen seines vergötterten Bürgermeisters viele Jahre lang mit frenetischem Applaus bedacht. Auf die neuen Schulen wartet es freilich immer noch. Und die Nachfolger dieses Bürgermeisters, der ein charakteristisches Stück neapolitanischer Geschichte geschrieben hat, würgen verzweifelt an den Problemen, die er hinterlassen hat. Und da wären die jungen Dirnen im Schatten der Via Kennedy, vierzehn-, sechzehnjährige kostspielige Geschöpfe, die nicht selten unter den wohlwollenden Blicken ihrer Eltern ihrer nächtlichen Arbeit nachgehen und die erst nach einem anstrengenden Jahrzehnt für den Hafenstrich oder für die verwahrlosten Straßen draußen in Barra geeignet sind, und die Pfiffe ihrer frühreifen Galane und Einpeitscher schneiden wie Messer durch die warme neapolitanische Nacht. Und da wäre dann auch noch dieser überwältigende Barock einer verfaulenden Stadt, die sich mit ihren schmutzigsten Geheimnissen auf den Jahrmarkt der öffentlichen Eitelkeit wirft und dort lauthals mit ihrer eigenen Schande

prahlt. Da wären die Wohnhöhlen der dreitausend Armen von Neapel, diese vielbesungenen und doch so wenig bekannten *bassi*, in denen seit einigen Jahrhunderten schon Tuberkulose und Inzest, gewalttätige Barbarei und Hunger und alle Arten von Verbrechen ihre zerstörerische Herrschaft alltäglich, allnächtlich immer wieder von neuem antreten. Da wäre der Terror der Fleischeslust, verschärft durch bigotte Prüderie, diese neapolitanische Urkrankheit, die jedes geschlechtsreife Geschöpf wie Schüttelfrost überfällt. Da wären dann die unheimlichen Gebärmaschinen! Dieser entsetzliche Kult sinnloser Mütterlichkeit! Diese abscheulichen Variationen sogenannter neapolitanischer Liebe! Und da wären dann auch noch die Kunstfertigkeit und der unerschöpfliche Einfallsreichtum und die rücksichtslose Brutalität jugendlicher Handtaschendiebe, Mantelaufschlitzer, Autoräuber, Geldbörsenschneider. Und das wertlose Mehl unter der dünnen Heroinschicht. Und die blinden Verpackungen in den geschmuggelten Zigarettenstangen. Und das eingefärbte Papier in den leeren Kaugummipackungen. Der Ramsch, von dem man lebt. Die Kinder, von denen man buchstäblich aufgefressen wird. Und dieses Neapel, an dem man zugrunde gehen kann.
Ich habe oft schon über Neapel geschrieben, manchmal schon versucht, die absonderliche Widersprüchlichkeit dieser Stadt zu erklären, aber mir fallen immer wieder nur diese alten und abgenützten Worte ein, die mir freilich nicht genügen, wenn ich mein Unbehagen an dieser Stadt und zugleich meine Zuneigung artikulieren will. Es hat Jahrzehnte gedauert, bis ich begriff, daß dieses Gefühl, das mich immer wie ein Fieber überfällt, wenn ich an Neapel denke, etwas mit wütender Sehnsucht zu tun haben könnte. Und ich stelle mir manchmal mit geschlossenen Augen das verletzliche und unheimliche Geflecht der Straßen, Plätze, schmalen Gassen, Hügel und Täler vor, an denen Neapel wie glühendes Weinlaub am Rebenstock sich emporwindet, ein Labyrinth üppiger Fleischlichkeit und zugleich auch ein von Askese und Elend entstelltes Antlitz. Ich sehe die lange prachtvolle Gerade des alten Toledo vor mir, diese ehemalige Prunkstraße des spanischen und bourbonischen Neapel, die sich heute noch mit ihrer schwerfälligen und herabgewohnten Pracht von Capodimonte bis zur Piazza Plebiscito und dem königlichen Palast wälzt, ein strahlendes Ungeheuer, das mit seinen barocken Fassaden und

eleganten Schaufenstern die Erbärmlichkeit der dahinterliegenden Quartiere verdeckt. Ich stehe auf der Anhöhe von Sant'Elmo, dessen alter Felsen wie ein Horn über Neapel schwebt, und ich sehe das wahrscheinlich prachtvollste Panorama der Welt vor mir, das sich von dieser Anhöhe wie eine blühende Stadtlandschaft darbietet, die nichts von der Armut und dem Laster verrät, das sie scheinheilig verbirgt. Was für ein großartiger Anblick das doch ist, wenn man weit über den Golf bis hinüber nach Capri und Sorrent diese unnachahmliche Komposition aus aquamarinfarbenem Wasser und sepiabrauner Erde bewundern kann, dieses leuchtende Ziegelrot und protzige Gelb der Gebäude und Kirchen, dieses ebenso melancholische wie vornehme Weiß der öffentlichen Paläste, diese leuchtende Fahne des Himmels, dessen Tuch wie leichte Seide von den unverwechselbaren Konturen des Vesuv und des benachbarten Somma auf die Silhouetten der alten berühmten Vorstädte fällt, die entlang der einstmals legendären *Goldenen Meile* liegen! Und was für ein faszinierender Wirbel des Lebens, der aus der Tiefe machtvoll emporsteigt! Und was für eine sanfte und anmutige Schönheit, die einem aus diesem unvergeßlichen Bild entgegentritt!
Natürlich hat Neapel wie alle großen und amorphen Stadtgebilde dieser Welt mindestens zwei Gesichter, mit denen sie den Besucher anlockt und verwirrt. Aber Neapel besitzt darüber hinaus noch die verhängnisvolle Begabung, die eigene Existenz auf eine Weise zu verfremden, daß es einiger Mühe bedarf, um hinter allen Masken und Verkleidungen das wahre Antlitz dieser Stadt zu begreifen. Und manchmal, wenn man glaubt, die rohe Gewalttätigkeit und den herzlosen Egoismus, also einige der entwürdigendsten Charakterzüge durchschaut zu haben, mit denen sich die Bewohner dieser monströsen Metropole gegen die dämonische Kraft ihrer Heimatstadt wehren, dann stößt man plötzlich auf eine unvermutete Warmherzigkeit und Menschlichkeit, die man gerade hier nicht vermutet hätte. Dafür wird man sich in Augenblicken der höchsten Zuneigung und dieses verführerischen Gefühls, daß man nunmehr endgültig Neapel begriffen habe und von Neapel akzeptiert worden sei, sich vor grimmigen Enttäuschungen hüten müssen. Das leuchtende Gold der Hinterhöfe, von dem manche Reiseführer und viele Touristen schwärmen, stellt sich bei näherer Betrachtung nicht nur in einem übertragenen

symbolhaften Sinn als geronnenes Blut und eingetrockneter Schmutz heraus. Und die vermeintliche Liebenswürdigkeit dieser erstaunlichen Menschen am schönen gerundeten Golf hat sehr oft einen Hauch von Korruption und bitterer Lasterhaftigkeit an sich. Ich habe es mir längst schon abgewöhnt, von einem Neapolitaner irgendein echtes Gefühl zu erwarten, weil ich weiß, daß er weder zu aufrichtiger Zuneigung noch zu aufrichtigem Haß fähig ist. Und alle literarischen Beteuerungen, daß man ausgerechnet hier noch zur großen Leidenschaft begabt sei, sind völliger Unsinn. Neapel ist ein Zwitter. Und der Neapolitaner ist ein naturgetreues Abbild seiner Heimatstadt.

Campagna oder Leben aus zweiter Hand

Das Leben eines süditalienischen Landarbeiters oder Bauern unterscheidet sich kaum von der Existenz eines mitteleuropäischen Knechtes oder Bauern, wenn man dabei an die ökonomischen und gesellschaftspolitischen Verhältnisse etwa des 19. Jahrhunderts denkt. Und es unterscheidet sich grundlegend, wenn man die zwischenmenschlichen Verhaltensweisen berücksichtigt und dabei nicht dieses ominöse 19. Jahrhundert zum fragwürdigen Vergleich heranzieht, sondern Begriffe wie Aufklärung, Emanzipation, politische Freiheit und soziale Sicherheit als selbstverständlich annimmt. Es gibt im Dasein eines sizilianischen oder kalabresischen oder auch kampanischen Bauern nämlich immer wieder Augenblicke, die ohne weiteres mit der entsetzlichen Fragwürdigkeit anatolischer oder nordafrikanischer Kleinbauern zu vergleichen sind, und diese frustrierende Ähnlichkeit erstreckt sich bis auf die intellektuelle Geschwätzigkeit, mit der Soziologen und Politiker das Elend dieser Klasse zu bagatellisieren versuchen. Holzpflug und primitive Wohnverhältnisse spielen in diesem Zusammenhang eine ähnliche Rolle wie Aberglauben und Analphabetismus, und es ist natürlich kein Zufall, daß die jeweils höchsten Prozentsätze illegaler Kinderarbeit nicht in den großen Städten wie Ankara und Istanbul, Neapel und Palermo anzutreffen sind, sondern in den rückständigen ländlichen Regionen von Anatolien bis Sizilien und Kalabrien. Denn heute noch gibt es zum Beispiel im südlichen Apulien und im Inneren Kalabriens diese legendären Schwarzmärkte, auf denen

Kinderarbeit inoffiziell gehandelt und bewertet wird, und heute noch existieren etwa die kleinen verarmten Bauern in der Campagna nur durch ihr Potential an Kindern, das sie entweder auf den eigenen Feldern oder aber auf den Ländereien irgendeiner Genossenschaft arbeiten lassen. Und jeder Tourist, der gelegentlich einmal jenseits der berühmten Sehenswürdigkeiten einem kindlichen Schafhirten oder einem jugendlichen Sammler von Getreidegarben begegnet ist, hat unbewußt eines der ungelösten Probleme nicht nur des italienischen, sondern des ganzen europäischen Südens erfahren, wo immer noch knochenharte Kinderarbeit eine wesentliche Voraussetzung für das mühsame Überleben ganzer Berufsgruppen darstellt. Die Mitglieder jener jugendlichen Banden in Neapel oder Palermo, die sich auf Handtaschenraub und Schmuggel spezialisieren und in ihrer Mehrzahl vom Land in die Stadt geströmt sind, haben also insofern Karriere gemacht, als das Berauben von leichtsinnigen Touristen oder der Verkauf geschmuggelter Zigaretten und Transistoren eine wesentlich leichtere und auch einträglichere Arbeit ist als die Versorgung des Viehs oder auch die Beteiligung am Fischfang.

Im übrigen bleibt natürlich jede Beantwortung der alten eindringlichen Frage offen, wer denn nun wirklich verantwortlich sei für das materielle und moralische Elend des Südens! Und es wäre irreführend auf eine fast schon unverantwortliche Weise, wollte man einen Teil dieser Schuld oder dieser Verantwortung in der Tatsache sehen, daß jenseits der imaginären Trennlinie, die Italien irgendwo südlich von Rom in zwei völlig voneinander verschiedene und einander entfremdete Kontinente teilt, Kinderarbeit auch heute noch zu den stillschweigend geduldeten und sehr oft sogar lebensnotwendigen Selbstverständlichkeiten zählt. Oder daß ein ebenso romantisches wie falsch verstandenes matriarchalisches Denken über den Umstand hinwegtäuscht, der die allgemeine Zerstörung der Seelen oder Gedanken verursacht: daß nämlich die süditalienische Frau immer noch ihre traditionelle Rolle als Sklavin des Mannes spielen muß. Auch politische Korruption oder klerikales Klüngelwesen, unzeitgemäße hierarchische Strukturen oder das aberwitzige Anwachsen eines akademischen Proletariats sind nur Teile dieser allgemeinen Verantwortung und Schuld, deren tiefste und eigentliche Ursache in der Mentalität der Süditaliener zu suchen ist. Und dann natürlich auch im

Hochmut der Norditaliener, die jeden Sizilianer oder Kalabresen oder auch Neapolitaner als ein mehr oder minder wertloses Produkt einer mehr oder minder dubiosen Gesellschaft verachten und die sich beispielsweise in Großstädten wie Mailand oder Turin vehement gegen die Unterwanderung aus dem Süden wehren. Luigi Barzini etwa beschreibt den typischen Süditaliener als einen Mann – die süditalienische Frau nimmt er charakteristischerweise nicht einmal zur Kenntnis –, der von seiner Umwelt vor allem Gehorsam fordert und zugleich bewundert und beneidet, respektiert und gefürchtet sein möchte. Und er beschreibt dann wörtlich: »Der kleine Bauer, der des Lesens und Schreibens unkundige Taglöhner, der Olivenpflükker wie auch der Landbesitzer, das noble Mitglied exklusiver Klubs und der neureiche Inhaber neuerrichteter Industriebetriebe, sie alle werden das dankbare Wohlwollen mächtiger Freunde und Verwandter, die Furcht ihrer Feinde, den Respekt aller und den Ruf ihrer Familien pflegen und hegen.«
Natürlich entwickelt sich auch die süditalienische Gesellschaft und macht gewisse Fortschritte, die zumindest dieses ebenso gräßliche wie entstellende Odium, daß der Süden gleichsam eine Insel der Armut und Ehrlosigkeit sei, allmählich vertreiben. Andererseits darf man gerade in diesem Zusammenhang nicht vergessen, daß die meisten süditalienischen Provinzen nicht einmal annähernd eine ähnliche Entwicklung erleben durften wie etwa die Lombardei oder Ligurien. Denn noch vor rund hundert Jahren, als im übrigen Europa längst schon das Industriezeitalter angebrochen war, verunsicherten riesige Banden land- und gesetzloser Desperados ganz Kalabrien, beherrschte die Mafia nicht nur den Westen, sondern auch das Landesinnere von Sizilien, gefährdete die Malaria neun Zehntel des fruchtbaren Bodens und betrug die Analphabetenrate in den meisten dieser eindeutig agrarisch orientierten Gebiete annähernd hundert Prozent. Man braucht sich nur zeitgenössischer Dokumente und Aufzeichnungen zu bedienen, um eine Vorstellung von der elenden Rückständigkeit dieser Regionen zu bekommen. Der britische Schriftsteller Norman Douglas hat in diesem Zusammenhang einmal mit bitterer Deutlichkeit ausgesprochen, was als Motto für alle Überlegungen dienen könnte, die sich mit den sozialen Verhältnissen des Südens beschäftigen: »Wenn Nützlichkeitsdenken im Schatten des Hungers gedeiht, so ist romantisches Gefühlsleben nichts

anderes als Ausdünstung der Übersättigung.« – Die Malaria zum Beispiel hat noch bis in die Anfänge dieses Jahrhunderts ganze Landstriche in Kampanien, Lukanien und Kalabrien entvölkert. Das heute aus unerfindlichen Gründen legendär gewordene süditalienische Brigantentum hat bis zur Jahrhundertwende die sozialen Strukturen und auch die moralischen Verhältnisse einiger der ärmsten Regionen des Südens bis zur Unkenntlichkeit verändert und korrumpiert. Die Auswanderungszahlen vor allem in den unterentwickelten Landschaften zwischen Neapel und Palermo erreichten Jahr für Jahr neue Rekorde. Und zur gleichen Zeit betrug das Investitionsvolumen, das dem ganzen italienischen Süden zuteil wurde, nicht einmal die Hälfte dessen, was eine norditalienische Mittelstadt für ihre Infrastruktur auszugeben imstande war. Aber auch die Unterstützung, die der Norden schon seit einem halben Jahrhundert dem Süden zukommen läßt, ist in gewisser Hinsicht kaum mehr als eine schöne Chimäre, weil immer noch die meisten Techniker, Manager, Facharbeiter und Unternehmer, deren Honorare im Süden ausbezahlt werden, aus den großen Industriezentren des Nordens kommen. Und Luigi Barzini schreibt voll Erbitterung: »Aus dem Norden kommt praktisch der gesamte Maschinenpark für neue Betriebe und Installationen, ja sogar die unbedeutendste Pumpe zur Bewässerung eines winzigen Streifens Land. Aus dem Norden kommen schließlich sämtliche Verbrauchsgüter, kommen die Hemden, Schuhe, Kleider, Möbel, Radios und Fernsehapparate, Motorroller und Autos, die sich die Süditaliener in zunehmendem Maße leisten können. Selbst im Fall, daß einige dieser Güter nunmehr im Süden hergestellt werden, wird diese Tatsache geheimgehalten, da der süditalienische Käufer glaubt, es sei sicherer und auch der Ehre zuträglicher, wenn er sich mit Dingen behängt und versorgt, die in Mailand oder Turin hergestellt werden.«
Das ist die resignierende Erkenntnis eines der erfahrensten und intelligentesten italienischen Parlamentarier und Publizisten, eine Erfahrung, die man noch durch scheinbar geringfügige Details anreichern kann. So zum Beispiel zählte das süditalienische und da vor allem das sizilianische Speiseeis zu den faszinierendsten Köstlichkeiten des ganzen mediterranen Raumes. Aber irgendwann in den fünfziger Jahren begann sich die unheilvolle Idee festzusetzen, daß industriell hergestelltes

Speiseeis aus den Fabriken des Nordens bekömmlicher oder zumindest interessanter sein müßte als die längst bekannten Produkte aus den Konditoreien Palermos und Neapels. Und heute ist es tatsächlich schon eine Rarität, in Messina oder Agrigent, in Neapel oder Catanzaro ein sozusagen hausgemachtes Speiseeis vorgesetzt zu erhalten.
Natürlich kann der Süditaliener zahlreiche Entschuldigungen für seine eigene *miseria* vorbringen! Jahrhundertelange Unterdrückung und Ausbeutung durch ausländische Diktatoren, ein gnadenloses Klima und nicht zuletzt auch eine Form der Religiosität, die sich als strenge ideologische Zuchtrute gebärdete und so gut wie alle liberalen Ideen erfolgreich bekämpfte. Aber einige der Ursachen, die zu dieser allgemeinen *miseria* führten und immer noch führen, wurden im tiefen Süden gleichsam selbst erfunden. Eine davon ist der Schmutz, um es so nüchtern auszudrücken. Denn das Verhältnis des Sizilianers oder Kalabresen zum Unrat, den er selbst produziert, ist irrational und wird weitgehend von diesem latenten Fatalismus bestimmt, der das Leben im Süden zur lähmenden Hölle macht. Das heiße Klima, das gern als Ausrede für die beängstigende Verschmutzung süditalienischer Städte und Dörfer herangezogen wird, ist dabei eine nicht einmal sehr originelle Ausrede, denn auch über Andalusien oder den ägäischen Inseln steht eine hämmernde Sonne, ohne daß deshalb in diesen Regionen der Schmutz zum kennzeichnenden Merkmal einer ganzen Landschaft wird.
Fast alle italienischen Soziologen, Publizisten und auch Politiker, sofern sie nicht gerade aus Sizilien stammen und an ihrem eigenen größenwahnsinnigen Lokalpatriotismus ersticken, sind sich heute darin einig, daß bei allen Veränderungen und Verbesserungen von einer Lösung der tiefgreifenden Probleme keine Rede sein könne. Das hängt mit der unausrottbaren Armut in allen diesen unterentwickelten Regionen zusammen, mit einer Armut, die deshalb so erschreckend und auch furchteinflößend ist, weil sie sich gerade noch innerhalb einer Toleranzgrenze bewegt, die man für die ärmsten Länder der Dritten Welt gezogen hat. Es ist eine Armut, an der man zwar nicht verhungert, die aber hinreichend schmutzig und grausam ist, daß sie zu Verelendung und Resignation führt. Diese süditalienische Armut verschwindet in der Regel in allen offiziellen Statistiken, die ja immer das ganze Land beschrei-

ben, und sie wird selbst bei regionalen Untersuchungen nur verzerrt wiedergegeben, weil eine sozialkritische Analyse Kalabriens oder der Basilicata natürlich auch die Produktionsziffern und die Wachstumsraten einiger weniger Industrien enthält und noch nichts Endgültiges über das Elend der Bauern und Landarbeiter, des Kleingewerbes und der Gelegenheitsarbeiter, des akademischen Proletariates und der »Witwen auf Zeit« von Gastarbeitern oder Auswanderern aussagt. Übrigens stellen auch diese sogenannten Witwen ein permanentes Problem süditalienischer Soziologie dar, denn im Gegensatz zu griechischen oder dalmatinischen Auswanderern, die aus Übersee und Europa nach einer bestimmten Anzahl von Jahren wieder in ihre Heimatdörfer zurückkehren, vermeiden es süditalienische Auswanderer, in ihre alten bitteren Verhältnisse heimzukehren. Es gibt natürlich Ausnahmen, aber sie sind im Vergleich zu den Heimkehrerkolonien auf ägäischen und dalmatinischen Inseln verschwindend gering. Lediglich die Sizilianer fühlen sich auch heute noch diesem uralten Ehrenkodex verpflichtet, der mit Familie und Heimat zu tun hat, und unternehmen manchmal abenteuerliche Anstrengungen, um ihre Familienangehörigen in die neue Heimat nachzuholen. Aber auch sie weigern sich in der Regel hartnäckig, in ihre alten Dörfer und Gewohnheiten zurückzukehren, was zumindest bedenkenswert anmutet, wenn man sich die zahllosen griechischen und dalmatinischen Rückwanderer vorstellt, die ihren Lebensabend in der alten gewohnten Gemeinschaft verbringen.

Die stereotype Frage bleibt natürlich: Wer ist verantwortlich für das materielle Elend und die moralische Fragwürdigkeit des Südens? Wer tritt als Verursacher auf für Korruption und Cliquenwirtschaft, für Ausbeutung der entrechteten Klassen und Verhinderung eines gemäßigten Fortschrittes? Wer steht hinter den langen Elendszügen der Auswanderer und wer benützt den Schweiß des Volkes für seine eigenen politischen Absichten? Wer stiftet Kirchen anstatt Staudämme, wer verkleidet die öffentlichen Bauten mit Marmor und läßt das Volk in seinen zerfallenden Hütten leben? Wer bereichert sich am öffentlichen Geld und zweigt die Steuern ab in diese dunklen Kanäle, die jedermann kennt zwischen Palermo und Neapel, ohne sie beim Namen zu nennen? Wer errichtete luxuriöse Fußballstadien und ließ die Volksschulen in einem erbarmungswürdigen Zustand, ließ die geplanten Krankenhäuser und Altersheime in Schubläden verschwinden und ignorierte jedes neue Gesetz zur Arbeitsplatzbeschaffung? Wer tritt als frommer pompöser Kirchenstifter auf und vergißt zugleich die ohnmächtigen Flüche der Katholiken? Und wer verachtet den Süden so sehr, daß er sich am blutigen Lebenssaft dieses Südens viehisch mästet?

Die Diskussion über dieses erbärmliche Leben aus zweiter Hand ist mindestens so alt, wie alle diese Regionen alt und verbraucht sind, die aus dem amorphen Königreich der Bourbonen entstanden sind. Bereits Ende des 19. Jahrhunderts schrieb Gaetano Salvemini: »Die Einigung Italiens war für den Süden eine wirkliche Katastrophe, und der letzte der Bourbonen hatte recht, als er bei seiner Flucht von Neapel nach Gaeta seinen ehemaligen Untertanen sagte, er verliere den Thron, ihnen aber würden die Piemontesen nur die Augen zum Weinen lassen.« – Und zwei Jahre später, nämlich im Jahre 1900, formulierte er es noch deutlicher: »Wenn der Süden durch die italienische Einigung ruiniert wurde, so ist Neapel geradezu ermordet worden: Es hat seinen Rang als Hauptstadt verloren, es ist in eine Krise geraten, die der Bevölkerung das Brot genommen hat.«

Worauf spielte Salvemini hier an? Nun, es ist eine unleugbare Tatsache, daß der reichere Norden zu dem Zeitpunkt, da er durch die inzwischen legendäre patriotische Einigung sich gleichsam in den Besitz des weniger reichen Südens setzte, ein fast kolonialistisches Denken zu entwickeln begann. Man überzog die Provinzen des Südens mit einem Steuersystem, das nach den Gegebenheiten eines industrialisierten und vermögenden Landes berechnet war und die hauptsächlich agrarisch orientierten Südprovinzen besonders hart traf. Die daraus entstandenen Schulden waren der Anfang einer Verarmung, die auch jene Kreise erreichte, die bis in die zweite Hälfte des 19. Jahrhunderts zumindest teilweise für Arbeit und Brot sorgten. Der Norden konfiszierte aber auch zugunsten der nationalen Finanzen die Kirchengüter im ehemaligen Königreich Neapel und verminderte so das Kapital des Südens. Und schließlich errichtete das neuentstandene Italien ganz erhebliche Zollschranken vor allem gegen Frankreich, die den süditalienischen Bauernstand, der vom Export seiner Produkte abhängig war, so gut wie ruinierten. Es überrascht daher nicht,

wenn noch im Jahre 1925 Tommaso Fiore schreibt: »Man muß es offen sagen, aber die Zwangsherrschaft der Bourbonen war aufgrund ihrer Machtlosigkeit weniger verhängnisvoll als die der italienischen Einheitsregierung.« – Und Guido Dorso schreibt im gleichen Jahr: »Nach der piemontesischen Eroberung wurde unser Land (also der Süden) zu einer Kolonie der Ausbeutung für die Kapitalbildung des Nordens, der nicht nur nichts tat, um dem Süden seine jahrhundertealte Krise überwinden zu helfen, sondern daran interessiert war, jeden wirtschaftlichen und sozialen Fortschritt zu verhindern, da er die dringende Notwendigkeit erkannte, sich einen Absatzmarkt zu erhalten.«
Alle diese Meinungen, die dem reicheren und fortschrittlicheren Norden die Schuld am verhängnisvollen Niedergang und an der lebensbedrohlichen Lethargie des Südens anzukreiden versuchen, können doch nicht die eine Tatsache verschweigen, daß die sozialen Verhältnisse in den italienischen Südprovinzen immer schon katastrophal waren. In Neapel zum Beispiel waren diese Verhältnisse in den achtziger Jahren des 19. Jahrhunderts so entsetzlich und menschenunwürdig in des Wortes bitterstem Sinne, daß man nach der Choleraepidemie von 1884 keinen anderen Weg mehr zu einer teilweisen Veränderung der desolaten Zustände wußte als das sogenannte *sventramento* der verkommensten Teile der Altstadt. Dieses *sventramento* bestand ganz einfach darin, daß man quer durch die düsteren und verwahrlosten alten Stadtviertel Neapels Straßen herausschlug, um wenigstens etwas Licht und Luft in die dunklen Hinterhöfe zu bekommen. Damals entstand auch Spaccanapoli, durchbrach man die Via del Duomo und verbreiterte man den alten und ehrwürdigen Toledo zur heutigen Via Roma. Wie notwendig diese selbstverständliche Sanierung tatsächlich war, kann man vielleicht daran ermessen, daß es allein zwischen 1836 und 1884 sieben Choleraepidemien gegeben hat, wobei man über die Tätigkeit der neapolitanischen Ärzte geteilter Meinung sein mag, wenn man weiß, daß sie im Volksmund nur noch *ammazacane* genannt wurden. Und das heißt soviel wie Hundemörder. Übrigens entstand damals auch so etwas wie eine neapolitanische Kanalisation, was freilich ein wenig euphorisch anmutet, wenn man sich den unvermeidlichen Schmutz vergegenwärtigt, der Neapel auch heute noch buchstäblich zu einer einzigen riesigen Kloake macht.

Die Stimmen, die das erschütternde Elend des Südens verdammen, sind bis auf den heutigen Tag nicht verstummt. Rechtschaffene und intelligente Köpfe haben von der Niedertracht der Armut und einer allgemeinen Ausweglosigkeit gesprochen, haben die teuflische Korruption angeklagt und die latente Lethargie des Südens beweint. Aber fast niemand macht sich die Mühe und untersucht den rätselhaften Charakter etwa des süditalienischen Bauern, der sich hartnäckig weigert, die dumpfe und qualvolle Enge seiner bäuerlichen Heimatstadt zu verlassen und sich inmitten seiner Felder anzusiedeln. Er nimmt stundenlange Anmarschwege auf sich, nur um gleichsam unter Seinesgleichen zu sein. Er vergeudet Arbeitskraft und Arbeitszeit, weil er auch in dieser zweiten Hälfte des 20. Jahrhunderts nicht imstande ist, für sich allein zu existieren. In ganz Süditalien und auf Sizilien stehen Tausende von neuerrichteten Bauernhäusern leer, weil sich die Bauern weigern, die gewohnte Gemeinschaft in den rückständigen und uralten Bauernstädten zu verlassen. Ebenso scheiterten zahllose Versuche, die Bauern Siziliens und Süditaliens in Genossenschaften zu vereinigen, die konkurrenzfähig und in einem gewissen Sinne auch autark sind. Die süditalienischen Fischer, die einer immer spürbareren Katastrophe entgegentreiben, haben sich seit mindestens drei Generationen nicht davon überzeugen lassen, daß der Fischfang mit Dynamit oder mit engmaschigen Netzen existenzgefährdend ist, weil dadurch auch die Fischbrut vernichtet wird. Und kalabresische Arbeitslose finden es anscheinend ganz in der Ordnung, daß ein riesiges Stahlwerk, zu dessen Herstellung bereits die materiellen Mittel verfügbar waren, auf Betreiben der lokalen Mafia nicht errichtet wird. Sizilianische Bauern lassen sich heute noch ohne Gegenwehr erpressen und bezahlen für das lebenswichtige Wasser, das ihnen die Handlanger der Mafia auf die eingetrockneten Felder leiten.

Der Süden ist auch heute noch eine starre und unbewegliche Welt, die einem unvoreingenommenen Beobachter den fatalen Eindruck vermittelt, daß sie ein nahezu sadistisches Vergnügen an ihrem eigenen Elend findet. Und es ist keine Übertreibung, wenn man zu dem Schluß kommt, daß Melancholie, Selbstunzufriedenheit, Skeptizismus und ohnmächtige Ironie immer die Herzen der Süditaliener beherrschen werden, wie das Dominique Fernandez einmal formuliert hat: »Der obligate Optimismus desjenigen, der heute über Dinge und Menschen des Südens nachdenkt und schreibt, ist ein tröstliches Zeichen unserer Zeit. Aber dieser Optimismus hat nur die Techniker gewonnen, die Spezialisten für Bewässerung und Industrialisierung, die Beobachter und Freunde aus dem Norden, die gekommen sind, um sich über einige Fortschritte zu freuen. Die Bevölkerung selbst ist mißtrauisch geblieben.« – Dieser pessimistischen Meinung ist nichts mehr hinzuzufügen, außer vielleicht der lapidaren Feststellung, daß dieses Mißtrauen der Süditaliener auch künftighin ihren ohnedies geringen Glauben an eine bessere Zukunft untergraben wird.

Das Elend der falschen Götter

L'Amalfitina, Endstation Sehnsucht

Das Geschrei von Neapel verstummt, der Gestank, der Schmutz auch der letzten Vorstädte verweht, Capri vorbei... und jetzt?
Rauch steigt auf aus dem Wasser, das dunkel ist, schon nicht mehr blau oder violett, sondern wie Glas, das sich verfärbt hat. Rauch steigt auf aus diesem von innen her verfärbten Meer, drei Lagen Farbe darüber, verwischt jetzt im Herbst, verwischt und dunstig, wenn die Sonne schon am frühen Nachmittag hinter diesen alten Felsen verschwindet, die sich amphitheatralisch vor dem Meer erheben. Es ist ein bemalter Rauch, die Felsen wie brüchiges Pergament, ein halbes Dutzend Boote draußen in der Bucht, Buchstaben, dünn und zerbrechlich. Und die Dörfer, die Städte, deren Ruhm zweifelhaft ist, treten zwischen den Felsen und dem Meer als Legenden auf, an die freilich niemand mehr glaubt. Den ganzen Tag schwankte das dunkle Wasser, das jetzt wie ein Stück vom geronnenen Himmel ausschaut, gegen die Buchten, die bauchig sind und manchmal kaum größer als eine geräumige Höhle. Die Küste, in Falten erstarrt, schwebt wie ein erdfarbenes und vielfach gerafftes Fahnentuch vom Himmel ins Meer. Die Luft ist geschmeidig, ist weich, schmeckt wie junger Honig. Und Kirchen, die sich als altehrwürdige Kathedralen schmücken, haben Hauben aus Majolika angelegt, unter denen sich die unglaubwürdigen Heiligenlegenden verbergen, die seit mehr als tausend Jahren schon ankämpfen gegen das süße und wilde Geschrei der verführerischen Sirenen. Oben im Gebirge, in das die Sonne einschlägt wie ein goldener Blitz, rinnt immer noch das dunkelrote Blut der letzten erschlagenen Goten über den Stein. Und hier unten in der gefalteten Landschaft lebt immer noch die Erinnerung an den Anfang des Lebens, fremd und vielgestaltig.
So sehen Paradiese aus, wie wir sie uns vorstellen! Sehen Paradiese wirklich so aus? Stellen wir uns Paradiese wirklich so vor?

Jede Beschreibung ist ungenau und irreführend, wenn nicht auch der Mythos erzählt wird. Und man muß sich vorstellen, wie Odysseus vor langer Zeit unter dieser amalfitanischen Küste auf seinem Schiff durch das rollende Meer trieb, widerstandsfähig gegenüber dem mörderisch präzisen Gesang der Sirenen, die heute nur noch als Inseln draußen im malvenfarbenen Meer stehen, unansehnliche Inseln, kaum handtellergroß, zu Stein erstarrte Tropfen im flimmernden Dunst, Inseln wie Tränen, während auf den abgesicherten Badeplätzen der Luxushotels barbusige Mädchen und manchmal auch Frauen um die Fünfzig Sirenen sein wollen. Längst vorbei auch das Zeitalter, da noch die Menschen scheue Verehrung empfanden für dieses verderbenbringende Geschlecht, das auf den Klippen kauerte und mit überirdischer Stimme lockte und sang, längst vorbei das homerische Jahrtausend und verstummt auch das orphische Lied, das wie die Brandung den Menschen ans Ohr drang, die an dieser Küste Götter verehrten, die heute niemand mehr kennt.
Vorbei aber auch die Epoche der Hungersnöte, in der nur Auswanderung half, vorbei das grimmige Elend von Positano und Amalfi, als der Fremdenverkehr noch nicht erfunden war.
L'Amalfitina, Endstation Sehnsucht: was für eine kitschige Meinung! Aber sie stimmt! Es fängt eigentlich an mit Sorrent, wo 1544 der elegische Torquato Tasso geboren wurde, reich genug für seine Marotte, sich ein Leben lang beinahe ausschließlich mit der eigenen melancholischen Intelligenz zu beschäftigen. Später dann russische, britische Melancholiker, deutsche Schwärmer, romantisch bis ins bürgerliche Grab auf irgendeinem überwucherten Friedhof. Und alle wollten sie die Unvollkommenheit Europas vergessen!
Oder es fängt vielleicht auch schon in Castellammare di Stábia an, wo dem Hörensagen nach immer noch eine hartnäckige Eule – dieser verläßliche Vogel der Göttin Minerva – drei Nächte lang die Dunkelheit mit ihrem Geschrei zerreißt und einzudringen versucht in einen Schuppen, in dem man den antiken Kopf dieser Minerva vorübergehend aufgestellt hat? Und es fängt aber auch in Massa Lubrense und Sant'Agata dei due Golfi an, wo die Erinnerung an das schreckliche Neapel unwiderruflich aufhört und endgültig der *Süden* beginnt, das alte verdorbene Land, begraben unter abergläubischen Ge-

schichten und von den mythischen Meeren umspült, aus denen heute noch manchmal die Götter erstaunt ans Land kommen.

Wer bis an diese Amalfitina vorgedrungen ist, bis in dieses verwunschene Gebiet der Majolikakuppeln *(immer steht eine grüngelbe Wolke inmitten der Dörfer)*, wem sich die Krümmung dieser vielleicht schönsten Küste der Welt endgültig entgegenbiegt und sich Bilder auftun wie aus einem Märchenbuch, Segel im Gegenlicht und das langsame Herabtropfen der Sonne vom Himmel und die Landschaft tausendäugig, dem werden Fragen ins Haus kommen: unterm meckernden Geschrei der Zikaden die Frage nach der verhältnismäßigen Dürftigkeit süditalienischen Daseins, unterm Eindruck amalfitanischer Architektur die Frage nach der Unerläßlichkeit jahrhundertelanger Auswanderung, unter den efeuüberwachsenen Arkaden der Hotels die Frage nach der ungewöhnlichen Einkommensverteilung, die ungenau ist und bestechend ungerecht. Und immer die törichte Frage nach den Ursachen. Hundert Jahre nach der Einigung Italiens das Einkommen im Norden vierfach und fünffach und die Geburtenrate nicht einmal die Hälfte, dafür im Süden fast unverändert noch der verheimlichte Analphabetismus und diese hartnäckigen Arbeitslosenraten, die in den offiziellen Statistiken verschämt kaschiert oder auch heimtückisch verschwiegen werden. Erstmals steht zwar das legendäre griechische Licht über der Küste, beginnen älteste Mythen wieder sichtbar zu werden und kann man sich Götter vorstellen, wie sie unter Eukalyptus und Ölbaum schlaftrunken kauern, aber erstmals treten hier auch diese Krankheiten auf, verursacht durch Mangelerscheinungen, wahre Epidemien, über die kein ärztliches Jahrbuch berichtet.

Unterernährung führt nicht immer zum Tod. Aber das Leben, das durch Unterernährung gebrandmarkt ist, kann schlimmer sein als ein rascher Tod.

An der Amalfitina, dürftige fünfzig Kilometer lang und nur eine Straßenbreite vom Elend des Südens entfernt, sind alle diese Fragen freilich kaum vorstellbar. Wer trägt Verantwortung für das moralische und materielle Elend des Südens? Warum fliegt spätestens seit Neapel die Sonne nur noch als schwarzer Stern durch den Himmel? Wann hat das angefangen, diese verhängnisvolle Unterscheidung in zwei Italien?

Warum hat im Süden das kalkulierte Verbrechen das folkloristische Verbrechen aus sogenannter Leidenschaft verdrängt?

Aber zwischen Sorrent und Salerno, zwei unvergeßliche Autostunden oder zwei atemberaubende Wandertage lang, werden diese Fragen noch nicht gestellt. Die regelmäßigen Einkünfte aus dem Fremdenverkehr haben Aufschub gewährt. Hier stellt sich nur die Frage nach der Ästhetik einer touristischen Kultur, die beinahe zu perfekt ist, und nach den Übernachtungszahlen, die immer noch befriedigend sind. Verschwiegen wird allerdings, daß längst auch schon Sorrent von organisierten Raubüberfällen heimgesucht wird. Und verschwiegen wird, daß die lokale Polizei von Salerno der neu etablierten Mafia gegenüber resigniert hat.

Bleibt zu erzählen, daß Positano seine Existenz einem byzantinischen Muttergottesbild verdankt, das auf einem Schiff unterwegs war nach Neapel und seine Stimme plötzlich unter dieser Küste erhob: *Posa – setze mich ab!* Und die gehorsamen Seeleute brachten das Bild ans Ufer, das von diesem Augenblick an Positano hieß. Irgendwann zwischen den beiden Weltkriegen dieses 20. Jahrhunderts entdeckten dann Künstler das einsame Fischerdorf, das praktisch von der Außenwelt abgeschnitten war. Positano war zu dieser Zeit so erbärmlich arm und so verelendet, daß es sich nur durch eine der höchsten Auswanderungsquoten ganz Süditaliens mühsam am Leben erhalten konnte. Heute wächst es langsam in den gähnenden Felsentrichter hinein, der Positano diesen theatralischen Effekt schenkt, von dem die Touristen schwärmen. Heute übersteigen die Übernachtungszahlen jedes vernünftige Maß und schleppt sich Sommer für Sommer ein kreischender Blechwurm durch die schmalen Gassen. Und heute ist man hier auf eine Weise mondän, die manchmal schon wieder erschreckend sein kann.

Bleibt zu erzählen, daß in den dahinterliegenden Monti Lattari im Jahre 552 eine byzantinische Streitmacht unter Narses die Überreste jener Goten unter König Teja erschlug, die zuvor noch unter Theoderich vom nördlichen Ravenna aus ein kleines Weltreich beherrscht hatten. Und auch von Amalfi muß in diesem Zusammenhang berichtet werden, das nach dieser Schlacht natürlich byzantinisch wurde, später aber den ungestümen Angriffen der Langobarden und Sarazenen widerstand und sich schließlich zu einer selbständigen Republik und zur ersten Seefahrernation Italiens entwickelte. Hier begann nämlich, was dann über Pisa und Genua bis nach Venedig so große Mode wurde: der lukrative Seehandel mit der Levante, mit dem Orient.

Die Seegesetze Amalfis – *Tavole Amalfitane* – waren beispielhaft für die ganze damalige Zeit, galten noch bis weit ins 16. Jahrhundert, als Amalfi selbst längst schon wieder unbedeutend und harmlos geworden war. Im übrigen gab es die übliche Entwicklung: Zuerst Reliquien (in diesem besonderen Fall waren es die Knochen des heiligen Andreas), dann die Möglichkeit, daß ein gewisser Flavio Gioia hier den Kompaß entweder erfunden oder diese Erfindung einem unbekannten arabischen Seemann abgehandelt oder abgenommen hat, und nicht zuletzt die handwerkliche Tugend der eigenen Münzprägung: berühmt zwischen Orient und Okzident die Gold- und Silbertari, berühmt die Vermögen, die daraus entstanden.

Das alles trug natürlich zur Bedeutung dieser allerersten Seerepublik bei. Man errichtete seit dem 10. Jahrhundert den schönsten Dom an dieser Küste, man ließ Bronzetüren in Konstantinopel gießen und wetteiferte mit der Natur um die Ausschmückung der rasch wachsenden Stadt. Bis dann im 14. Jahrhundert das Meer unberechenbar zuschlug und die Stadt erbärmlich verwüstete, Springflut um Springflut gegen die kostbaren Mauern werfend, Gottes Zorn oder auch nur die Niedertracht der Tyrrhenis, von der früher einmal die Gelehrten glaubten, sie wäre das sagenhafte Atlantis.

Nachzutragen ist die Geschichte dieser vierzig normannischen Ritter, die ums Jahr 1000 auf amalfitanischen Schiffen heimkehrten vom Heiligen Land, wohin sie fromm und demütig gepilgert waren. Jetzt retteten sie einen langobardischen Fürsten im nahen Salerno aus sarazenischer Bedrängnis, kamen auch nach Amalfi und Ravello und leisteten dort den feierlichen Schwur, wiederzukehren in diese gesegnete Landschaft, die ihnen wie ein Paradies vorgekommen sein muß. Daß daraus dann auf merkwürdigen Umwegen einerseits die erstaunliche Legende vom Erzengel Michael am Monte Gargano drüben an der Adria und andererseits die große normannische Invasion entstand, liegt wohl in der Natur der Sache, denn immer schon brauchten die Eroberer einen frommen oder nützlichen Vorwand für ihre handfesten Argumente.

Aber alle historische Aufzählung beschreibt nicht die blühende

Geometrie langsam abfallender oder in die Steilhänge hineingezirkelter Gärten, verschweigt das stahlfarbene Schimmern der Ölbäume und auch die Mühsal, mit der fruchtbare Terrassen herausgegraben wurden aus den Steilabstürzen der Felsen. Die alten abgenützten Vergleiche werden wieder brauchbar: Sonnenlicht, das wie flüssiges Wachs gelb und dick durchs Geäst tropft, der flirrende Schatten in einer Bucht, gegen die das Meer drängt, manchmal die überraschenden Kaskaden der Farben und manchmal der nackte Stein, an dem sich seufzend der Wind reibt. Alles ist überschaubar, hat seine gefällige Ordnung, sogar die Biographien der Menschen, die noch vor einem Menschenalter die Barriere der Berge überwinden mußten, wenn sie ihre zu eng gewordene Heimat verlassen wollten.

Schwer vorstellbar für unsere abendländische Phantasie, daß an dieser Küste einmal Sarazenen herrschten, dunkelhäutig und heftig, ein Volk, das man sich im verdorbenen Sizilien oder an den elenden Küsten Kalabriens besser vorstellen kann, aber nicht hier, nicht in dieser Natur, der jede hysterische Leidenschaft fehlt. Wer freilich genau beobachtet, wird nicht nur in der bizarren Kuppelarchitektur mancher Kirchen, sondern auch in manchem scharfgeschnittenen und seltsam tiefbraunen Gesicht eine entfernte Erinnerung finden an dieses fremdländische Volk, das auf seinen Streifzügen zwar alle blühenden Ufer des Mittelmeerraumes verwüstete, aber die schönsten und fruchtbarsten doch für sich selbst beanspruchte und dann auch besiedelte. Heute verschweigen Kulturjournalisten und Reiseschriftsteller zwar diesen Umstand, weil er ihnen wahrscheinlich das historische und geistige Kontinuum stört, das vom ersten Mythos an über Griechen und Römer und die gerade noch geduldeten Normannen brauchbar ist für ein abgerundetes Geschichtsbild. Und weil es vielleicht nicht opportun wäre, einzugestehen, daß es nicht irgendwelche frommen Mönche oder überhaupt brave Christen waren, die aus der zerrissenen Felsenlandschaft zwischen Amalfi und Sorrent einen paradiesischen Garten gemacht haben, wo der Wein fast wollüstig wuchs in süßen schweren Trauben, und Johannisbrotbäume, Maulbeerbäume und Ölbäume reiche Früchte trugen, und die Sonne genießerisch im gelbgepunkteten Laub der Zitrusgärten wühlen konnte, und die Feigen klebrig zerplatzten, daß es also nicht der europäische Geist war, der das

alles zustande brachte, sondern verachtete Araber, scheinbar blutdürstige Moslems, die durch unsere Geschichtsbücher immer nur als plündernde Seeräuber geistern, als schamlose Schänder weiblicher Tugend und auch als Kindsmörder, während sie in Wahrheit das höchstzivilisierte Volk ihrer Zeit waren und dem alten Kontinent diese Kultur brachten, auf die er seit den Tagen der Griechen und Römer vergessen hatte, christlich zwar und stets ein inbrünstiges Halleluja auf den Lippen, aber auch immer beschäftigt mit einer händelsüchtigen Politik, mit plumpem Totschlag im Namen Christi.
Die Sarazenen also auch hier! Wahrscheinlich ums Jahr 836, als man in Neapel arabische Truppen anheuerte aus irgendeinem heute längst schon unwichtigen Grund. In Cetara jedenfalls, dessen Name aus dem Arabischen kommt und ein gitarrenähnliches Musikinstrument beschreibt, begannen sie mit ihrer Invasion, die im Gegensatz zu vielen anderen Invasionen christlicher Völker hier friedlich und ausgesprochen nützlich war. Sie gründeten Kolonien in Maiori und Minori und auch im berühmten Ravello. Rund einhundert Kilometer südlich von dieser Küste schufen sie sich in Agrópoli sogar eine eigene Stadt. Und an der Amalfitina selbst verwandelten sie die nackte Küste in diesen blühenden Garten, der heute noch Bestand hat.
Freilich dauerte ihr Glück nur ein paar Jahre. Schon im Jahre 851 konstruierte man eines dieser beschämenden Friedensabkommen, in denen schon die nächsten Kriege ausgehandelt werden. Diesmal wurde unter anderem auch das Verschwinden der nutzlos gewordenen Sarazenen aus der Gegend von Amalfi und Salerno gefordert, was dann auch tatsächlich ein Anlaß war für jahrhundertelanges Elend, denn die Araber versuchten sich jetzt mit Gewalt in den Besitz dieser Küsten zu setzen, die sie selber erst zum Teil fruchtbar gemacht hatten.
Man soll solche Dinge nicht verschweigen, auch wenn sie ein Volk auszeichnen, das heidnisch war nach unserer bigotten Vorstellung, nur weil es Kirchen plünderte, wie wir Christen es auch tun, und weil es seinen Glauben mit Gewalt durchsetzen wollte, was auch wir für uns selber als nobles Handwerk beanspruchen.
Schönheit, die unverwechselbar ist, schaut also so aus: Terrassen bis ans Meer, grün und violett und goldbraun und dazwischen die weißen Kuben der Häuser und das auffällige Gewölk

aus Majolika. Nachts die tanzenden Laternen der Fischerboote in der sanften Rundung der Buchten. Mond badet im Meer, Sterne kreisen ganz nah, Blütenduft schwängert die Luft, nichts fehlt, was romantisch ist und vielleicht sogar unwiderruflich schön. Warum dann die zornigen oder auch nur verzweifelten Parolen an den Hausmauern und Straßenrändern oben in Furore und Agerola, nur ein paar Serpentinen oberhalb des vermeintlich unzerstörbaren Glücks der Costiera Amalfitina? Warum dann die wütenden Schmähungen des politischen Gegners, der penetrante Hinweis auf Mafia und Faschismus, warum das Elend schon wieder buchstabengetreu in Augenhöhe, die Verzweiflung wieder spürbar, alles nur ein paar Steinwürfe über den perfekt funktionierenden Hotels und überm glühenden Oleander, der die schönen Privatvillen schmückt?

Es macht mich nachdenklich, daß an der Küste selbst die rasch hingeschmierten Politparolen – diese unerläßlichen Wandzeitungen des vom Elend verfolgten Südens – fast immer fehlen, diese Parolen und Sprüche, in denen eine ganz bestimmte christliche Großpartei mit beispielloser Obszönität verflucht wird. Diese Beschimpfung beginnt immer erst zweihundert Meter oder dreihundert Meter über dem Meeresspiegel und starrt dann freilich unübersehbar in die Landschaft. Hat das etwas mit privater Glückseligkeit zu tun, dieses unpolitische Unten und dieses zornerfüllte Oben? Oder nimmt man einfach Rücksicht auf den lebenserhaltenden Fremdenverkehr? Oder verläuft hier tatsächlich eine unsichtbare Trennungslinie, die den Charakter der Menschen grundsätzlich voneinander unterscheidet?

In Ravello dann, das immerhin annähernd tausend Jahre lang ein selbständiges Bistum war, die unvermeidliche Erinnerung an Richard Wagner, der angeblich im riesigen Garten des verfallenen Palazzo Ruffolo den musikalischen Einfall hatte zu *Klingsors Zaubergarten*, was damals seiner Oper *Parsifal* zustatten kam und heute noch Musikfreunde dazu verführt, alljährlich hoch über dem lautlos schimmernden Meer Wagner-Konzerte zu veranstalten. Handfester, wirklichkeitsnäher scheint das Verhältnis Boccaccios zu Ravello gewesen zu sein, der die damals noch lebendige Stadt für einen recht irdischen Garten der Lüste hielt. Aber das ist längst schon vorbei. Heute wächst wieder wild wuchernd zu, was einmal Schauplatz war

Bucht von Neapel mit Vesuv

Cumae

Fischer in Pozzuoli

Hausaltar im Hafenviertel von Neapel

Paestum

Wallfahrtskirche »Madonna mit den Granatäpfeln« in Capaccio bei Paestum

Bäuerinnen in der Sila (Kalabrien)

Im südlichen Apulien

für gewagte Liebeshändel oder politische Spekulation. Heute nistet malerisch der Verfall im verwirrenden Wachsen einer Vegetation, die über Säulenstümpfe kriecht und über geborstenes Mauerwerk. Vierzigtausend Menschen haben hier zeitweise gelebt, einige der reichsten und einflußreichsten Patrizierfamilien des ganzen Südens, die durch den gewinnbringenden Orienthandel ihre legendären Vermögen anhäuften, bauten hier über mehrere Generationen ihre fürstlichen Paläste, aber auch die Klarissinnen, ein für seine Vermögenslage bekannter Orden, siedelte sich hier an, alles umhüllt von einer Natur, die herausfordernd anschwillt, heute wie damals, nur daß jetzt der geschäftige Lärm vergangener Zeitläufe endgültig verschwunden ist.

Dann schon Vietri sul Mare, weltberühmt für seine Keramik, die freilich immer mehr zu gefälligem Kitsch abgleitet. Niemand erinnert sich heute mehr an die Anfänge dieses Handwerkes, das gleichfalls arabischen Ursprungs war und erst nach Jahrhunderten des Vergessens durch private Initiative wieder entdeckt werden mußte. Vietri, wo es in den heute zerstörten Glasfabriken einmal ein proletarisches Klassenbewußtsein gab, das nie so recht zur schönen Costiera Amalfitina passen wollte, war aber auch vom 11. Jahrhundert an der Haupthafen dieser zweifellos reichsten Abtei ganz Süditaliens: Abbazia della Trinità. Diese Abtei, die den Benediktinern gehört, hat früher einmal für den italienischen Süden eine ähnliche Rolle gespielt wie das berühmte burgundische Cluny. Sylvester, Gegenpapst und unglücklicher Reformer, liegt hier begraben, und das unschätzbare Archiv des Klosters enthält an die fünfzehntausend Inkunabeln und Abschriften, darunter das umfassendste Gesetzbuch aus der langobardischen Zeit.

Bleibt schließlich zu fragen: Immer noch die Sirenen auf den dunklen Klippen dieser Küste? Immer noch das Meer aufbrausend, weil Poseidon zottig und zornig daraus auftaucht? Immer nur Schönheit, mystisch verklärt?

Man soll mißtrauisch sein angesichts solcher Makellosigkeit, die manchmal nur oberflächlich das Unbegreifliche verbirgt. Hier fängt der Süden an, beginnt die Erinnerung an die griechische Welt und auch, verdeckt und verschwiegen von christlicher Empörung, an diese arabischen Brückenköpfe, über die längst verschollenes Wissen wieder einsickern konnte nach Europa. Hier wütete noch vor einem Menschenalter der Hun-

ger (in meiner Kindheit ernährten sich die Familien der arbeitslosen Glasarbeiter in Vietri von Schnecken und Würmern) und sind die Probleme, an denen Menschen immer scheitern, heute noch in Sichtweite vorhanden. Und trotzdem ein irdisches Paradies? In den Hotels von Positano und Amalfi wird man diese Meinung zweifellos akzeptieren. Die Einheimischen sind vielleicht mißtrauischer, wissen nur zu gut, wie rasch jede Schönheit ihren Wert verliert und daß über Nacht der Marktanteil am touristischen Erfolg zurückgehen kann. Und so arbeitet immer noch zumindest eine Generation in diesem amalfitanischen Himmelreich nach altgewohnter Weise, geduldig vor den dunklen schweren Oliven, geduldig im Umgang mit den Früchten des Meeres, geduldig im Ertragen des Lebens, auch wenn es scheinbar nur süß ist und unbeschwert. Und beinahe glücklich.
Ein Rest von Mißtrauen bleibt trotzdem. Das Volk vergißt auch im Überfluß nur selten das Zeitalter der Not.

Paestum oder Das Elend der falschen Götter

Schwerfällig rauschte der Wind an diesem Tag, als ich wieder hinunterkam nach Paestum, es war Anfang Oktober, und der Wind wühlte jetzt die Ebene auf, war schon kühl und völlig erfüllt vom Herbst, der in den Alburnischen Bergen begonnen hatte. Nur hier über der Ebene brannte der Himmel noch von innen her, war wie ein Rost, der glühte, kalt und zuverlässig unter der Sonne, die westwärts niederfiel ins farblose Meer. Wolken flogen weiß und bedrohlich im Osten. Und die alten Geschichten, an die man nicht mehr glaubt, standen wieder flüsternd auf, belagerten geschwätzig das alte Gemäuer dieser Kirche, die wie eine Festung ausschaut und einen eigenartigen Namen hat: *Madonna mit den Granatäpfeln!*
Bald werden die Herbststürme endgültig das Meer zerreißen und wütend gegen die Felsen toben, die hinter der Ebene von Paestum aufsteigen und wie eine dunkle Gewitterwand sind, die nach Süden zu droht. Bald wird ein schieferfarbener Sichelmond über die gründgelben Felder tanzen, werden die Tamarisken und Pinien stöhnend im Gegenlicht stehen, wird der Oleander, wird der feuerrote Mohn unterm Regen kauern,

naß und fröstelnd. Nur diese Geschichten, an die man nicht glaubt, weil sie älter sind als die frommen Legenden und abenteuerlichen Erzählungen unserer Religion, werden auch dann noch zu hören sein, hier zwischen Capaccio und dieser fast heidnischen Madonna mit den Granatäpfeln, Geschichten, die mit der Anhänglichkeit des Volkes zu tun haben, mit seiner Hartnäckigkeit. Mythos ist hier wieder etwas, das noch lebt und von den Menschen quer durch die Jahrtausende mitgeschleppt worden ist!

Und die Natur? Die Sonne eine Fackel, das Meer plötzlich voll Flammen, der Wind ein Blasebalg, und im zerfurchten Vorhof der Kirche uraltes Gestein, das aus der Erde kriecht, das mit lautlosem Mund redet, eifrig und beinahe unbegreifbar.

Wie erzählt man Selbstverständliches? Wie soll der Bericht lauten über die abergläubische Gewohnheit der Menschen, damit er nicht unglaubwürdig wird? Was ist ein Mythos noch wert, wenn man ihn beschreibt, wortreich und voreingenommen?

Capaccio, das neue Dorf, liegt heute in der wieder fruchtbar gewordenen Ebene vor Paestum. Capaccio, das alte Dorf, mindestens tausendjährig und herabgewohnt, beansprucht von der üblichen Dürftigkeit, versteckt sich zwischen den Felsen, die starr und stumm aufsteigen aus dieser Ebene. Und die festungsartige Kirche der Madonna mit den Granatäpfeln, wahrscheinlich das älteste Heiligtum, das heute noch lebt, wenn man dem Schutt glauben darf, der die Jahresringe bildet, steht auf einer kanzelähnlichen Anhöhe, die aus diesen Felsen herauswächst und die Ebene von Paestum beherrscht. Hier existiert noch dieser Mythos, der mit ältesten Muttergottheiten zu tun hat, mit Hera zum Beispiel, die sie unten im wehenden Treibsand, im wachsenden Sumpf an den Ufern des Flusses Sele verehrten, tausend oder zweitausend Jahre lang, bis der Sumpf über die Tempel kroch und der Treibsand Altar und geheiligte Statue zudeckte mit seiner zähen Gleichgültigkeit, bis andere Götter sich feiern ließen unter Weihrauchgewölk und murmelndem Gesang, aber immer blieb der weibliche Kult, blieb die Verehrung des Mutterschoßes und der quellenden Brüste, Symbol für die Fruchtbarkeit des Lebens, unzerstörbar und noch deutlich erkennbar auch unter christlicher Verkleidung. Das gewöhnliche Unglück, mit dem Menschen immer schon umzugehen gelernt haben, traf auch die

Dörfer und diese große, von Geheimnis und Zauber belagerte Stadt. Eroberer aus dem Gebirge und vom Meer her, dann die Malaria, die aus den Sümpfen stieg wie ein boshafter Satyr, der Fluß, der den tödlichen Sand ablagerte im gemauerten Hafen, Brände und Plünderung und in den verschütteten Tempeln die Statuen, die stürzten. Aber das Urbild blieb. Die Erinnerung war nicht beeinflußbar, auch nicht durch eine neue Liturgie und neue Altäre. Was überlebte in der fiebrigen Ebene, flüchtete hügelaufwärts. Die Muttergottheit, halb wilde unbezähmbare Hera und halb süß lächelnde Madonna mit dem Kinde, war dabei. Aus dem damals schon tausendjährigen Stein, den man mühsam hinaufkarrte in die Felsen, entstanden die neuen Fundamente, über die man das christliche Kreuz setzte. Und an die Stelle der vielbrüstigen und immerzu fruchtbaren Großen Mutter trat das Bild, das wir kennen, lieblich jetzt und mit schmerzensreicher Gebärde die Erde segnend, die noch nie die Menschen hinreichend ernährt hat. Aber die äußeren Zeichen sind unwichtig. Und wenn das Volk zweimal im Jahr von überall her hinaufpilgert zur Granatapfel-Madonna und den üblichen Ritus vollzieht, dann spielt da noch ein anderer Ton mit, unfromm und unkeusch, dann fangen die rostroten Mauern, fängt der knochenbleiche Schutt zu reden an, geschwätzig und eifrig und immer mit lautlosem Mund. Und die Geschichten, die dann aufstehen im Wind, sind so zeitlos wie das Gedächtnis der Pilger, die auch nach zweitausendjährigem Christentum noch wissen, woher der Ursprung allen Lebens kommt, woraus die Liebe strömt, schmerzensreich und trotzdem unheimlich süß.

Nachts brach Regen wolkenbruchartig vom Himmel, zerschlug den letzten sommerlichen Staub, zähmte die wütende Angriffslust der Fliegen, trommelte herausfordernd auf die Brüstung vor meinem Hotelfenster. Warum fiel mir plötzlich ein, daß die Hirten, die in der grünen Einsamkeit dieser Ebene die schwarzen Büffel, die diesen Teil Kampaniens bevölkern, mit melancholischen Sätzen anlocken: *Auf diesem Stroh müssen wir alle sterben;* oder: *Auch die Hunde sind traurig;* oder: *Immer macht der Herr mit uns was er will;* daß diese Hirten, diese kleinen verschmutzten und hoffnungslos analphabetischen Geschöpfe, die nur mit ihren schwarzen Büffelkühen liebevoll umgehen können, weil sie sonst nichts haben, das sie lieben könnten, warum, oh mein Gott, fällt mir das ein in dieser verdammten Regennacht, daß diese Hirten nie über ihre Weideflächen hinauskommen, nie nach Salerno, kaum einmal nach Eboli oder ins kleine verstaubte Battipaglia? Warum denke ich an Muttergottheiten, groß und gewaltig die Schenkel, die quellenden Brüste? Im Hinterland von Salerno das berühmte Heiligtum von Montevergine, das jährlich Hunderttausende aufsuchen, die kampanischen Bauern barfuß und die Knie blutiggescheuert die letzten paar Meter und dann das byzantinische Madonnenbild, das nur unzulänglich verbirgt, daß hier jahrtausendealter Kult mit Kybele getrieben worden ist! Und hier die Granatapfel-Madonna von Capaccio, wohin sie ihre geweihten Brote tragen wie vor Jahrtausenden drüben an den ägäischen Ufern in die Tempel der Hera. Nur die Namen haben gewechselt. Nur der Weihrauch weht wolkiger jetzt, ist möglicherweise kostspieliger geworden. Warum fällt mir das ein in dieser Nacht, die der Regen herausfordernd peitscht? Und daß die Touristen, die Archäologen, eifrig unterwegs auf der Suche nach den Spuren ältester Geschichte, nichts wissen von der Melancholie analphabetischer Büffelhirten und von der abergläubischen Hartnäckigkeit des Volkes, das sich seinen Mythos nicht nehmen läßt und mit einer Geduld, die fast heimtückisch ist, auf diese Berge wandert, wo immer schon die Große Mutter beheimatet war, die aus Kleinasien kam und noch weiter aus dem Osten?

Dann ein Oktobermorgen wie aus dünnem Glas, durchsichtig und klar. Das unruhige Rauschen des Meeres, das die ganze Nacht gegen das Trommelfeuer des Regens angekämpft hat, ist verstummt. Mir fällt ein, daß jetzt die Büffelkühe ihre Kälber werfen. Werden die kampanischen Hirten auch für sie diese seltsamen Namen erfinden, die das Elend eines analphabetischen Daseins so poetisch machen? Und manchmal auch so unendlich traurig? *Weine, denn du hast allen Grund dazu,* rufen die Hirten mit ihren rauhen heiseren Stimmen draußen auf den Weiden, oder auch: *Faß ihr an die Brust, sie hat's gern,* was eine seltsame Melodie ergibt, eine Musik, die niemand mehr außer den Hirten selbst und den schwerfälligen schwarzen Büffelkühen versteht.

Ich werde diesen schönen Oktobertag, den der nächtliche Regen reingewaschen hat, in den berühmten Tempeln von Paestum verbringen. Aber ich werde an die Büffelhirten denken und sie mir vorzustellen versuchen, klein und ge-

duckt am Horizont und den analphabetischen Mund voll Poesie.
Die Tempelstadt also: Paestum, das unglückliche Poseidonia der Sybariten! Vor rund zweihundert Jahren durch einen Zufall wiederentdeckt, weil ein Jäger oder Hirte sich verirrt hatte im fieberverseuchten Dschungel an der Küste, stehen die riesigen griechischen Tempel mit ihren gelbbraunen dorischen Säulen heute gelassen unterm Ansturm der Touristen, sozusagen als erste Idee von einem Griechentum, das nicht nur Tempel und Stadtmauern hinterlassen hat, sondern im Volk auch die Erinnerung an kultische Dinge, die älter sind als das gewohnte Christentum. Was für ein Jahrmarkt sich hier aufgebaut hat im Widerschein dieser Trümmer, die vor zweieinhalbtausend Jahren voll Leben waren, erfüllt vom Geschrei griechischer Händler aus Sybaris und Syrakus, von den Seeleuten, deren weitgereiste Schiffe im Hafen ankerten, begierig durchforscht nach rascher billiger Lust, in den Opferschalen der Tempel immer das heilige Feuer und auf dem festen Mauergürtel, der heute noch wie ein schwärzlicher Zaun die Ebene durchquert, die argwöhnischen Wächter, den Blick unverwandt auf die nahen Berge gerichtet, von wo später trotzdem das Unheil kam. Denn die Ureinwohner dieser Berge, die barbarischen Lukaner, verließen ums Jahr 400 vor Christus endgültig ihre wüsten Bergnester und zerbrachen im ersten raschen Ansturm den schwachen Widerstand der griechischen Bevölkerung. In den nächsten Jahrhunderten bestimmte die Politik dieser Bergstämme das Schicksal der Stadt. Hier war das Schlachtfeld, auf dem die Lukaner den Römern unterlagen. Und Rom machte aus dem einstmals sybaritischen Poseidonia, das eine der einflußreichsten und vermögendsten Städte der griechischen Welt war, und aus dem unglücklichen lukanischen Paistos, wo die Griechen nur einmal im Jahr öffentlich ihr trostloses Schicksal beklagen durften, eine wohlhabende und abgesicherte Kolonie namens Paestum. Jetzt wurde wieder gebaut, entstand im leeren Hafen wieder ein wichtiger Flottenstützpunkt und wurde die rasch aufblühende Stadt zum wichtigsten Umschlagplatz des Südens für den Öl- und Getreidehandel. Das touristische Jahrmarktstreiben verdrängt heute freilich die Träume, die den Menschen vor dreitausend Jahren hier die Wahrheit erzählten. Heute wachsen die Hotels wie Bretter-

buden aus dem immer noch morastigen Boden. Längst schon hat der weiße Strand, hat das weinfarbene Meer, das noch ein Mann namens Homer so genannt hat, die Anziehungskraft der dorischen Säulen erreicht. Man kann jetzt Touristen antreffen am Strand von Paestum, die erstaunt aufblicken, wenn man sie fragt, wie ihnen die Tempel gefallen hätten. Es wäre auch nutzlos, ihnen zu erzählen, daß an diesem Strand, wo sie die schwere südliche Sonne genießen, ein gewisser Jason seine Begleiter, die Argonauten, an die Mündung eines Flusses namens Sele führte und ihnen erklärte, daß hier der Schauplatz einer künftigen Siedlung läge. Und müßig wäre es, von Odysseus oder Äneas zu berichten, die hier nordwärts segelten, zum Zweikampf mit den Sirenen listenreich der eine bereit, der andere unterwegs nach Rom, das seine Nachkommen begründen würden.
Alles nur Vermutung? Erfindung antiker Autoren? Und nur abergläubische Überlieferung eines Volkes, das von Generation zu Generation des Schreibens und Lesens unkundig war? Es sind noch nicht einmal fünfzig Jahre her, daß hartnäckige Archäologen an den Ufern des Sele den allerersten archaischen Tempel der Göttin Hera Argiva entdeckten, auf dessen figürlichen Friesen man unschwer jene Stämme entziffern konnte, die am legendären Argonautenzug teilgenommen haben.
Ich stelle mir vor, während ich zwischen Zypressen und Ölbäumen den geschwärzten Steinen folge, manchmal eine aufrechtstehende Säule wie ein honigfarbener Pfeil in der Sonne, manchmal eine dunkle Mauerspur wie eine sich windende Schlange im zähen Gestrüpp, immer die blutsaugerischen Mücken in dichten Schwärmen vor mir, dazu das sanfte Rascheln der allgegenwärtigen Eidechsen, ich stelle mir vor, wie diese vor zweitausend Jahren schon todgeweihte Stadt, über die zuerst die Malaria herfiel und dann der morastige Dschungel, jetzt wieder den Menschen dient, Arbeitsplätze sichert und Grundstückspreise in die Höhe treibt, den Straßenbau fördert und natürlich das unvermeidliche Geschäft mit den Souvenirs. Und mir fällt ein, wie das aussah, als ich vor zwanzig oder fünfundzwanzig Jahren zwischen diesen Tempeln stand, Mondlicht wie ein Schleier, die Schatten dünn und zerbrechlich, Geschrei der Zikaden und der keuchende Atem des Meeres. Und dort, wo sich heute Hotel an Hotel reiht, damals die grüne Wildnis der Ebene, nur manchmal unterbro-

chen vom dunklen Geviert eines Bauernhofes. Und die Tempel schwebend als wären es Schiffe, lautlos unterwegs in der mondhellen Nacht.
Dann noch einmal hinauf zur Madonna mit den Granatäpfeln! Warum nur diese Hartnäckigkeit, mit der ich diese alte und völlig verwahrloste Kirche belagere? Jetzt treffe ich einen alten Mann, der als Küster auftritt. Seine Augen sind traurig, als er mir erzählt, daß vor zwei Jahren Banditen die einsame Kirche überfallen und restlos ausgeplündert haben. Stumm zeigt er mir die Spuren der Verwüstung, eine zertrümmerte Tür, die billige Nachahmung der kostbaren Krone auf dem Puppenkopf der Madonna, weil die echte Krone natürlich auch geraubt worden ist. Dann führt er mich in die Sakristei vor die Marmorstatue einer anderen Madonna, die fremdartig ausschaut, streng und hochmütig. Sie sei gefunden worden, als die schrecklichen Sarazenen des Cheireddin Barbarossa Agrópoli überfallen haben, das vor langer Zeit schon einmal sarazenisch gewesen war. Das Meer sei blutrot gewesen, aber nur bis zu der Stelle, wo plötzlich diese fremde Madonna sich den Heiden entgegengestellt habe... Geschichten, die das Volk erfindet, um sein elendes Dasein gelegentlich romantisch zu verklären.
Ich wandere lange in diesem verwüsteten Kirchenbau umher, steige über Schutt, klettere auf den Söller hinauf, wohin mir zuerst ein herrenloser magerer Hund nachfolgt und dann der Alte. Dort drüben sei Eboli, erklärt er mit weitausholender Gebärde, und das dort, der weiße Fleck im grünen Mantel der Ebene, Battipaglia. Ich folge mit den Augen seiner Hand. Das Meer ist eine blaue Woge, an den Rändern gischtend und weiß. Ich sehe Salerno. Ja, nickt der Alte neben mir, als ich ihn erstaunt frage, das ist Salerno, die reiche Stadt.
Ich zähle rasch auf, was mir einfällt zu dieser Stadt, die sich seit den Septembertagen des Jahres 1943, als dort die 5. US-Armee landete, unaufhörlich veränderte und entwickelte. Griechisch war Salerno, dann etruskisch und römisch, später für kurze Zeit byzantinisch, immer wieder von den Sarazenen bedrängt, aber das ist es nicht, was den Alten und mich jetzt hinaufstarren läßt nach Norden, bewundernd und nachdenklich. Wer weiß noch, daß in diesem Salerno, das heute fast neiderfüllt das Mailand des Südens genannt wird, die erste Medizinschule Europas blühte unter den Langobarden, dann unter den Nor-

mannen und Staufern? Und daß es später hier eine Hochschule gab, an der weibliche Professoren einige mutige Studentinnen unterrichteten? Es wurden neben der Medizin und der unvermeidlichen Theologie auch Recht und Philosophie gelehrt, Thomas von Aquin hatte hier seinen Lehrstuhl und unterwies ein atemloses Publikum, das sich nicht nur auf Studenten beschränkte, auch über die Klarheit aristotelischer Logik. Die ersten bedeutenden Chirurgen Europas, Ruggero und Rolando di Parma, lehrten die zukünftigen Ärzte das Studium der Anatomie und der Chirurgie. Paulus Diaconus, Mönch und Geschichtsschreiber der Langobarden, wirkte hier. Die ersten medizinischen Grund- und Lehrsätze, die unsere Ärzteschaft heute selbstverständlich anmuten, sind hier zum erstenmal ausgesprochen worden. Und die Erkenntnisse der großen griechischen Mediziner von Hippokrates und Galenus wurden hier nach jahrhundertelanger Vergessenheit wieder angewendet und behutsam vervollkommnet. In Salerno wurde auch Giovanni da Procida geboren, der tragische Held der Sizilianischen Vesper. Und wer will, kann in der Krypta der normannischen Kathedrale neben den Reliquien des Evangelisten Matthäus auch die kostbare Mumie eines der berühmtesten und unglücklichsten Päpste der Kirchengeschichte in einem Glassarg bewundern. Es ist jener Gregor VII., der Canossa verursachte und letztlich daran scheiterte. Die Normannen des Guiscard mußten ihn zuletzt vor der Rache der Römer schützen und nach Salerno bringen, wo er gedemütigt und einsam im Jahre 1086 starb. Was sterblich ist an ihm, ruht direkt unter der Kreuzzugskapelle, wo immer wieder die Waffen der europäischen Kreuzfahrer gesegnet wurden, bevor sie sich einschifften ins Heilige Land. Und im Vorhof der Kathedrale das steinerne Schweigen der achtundzwanzig Säulen, die man um 1080 heraufbrachte vom damals längst schon zerstörten Paestum.
Ich stand und schaute. Der Alte neben mir bedauerte, daß Nebel über dem Meer lag. Man könnte von hier oben an klaren Tagen Capri sehen, versicherte er. Ich schüttelte den Kopf. Mir genügt, daß ich die Büffelkühe sehe unten in der langhingestreckten Ebene, erklärte ich ihm. Er sah mich einen Augenblick lang verständnislos an. Dann nickte er lächelnd. Ach ja, sagte er, die Milch dieser Kühe ist so frisch wie Quellwasser im Gebirge.
Das Volk denkt immer praktisch. Es schleppt zuerst den

Mythos aus den sterbenden Städten hinauf in die sichere Unzugänglichkeit seiner Berge. Und dann erst den kostbaren Stein, die üppigen Säulen und das Wissen, wie man die geborstenen Trümmer wieder zusammenfügt zu neuem Beginn. Das Volk ist weise auch in seiner scheinbaren Unvernunft. Tröstlich stehen die Büffelherden schwarz und geduldig im schweren Schatten der Tempel. Dick und prall hängen die Euter den Kühen vom Leib. Der touristische Jahrmarkt floriert. Geduldig locken die Hirten ihre Tiere mit poetischem Zuruf.
Warum berührt mich das Nachweisbare an der Geschichte so wenig, während ich später dann unten in der Ebene vor dieser narbigen Wiese stehe, aus der man das mögliche Ebenbild der Argonauten geholt hat? Wieder ist es ein alter Mann, der mir den Weg zeigt und auch das Heraion, auf das er mit einer verkrüppelten und abgearbeiteten Hand hinweist. Sein Gesicht hat unter dem Feuer zahlloser Sonnen eine Farbe angenommen, die sarazenisch ist, afrikanisch. Im Hintergrund die unvermeidlichen Büffel. Ihr leises Grunzen ist bis hierher hörbar, wo ich unschlüssig die geschwärzten Steine im morastigen Boden betrachte. Später treibt ein Wanderhirte seine Schafherde an mir vorüber. Auch er ist alt und auf diese eigentümliche Weise von der Sonne verbrannt, die seinem Gesicht etwas Antikes verleiht. Es läßt sich vorstellen, daß vor vielen Zeitaltern schon die Hirten und alten Männer so aussahen, damals als Troja brannte drüben in Kleinasien und Odysseus oder Äneas kurze Zeit ankerten vor der Mündung des Sele, um Trinkwasser an Bord zu nehmen. Oder als Jason seinen Argonauten die Stelle zeigte, an der ich jetzt stehe und abwechselnd auf alte Männer und schwärzliche Steine starre.
War das wirklich so? Und ist es bedeutungsvoll, was ich hier denke, müßiggängerisch die Spuren zählend, die sich dunkel und geheimnisvoll an den Ufern des Sele hinziehen, während Hirten und Landarbeiter erschöpft an mir vorbeigehen, blicklos, die Lederhaut der Wangen, die meine Unvernunft als antik beschreibt, weiß gepudert vom Staub, den sie aufrühren bei ihrer Arbeit? Hat das überhaupt irgendeine Bedeutung, was ich mir vorzustellen versuche zwischen aufragendem Tempel und Bruchstücken, die im Erdreich versinken? Warum zähle ich nicht die Kinder, die jeder Mutter am Rockzipfel hängen? Ich würde auf überraschende Zahlen kommen und vielleicht zu-

rückschrecken vor der Fruchtbarkeit dieser Frauen, die mit Dreißig schon erledigt sind, nur noch Arbeitstier und Gebärmaschine. Warum prüfe ich nicht die Arbeitsplätze für diese zahllosen Kinder? Ich würde vielleicht erstaunt sein, wie wenig Arbeitsplätze es gibt in dieser fruchtbaren Mulde zwischen Meer und Gebirge und wie bedeutsam das herzzerreißende Gewerbe der Auswanderung sein kann für diese Menschen, die nur wählen können zwischen Handlangerdienst und Arbeitslosigkeit. Warum beobachte ich nicht das tägliche Leben in den einsam gelegenen Bauernhäusern, die im Vorbeifahren romantisch anmuten? Und stelle dann die üblichen Fragen nach Lebensqualität und einträglichem Wohlstand? Oder begnüge mich wenigstens damit, sorgfältig zu überprüfen, wer wohnlicher untergebracht ist: die Büffelherde oder die menschlichen Arbeitstiere?
Was für verrückte Gedanken das sind, die man manchmal hat im Schatten der großen Kulturdenkmäler unseres Kontinentes! Vernünftiger ist es, daran zu erinnern, daß Winckelmann der erste Deutsche war, der im Jahre 1758 die sogenannten poseidonischen Tempel sah, die in Wahrheit Heiligtümer ältester Muttergottheiten sind. Erwähnenswert auch die Betrachtungen Goethes zu diesem Thema. Er schrieb von einigen großen und länglich viereckigen Massen, die ihn beeindruckten. Und als Bildungsgut muß man betrachten, was ein Mann namens Peterich zutiefst bewegt festgestellt hat: »Wir bewegen uns in Paestum in einer rein hellenischen Welt!«
Warum stören mich dann die Staubfahnen alljährlich im Mai und August hinauf zur Granatapfel-Madonna von Capaccio, wenn die Bauern und Hirten das geweihte Brot der Großen Mutter bringen? Warum meine Empfindsamkeit, wenn ich die Hirten ihre Büffel zärtlich rufen höre? Warum mein Erstaunen, wenn ich mir manchmal einen Augenblick lang das unaufhörliche Leben dieser Menschen vorstelle, viele Zeitalter lang und nie eine Veränderung, nie ein Archäologe, der nach ihren Seelen oder wenigstens Gedanken schürft, nie ein Historiker, der ihre Geschichtslosigkeit beschreibt?
Warum? Immer die gleiche Frage. Und mir fällt keine Antwort darauf ein, die befriedigend wäre und mein Unbehagen vertreibt, das lästig ist und wahrscheinlich nutzlos.

Ästheten, Puristen werden wieder einmal gründlich umdenken müssen! Noch leuchtet zwar südlich von Agrópoli das helle frische Grün der Pinien und Aleppokiefern und steht das Meer wie eine große Schüssel voll blauer Farbe unter der Steilküste des legendären Cilento. Aber Caterpillare und Schubraupen fressen immer größere Stücke aus dem grünen Leuchten der Wälder und aus dem Silberglanz der alten Ölbaumkulturen heraus. Noch tragen zwar die Frauen ihre Lasten auf dem Kopf, fleißig beschrieben von jedem Schriftsteller, der den Geist Großgriechenlands im südlichen Italien zu beschwören versucht, aber was diese Frauen jetzt kopflastig tragen, entpuppt sich bei näherem Hinschauen nicht mehr als folkloristische Amphore, sondern nur noch als Karton und Plastik. Der harzige Geruch, der einen hügelabwärts noch anweht, ist vorerst unverändert geblieben. Aber die wachsenden Mülldeponien zwischen Agrópoli und Sapri und der süßliche Gestank, der aufsteigt von ihnen, sind eine Erfindung vom vergangenen Jahr. Immer noch ockerfarbene und rotbraune Strände wie mit dem Lineal zwischen schwarzen Felsen gezogen, immer noch Felsabstürze wie zerrissene Wolkenbänke im Meer oder schattengleich darüber, immer noch das Meer blau und violett und smaragdfarben und auch so mythisch wie vor vielen Jahreszeiten, aber an die Stelle der alten vertrauten Tavernen und Fischerkneipen sind Night-Clubs und Appartementhäuser getreten, und wer vor einem knappen Jahrzehnt noch die bukolische Einsamkeit suchte an dieser wilden und intensiv duftenden Küste des Cilento, der kann jetzt sorgfältig unterscheiden und auswählen zwischen annähernd zwanzig Hotels und mehr als fünfzig Pensionen, ganz zu schweigen von den Miethäusern und zahllosen Campingplätzen. Und selbst die zweitausend Jahre lang verschüttet und auch vergessen gewesene Dichterstadt Elea, dieses geistige Zentrum einer Welt, die griechisch dachte und schrieb und philosophierte, enthüllt jetzt plötzlich schrittweise ihr faszinierendes Geheimnis und ist dabei, den längst etablierten Ruinen zwischen Paestum und Agrigent beinahe den Rang abzulaufen.

Die Veränderungen in diesem Teil des Südens sind einschneidend und wahrscheinlich tödlich für eine archaische Kultur, die gestern noch intakt war. Aber wer will entscheiden, was

vernünftiger ist: Leben nach alter Weise, abgeschieden und bedürftig, modrige Feuchtigkeit in den kunstlos gemauerten Steinhäusern, die sanitären Verhältnisse nicht beschreibbar und vor der Feuerstelle im einzigen bewohnbaren Raum die hierarchisch geordnete Familie? Oder jetzt die verhältnismäßig problemlose Glätte farbiger Fliesen in Fertighäusern, die Kanalisation schon im Bau und die Familie nicht mehr ein dunkler Klumpen, mutlos und hungernd, bis man verzweifelt in die Emigration nach Übersee oder Norditalien flüchtet, sondern nun aufgeteilt in Kellner und Stubenmädchen, Bauhilfsarbeiter und Köchin im gemeinschaftlich geführten Hotel?
Vor zwanzig Jahren wanderte ich hier noch tagelang durch eine einsame Wildnis, die mit Europa oder selbst mit Italien so gut wie nichts zu tun zu haben schien. Aber vor zehn Jahren, damals unterwegs nach dem gerade erst entdeckten Palinuro, lag schon eine Straße vor mir, die mich im Schatten des kahlgeschorenen Monte Bulgheria hinunterbrachte vom beinahe unzugänglichen Landesinneren zum Meer, das dunkel glühte. Jetzt von Agrópoli die Küste entlang zwei Stunden Fahrt, glatt und gefahrlos, jetzt begleitet von Restaurants und Bars und den knalligen Reklametafeln der rasch wachsenden Hotellerie. Erstaunt überprüft man die eigene Erinnerung, resignierend akzeptiert man, daß die Mythen von einst wahrscheinlich unwiderruflich zerstört sind, erleichtert registriert man Tankstellen und den anderen selbstverständlichen Komfort des internationalen Fremdenverkehrs.
Warum dann die Blicke prüfend und beinahe zornig auf diese Architektur gerichtet, die das Alte fast schon gänzlich verdrängt hat oder es plötzlich schäbig, grausam billig aussehen läßt? Warum dann diese verrückte Sehnsucht nach dem Geruch von gestern, als nicht nur die Pinien dufteten und harzig betäubend die Kiefern rochen, und das Meer noch nach Tang und Fisch und bitterem Salz schmeckte, und es aus diesen grauen kunstlosen Steinhäusern, die heute erbarmungslos abgerissen werden oder zumindest modernisiert auf eine schreckliche Weise, herwehte zu mir, menschlich und vertraut, es noch nach Moschus roch und Knoblauch und Ziegenböcken und auch nach diesen alterslosen Frauen, die heute allmählich aus ihren Witwentrachten schlüpfen und jetzt in ihren neuen Kleidern unversehens alt aussehen und billig? Hat das vielleicht etwas mit unserer ärgerlichen Neigung für Folklore und

Nostalgie zu tun? Oder spüre ich möglicherweise nur, während ich im Auto diese Küste entlangfahre, daß wieder eine Legende entzaubert worden ist?
Die Farben freilich bleiben unverändert und verlieren nichts von ihrer Bedeutung. Die morgendliche Blässe des Wassers, wenn es sich an die Buchten schmiegt, schutzsuchend fast und von einer Zartheit, die ungemein verletzlich ist. Jeder Windstoß schreibt wie mit einem dicken Griffel netzartige Zeichnungen in diese blasse Haut, jedes auslaufende Fischerboot verändert radikal ihre durchsichtige Ordnung. Dann gegen Mittag der Widerschein der Sonne im Meer, das jetzt merkwürdig dunkel wirkt, schwarzblau oder an manchen Küstenabschnitten blaugrün und opalisierend. Die graugrünen Hügel und die wuchtigen Buckel der Berge sehen aus wie Tiere, die zur Tränke wollen. Erst am Abend, erst das dunkelrote Niederfallen der Sonne läßt sie wieder bis an den Horizont zurücktreten, stumm und ernst und trotzdem anmutig, nackte Höhenzüge, die unterm verlöschenden Tageslicht fast weiß und gespenstisch aufleuchten. Das Meer aber raschelt schwärzlich unten an der Küste.
Haben das auch jene Männer so empfunden, die vor zweieinhalbtausend Jahren nach Elea gekommen sind? *Nur ein einziger Gott, unter den Göttern der größte,* schrieben sie, hochbegabte geniale Flüchtlinge aus Kleinasien, Poeten und Philosophen, die vom Leben draußen in der Welt enttäuscht waren und sich zurückzogen nach Elea, wo noch die Tugend eines asketischen Denkens Bedeutung besaß und Geist höher bewertet wurde als Profit und rabiater, oberflächlicher Erfolg. So wenigstens kann man sich das vorstellen, was hier an der verwunschenen Küste des Cilento an Erstaunlichem passierte.
Begonnen hatte es ums Jahr 500 vor Christus, als der eigenwillige Philosoph und Dichter Xenophanes in der eben erst vierzig Jahre alt gewordenen Griechenstadt – sie war phokäischen Ursprungs – die sogenannte *Eleatische Schule* begründete, eine Art *Gruppe 47* der Antike. Andere berühmte Männer folgten bald dem Beispiel des Xenophanes, darunter Zenon, aber auch Parmenides und Leukippos, die hier an den sandigen Ufern des damals noch wasserreichen Alento zwar weltabgeschieden und beinahe wie im Exil lebten, aber allein schon durch ihr Beispiel weithin wirksam waren, bemerkenswerten Anstoß erregten

und natürlich auch Nachahmer hatten. Noch in römischer Zeit muß diese *Eleatische Schule* ganz entscheidend nachgewirkt haben, denn sowohl Cicero als auch Horaz ließen sich in Elea für längere Zeit nieder. Und wer will, kann im Umstand, daß der amerikanische Nobelpreisträger Ernest Hemingway das nahe gelegene Acciaroli besonders liebte, eine Bestätigung finden für die langanhaltende Faszination, die diese zerklüftete Küste, die Jahrtausende lang ursprünglich und einsam gewesen ist, auf Intellektuelle ausgeübt hat.

Elea ist ein Schauplatz von widerspruchsvoller Spannung. Unmittelbar vor den meerwärts aufragenden Mauern, die man erst kürzlich freigelegt hat, führt die Eisenbahnlinie vorüber, donnern die langen Überlandzüge südwärts nach Kalabrien und Sizilien. Nach Norden zu versperrt ein teilweise längst schon zertrümmertes und dabei immer noch mächtiges und eindrucksvolles Kastell aus sarazenischer Zeit die Aussicht. Die griechische und später auch römische Stadt aber wandert gleichsam hügelaufwärts, liegt wie ein großes Amphitheater zwischen Ölbäumen und schwarzbraunem Fels und schält sich seit einigen Jahren wieder aus der Erde, wesentlich größer und auch prachtvoller, als man ursprünglich angenommen hatte.

Ich stieg wie im Traum zwischen den Trümmern umher. Die Sonne war ein weißes Feuer, das den Schutt und die altersgrauen Backsteine schmelzend erhitzte. Zahllose Eidechsen huschten durchs Gemäuer oder sonnten sich auf umgestürzten Säulen. In den nahen Ölbäumen schrien die Grillen. Schon tropften die ersten überreifen Oliven ins verbrannte Gras. Rötlicher Staub flog über die große Mulde der Stadt, die jetzt langsam aus ihrem langen Schlaf erwacht, immer noch erfüllt von den manchmal pathetischen und manchmal auch nur verzweifelten Worten der Dichter, deren Begabung so nutzlos war wie die Fähigkeit ihrer Mitbürger, aus dem einsamen Elea zumindest vorübergehend ein Wirtschaftszentrum zu machen.

Jenseits vom Bahndamm neben einem erdigen Feldweg frischgewaschene Wäsche an einer Plastikleine. Ein halbnacktes Kind, das traurig im Sand spielt. Und vorne im Schatten einer Kneipe zwei Männer beim Kartenspiel: Dinge, die bleiben! Alles andere hat vielleicht nur mit Einbildung zu tun, ist wertlose Imagination, die hinter zerbrochenen Scherben hartnäckig unsterbliches Leben vermutet.

Ich verließ Elea, das schweigend zurückblieb in seinem schönen

ockerfarbenen Grab. Vor mir wieder die frischen Baugruben der Appartementhäuser, die einbetonierte Landschaft und eine Architektur, die nicht einmal dieses Jahrhundert überdauern wird. Vielleicht ist gerade deshalb die Aufzählung dessen wichtig, was an dieser Küste, die jetzt unter Bauplänen und touristischen Maßnahmen begraben wird, bis gestern noch zum Mythos beigetragen hat! Natürlich Äneas, der vom brennenden Troja unterwegs war über viele Umwege und hier vorüberkam, wo er seinen Steuermann Palinuros, der schlafend vom Schiff gefallen und ertrunken war, feierlich begrub. Daraus entstand dann zuerst das gleichnamige Kap, das die Form eines langgestreckten und gedrungenen Fisches hat (mit Grotten, die zu den schönsten des Mittelmeeres zählen), und schließlich dieses Dorf, das mir ärgerlicher wird von Jahr zu Jahr, an dessen Zukunft ich schaudernd denke (Portofino endete so und St. Tropez oder Positano). Auch in diesem schönen heißen Oktober wieder neue Betonskelette, die zuerst die Landschaft zerstören und dann ihre Menschen verändern. Irgendwo lese ich über Palinuro, das eines der ältesten Seemannsgräber der Welt verbirgt: *Kommerzielle Anstrengungen haben das Dorf bereits in einen Basar verwandelt.*
Äneas also, der hier möglicherweise erstmals die italienischen Ufer sah! Dazu diese unglückliche Sirene namens Leukosia, an die seit ältesten Zeiten eine kleine tränenförmige Insel vor dem gleichnamigen Kap erinnert. Und im nördlichen Agrópoli dann eines der nachhaltigsten sarazenischen Abenteuer, an das heute freilich nur noch ein paar verwitterte Türme erinnern. Aber vor dem 10. Jahrhundert lebten hier zweihundert Jahre lang diese immer wieder geschmähten und verhaßten Nordafrikaner, bildeten sie in Agrópoli, das sie im Jahre 800 gegründet hatten, eine Enklave mohammedanischer Kultur (die Tempel von Paestum, immerhin, liegen nur ein paar Meilen entfernt). Und nie konnte man an den arabischen Küsten Nordafrikas vergessen, daß es christliche normannische Fürsten aus Salerno waren, die im Jahre 1028 das sarazenische Agrópoli stürmten und die Bevölkerung massakrierten. Rund fünfhundert Jahre später rächte der vielleicht berühmteste aller arabischen Seehelden, Cheireddin Barbarossa, der Abstammung nach allerdings ein europäischer Christ, diese Schande von Agrópoli. Im Jahre 1535 landete er vor der wiederaufgebauten Hafenstadt, nahm sie im Handstreich und

ließ die Bevölkerung in einer Orgie aus Blut und Tränen erbarmungslos abschlachten.
Alles Geschichten, die fürs Bewußtsein der Gegenwart bedeutungslos sind! Wer weiß heute noch, daß es diese Araber waren, die zur Zeit unseres finstersten Mittelalters viel vom verschollenen Wissen der Antike und viel von dieser griechischen Luzidität, von der wir heute noch schwärmerisch träumen, herüberbrachten nach Europa? Und dazu den Reichtum der Natur, den man bis dahin nicht gekannt hatte: Feigen, Orangen, Zitronen, Melanzane und die gelben saftigen Melonen! Oder wer erinnert sich heute noch des Umstands, daß im einsamen Elea die nachdenklichen Dichter, aber auch die Weinhändler, Getreidehändler und Beamten nicht nur über heilige Brunnen und eine perfekte Kanalisation verfügten, über etwas also, das erst jetzt wieder Eingang findet ins Cilento, sondern daß sie auch erstmals durch gerundete Torbögen schritten, denn auf diesem eleatischen Boden wurde tatsächlich die Grundform des Rundbogens erfunden.
Und dann auch noch der klägliche Tod auf den graubraunen Hügeln von Sapri, wo einige Rebellen gegen die verhaßte Bourbonenherrschaft kämpften, vergeblich natürlich und die Tollkühnheit ihres Mutes mit dem Leben bezahlend. Oder die rotbraunen Mauern der Kartause von Padula im wildromantischen Vallo di Diano, wo vor sechshundert Jahren fromme Mönche den Grundriß ihres Klosters dem glühenden Rost nachbildeten, auf dem der von ihnen fanatisch verehrte heilige Laurentius sein Martyrium erduldete. Oder die Skelette in den geheimnisvollen Grotten und Höhlen des Cilento, die uns bis an den Ursprung menschlichen Lebens in Europa zurückführen... auch das alles Geschichten, die schon wieder vergessen sind, bevor sie noch zu einem Teil dieser Legende werden konnten, die heute von den touristischen Managern beliebig erzählt wird.
Mir fällt ein früher Oktobermorgen ein, irgendwo zwischen Acciaroli und Marina di Camerota. Das Meer blaugrün oder fast schon türkis vor dem gelben Strand. Eine Handvoll Fischer müht sich mit dem Grundnetz ab, das am Abend zuvor ausgelegt wurde. Die Männer, bis zur Hüfte im rauschenden Meer, zerren und ziehen am schweren Netz, das sich nur langsam aus dem abströmenden Wasser hebt. Sie arbeiten schweigend und mit bedächtigen Handgriffen. Nach einer

halben Stunde liegt das große graue Netz endlich am Strand. Aber es hängt kein einziger Fisch in den Maschen. Immer noch schweigend und mit Gesichtern, die starr sind und fast gleichgültig, werfen die Fischer das leere Netz in ihr Boot und rudern langsam davon. Später am Morgen dann unten am Strand, über den jetzt fauchende Windstöße fliegen, eine einsame Möwe. Rötliche Felsen wachsen im Hintergrund himmelwärts. Darin zahlreiche Höhlen, die wie große schwarze Augen starren. In einer davon weiße Kerzen und ein primitives Bild der Madonna. Kein Schmuck sonst, kein frommes Glitzern und nicht einmal irgendein frisches Tuch oder wenigstens ein Gefäß mit Blumen. Nur diese unscheinbare Statue mit einem Antlitz, das ungenau ist, verwischt und verwittert. Und der pfeifende Wind, der das Meer jetzt mit kleinen Schaumkronen bedeckt. Und die Männer im Boot, das weit draußen schaukelt, ein flacher Schatten vor der Küste, zitternd und hilflos.

Demnächst schon wird alles, was berichtenswert wäre über die Küste des Cilento, hinreichend Platz haben auf einem schmalen Hotelprospekt. Und zwischen den landeinwärts gelegenen Hügeln wird das Leben noch bedürftiger sein, noch anspruchsloser als vorher. In San Giovanni a Piro einmal jährlich die düsteren Feierlichkeiten zu Ehren des heiligen Petrus. In den namenlosen Bergdörfern das zahnlose Geschwätz der alten Männer. Unter den uralten Ölbäumen, deren stählerner Glanz jetzt im Herbst schon schläfrig anmutet, sterben steingraue Bauernhöfe. Zuerst gehen die Menschen fort, dann zerbrechen langsam die hölzernen Rahmen, die Türen und sorgfältig gemauerten Stufen, Winterstürme nisten sich ein, der Regen wäscht die leeren Fensterhöhlen, bis schließlich die unvermeidliche Macchia den steinernen Leichnam unter sich begräbt. Das Sterben dieser Häuser ist ein lautloser Vorgang, der das gebirgige Cilento wie eine Krankheit befallen hat. Manche Dörfer – hochgelegen und abseits der befahrbaren Straßen und dem Meer, nur manchmal ein erstaunter Blick auf eine schimmernde Scheibe weit draußen am flimmernden Horizont – verschwinden auf diese Weise allmählich aus dem Bewußtsein der Umwelt. Sie sind zwar noch eingezeichnet auf den Landkarten und kommen auf amtlichen Urkunden noch vor, aber in Wahrheit haben sie seit einiger Zeit zu existieren aufgehört. Manchmal versiegt das lebenswichtige Wasser oder verwüstet ein Erdrutsch die dürftigen Felder, manchmal erlischt ganz einfach die Lebenskraft der Menschen. Der lautlose Tod im Cilento hat viele Ursachen. Es liegt Jahre zurück, daß ich tagelang unterwegs war im magischen Dreieck der drei höchsten Berge dieser Gegend, zwischen dem Monte Sacro – hartnäckig hält sich das Gerücht von seiner mythischen Bedeutung – und dem Monte Centaurino – abergläubisch bekreuzigen sich die Alten vor ihm – und dem Monte Cervati, Berge, die wie erloschene Sterne die Landschaft schmücken, düster und streng. Damals schon fing dieses Sterben an, war es spürbar, unheimlich und doch sichtbar in der Hilflosigkeit der Menschen, sich noch festzukrallen an den steinigen Hängen, denen jeder Mythos und jedes griechische Vorbild völlig fehlt.

Dort also starben die alten Häuser zuerst, aufrecht und trotzig und auf den brechenden Dächern das Trommelfeuer des Herbststurms.

Was also liegt näher als der Applaus für die rasche Erschließung der Küste? Und die Hoffnung, daß von den neuen Feriendörfern das Leben wieder zurücksickern wird ins vereinsamte Hinterland? Die Nützlichkeit des Massentourismus wird auf solche Weise überraschend sichtbar. Und die Trauer, die man empfindet angesichts einer methodischen Art der Verwüstung, muß beinahe gegenstandslos bleiben.

Ist es also vorstellbar, daß auch das antike Beispiel wieder zu Ehren kommt und man sich griechischer Weisheit entsinnt, die an dieser Küste beheimatet war? Und daß man diese Weisheit vermarktet, wie man heute mit dem bisher wertlosen Boden spekuliert? Oder anders gefragt: Kann ich mir die mutlosen Fischer, denen ich frühmorgens am Strand, den der Wind plündert, begegnete, abends in Palinuro als bukolisch verkleidete Alleinunterhalter vorstellen, die mir ein Stück altgriechischer Wirklichkeit vorspielen? Und die strengen Frauen mit diesem düsteren Leuchten im Antlitz, die ich untertags in den schmalen Gassen von Pisciotta sehe, nachts als dämonische Sirenen?

Was für ein Unsinn das alles doch ist! Ich lese bei einem französischen Autor unserer Tage diesen vernünftigen Satz: »Man muß wählen: Entweder sieht man die Bauern weiterhin als Griechen und mißt diesen Sklaven des Hungers und des Unglücks in den mythologischen Landschaften am Kap Palinuro keine besondere Bedeutung zu ... oder aber man interessiert

sich für diese Menschen und findet sie fesselnd so wie sie sind!«
Gemessen am allgemeinen Elend des Südens, war das Elend in dieser Landschaft immer überschaubar und im voraus berechenbar, waren auch die Ursachen stets bekannt. Seit den Tagen dieser Dichter von Elea, die sich hochmütig gegen das Profitdenken und den platten Materialismus ihrer Zeitgenossen stellten, vielleicht ein paar Jahrhunderte später noch, als Horaz hier in Seenot geriet und Cicero interessiert die braunroten Sonnenuntergänge vor der Küste beobachtete, war ein ständiger Abstieg das Normale. Und das Cilento verkrustete sozusagen nach innen, verhärtete das eigene Herz, das einmal großmütig gewesen sein muß und vielleicht sogar leichtsinnig. Jetzt deformierte sich zwischen Agrópoli und Sapri das Leben selbst, verflachte es nicht nur wie anderswo auch im großgriechischen Raum zu banaler Bedeutungslosigkeit, sondern wurde es scharf und bitter, wurde es zu etwas Notdürftigem, das so erbärmlich war, daß man es am besten vergaß. Das Elend Kalabriens oder Neapels, das traurige oder sogar zynische Erbe der Tempel von Paestum bis Metapont: Es war gerade dramatisch genug, daß man darauf aufmerksam wurde. Den halbverhungerten Bauern und Hirten dort wurde zwar nicht geholfen, aber man beobachtete ihren Hunger mit fasziniertem Interesse, man beschrieb maßstabgetreu das himmelschreiende Unrecht, dem sie ausgesetzt waren.
Im Cilento fehlt diese Beschreibung der würdelosen Verhältnisse bis auf den heutigen Tag. Hier signalisierten sich äußerstenfalls sarazenische oder auch christliche Piraten von Felsspitze zu Felsspitze ihre Nachrichten zu, während das gebirgige Hinterland selbst davon ausgeschlossen blieb. Es war für die Reiseschriftsteller des 20. Jahrhunderts eine spektakuläre Entdeckung, daß hier die Frauen bauchige Krüge, die wie griechische Amphoren aussehen, voll natürlicher Anmut auf dem Kopfe tragen. Vom Hunger, den diese Frauen nach Mißernten leiden, wurde freilich nichts berichtet. Auch nicht von der Zahl der Fehlgeburten, verursacht durch schwere körperliche Arbeit und durch den chronischen Mangel an ärztlicher Betreuung. Unbeschrieben bleibt auch die Zusammensetzung der Nahrungsmittel im Hinterland von Palinuro, ungenau sind die Angaben über die Auswanderung, von der man nur die Ursachen kennt.

Mir erscheint dieses Cilento seit mehr als zwanzig Jahren wie eine zu Stein erstarrte Tragödie, unbarmherzig und zeitlos, die nicht einmal den fragwürdigen Vorzug genießt, ein Publikum zu haben. Der Ansatz eines *high life* in Palinuro oder auch in Marina di Camerota wirkt im Verhältnis dazu wie eine billige Komödie, zu grell inszeniert und auch zu laut, um noch überzeugend zu sein.

Der Tod eines Königs

Diese Erinnerung hält an: wie die Bevölkerung der Fischerdörfer im Widerschein des Meeres kauert, jeden Morgen zur gleichen Stunde, primitivste Bedürfnisse befriedigend, den dünnen gelben Sand düngend, dreihundert Kilometer lang, die Frauen immer dicht vor den windschiefen Hütten, die Männer draußen am offenen Strand, unschuldig die Obszönität des Volkes unter der aufgehenden Sonne.

Heute versperren längst schon die genormten Betonklötze den Weg zum natürlichen Abtritt, uriniert und kotet Kalabrien an seiner tyrrhenischen Küste in die rasch errichteten Abwässerkanäle, die dann ins Meer münden. Und von den Balkonen einiger Hotels kann man beobachten, wie sich die Kloake schäumend ins Wasser ergießt.

Langsam fuhr ich zum Doppelhöcker hinunter, der dem kalabresischen Zeh gewachsen ist, Pizzo und Tropea und dieses Capo Vaticano, von dessen duftenden Thymianhügeln man nachts den Feuerschein von Stromboli sehen kann. Ich kam von Norden her, hielt mich immer an der Küste, sah nur manchmal das Meer zwischen den Hotelneubauten trügerisch aufblitzen. Warum gerade Pizzo? Und Tropea? Und das windüberschwemmte Capo Vaticano? War ich in diesem Herbst nur deshalb unterwegs, um mir zum letztenmal mühsam vorzustellen, daß diese durchdringende Einsamkeit mich umfängt, die früher einmal charakteristisch war für Kalabrien?

In Tropea würde ich dann in einem riesigen Hotel landen, das wie ein erstarrter Wasserfall hügelabwärts zum Meer rinnt. Es würde ein Swimming-pool auf mich warten und ein knarrender Lift, der sich zum Sandstrand senkt, der sich leicht gekrümmt an die kreidefarbenen Hügel schmiegt. Und dahinter wieder die unvermeidlichen Abwasserrohre dick und schwarz im blaugrünen Wasser. Es würde deutsche Küche geben, natürlich chemische Substanzen und einen dünnen farblosen Wein, säuerlich und leicht nach Schwefel schmekkend. Aber dafür unterhält sich das vorzüglich geschulte Hotelpersonal in fast perfektem Deutsch mit den Gästen aus Heidelberg, München und Hamburg.

Jetzt also auch hier die Vermarktung und der zähflüssige Beton in den Buchten. Nur noch schwer vorstellbar die Leidenschaften von Gioia Tauro, Palmi und Taurianova, wo die allgemeinen Verhältnisse sich zu Schwurgerichtsverhandlungen entwickeln, bei denen immer nur die blutigen Handlanger abgeurteilt werden und nie die Drahtzieher und Anstifter, die in Rom sitzen oder äußerstenfalls in Reggio di Calabria. Schwer vorstellbar, daß dieser Landstrich überquellen soll, fruchtbar und schwer unter der südlichen Sonne. Zufall oder Absicht? Es hätte immerhin auch das bürgerliche Cosenza sein können oder Paola, die Stadt des größten kalabresischen Heiligen, dieses verwinkelte und baufällige Paola, das mit seinem alten Stadtteil wie eine staubbedeckte Bienenwabe über dem Tyrrhenischen Meer liegt. Ich hätte im alten traumverlorenen Amantea oder sogar im weltentrückten Guardia Piemontese über diese erstaunliche Küste nachdenken können. Und ich hätte Guardia Piemontese beschreiben können: Bergdorf, zerrissen und versteckt, fern das seidig schimmernde Meer, Häuser mittelalterlich beengt, früher die Waldenser, die aus dem nördlichen Piemont zugewandert waren und versuchten, die erstarrte Frömmigkeit eines längst schon selbstgefälligen Christentums zu reformieren, bis ein Kardinal namens Ghisleri, der später als Pius V. auf dem päpstlichen Stuhl streng residierte, diesen Versuch buchstäblich im Blut der naiven Eiferer ertränkte.

Warum also hier? In diesem Hotel, das auch an der spanischen Ostküste oder in Dubrovnik stehen könnte?

Ich fuhr und fuhr wie ein verwirrter Gaukler die Leuchtspur der Sandstrände ab, immer unterwegs zwischen Praia a Mare und Pizzo, immer meine Erinnerungen abfragend, unter welchem gehäuften Bündel gesichtsloser Architektur und rasch hingeknallter Fertigteilhäuser sich das alte okzidentale Kalabrien verbirgt. Ich fuhr und fuhr und zählte Erfahrungen auf, die nicht mehr zutreffend sind. Praia a Mare: überhäuft jetzt von Hotels und Appartementhäusern, die netzartig und labyrinthisch den einstmals goldfarbenen Strand bedecken. Das

honigfarbene Trapez von Scalea: hüfthoch zugemauert durch eine irritierend gleichförmige Hotelstadt. Diamante, Belvedere, Fuscaldo: Friedhöfe, die man vergessen hat, sehen so aus. Schamlos unterm harten Oktoberlicht das Ergebnis günstiger Bankkredite und hemmungsloser Bauwut. Und die früher leuchtenden Sandbänke jetzt zugebaut, narbenbedeckt und grausam verunstaltet. Ich fuhr und fuhr, rasch begreifend, daß wenige Jahre genügt hatten, um das geduldige Meer endgültig von der Küste zu trennen, während die alten Städte zurückgeflüchtet sind in die braunrote und grüngraue Einsamkeit der Catera Costiera.
Welche Antwort fällt mir ein? Manchmal die Kilometer gezählt, die es dauert, bis eine Bucht oder ein schmaler Streifen Strand einmal nicht touristisch erschlossen ist. Bin ich ungerecht? Schließlich weiß ich, daß Kalabrien an dem unaufhörlichen Mißverhältnis zwischen Bevölkerungswachstum und wirtschaftlicher Stagnation immer wieder scheitert. Und ich kann mir vorstellen, daß jedes neue Hotel und jede neue Feriensiedlung wenigstens ansatzweise mithelfen, das Elend der Landarbeiter, Fischer, Pächter und Hirten zu mildern. Ich sah auch die neuen Industrien in der Ebene von Sant'Eufémia und kann mir ungefähr ausrechnen, wie viele Menschen dadurch jetzt eine Beschäftigung haben, schlecht bezahlt zwar und sozial nur ungenügend abgesichert, aber trotzdem ein Fortschritt, trotzdem wieder ein Schritt, der fortführt vom Hunger.
Stellen wir fest: Es gibt kein klassisches Elend! Aber dafür gibt es eine Form des Verbrechens, die klassisch anmutet. Und während drüben an der ionischen Küste die Totschläger aus gekränkter Ehre martialisch auftreten und dabei vergleichsweise harmlos sind, arbeitet hier ein professionelles Gangstertum präzise und leidenschaftslos an der Veränderung der Verhältnisse mit, hat es sich eingenistet im Bauboom, spielt es den stillen Teilhaber bei manchen neuen Industrien, nimmt es Anteil am natürlichen Reichtum der fruchtbaren und üppigen Ebenen von Sant'Eufémia, Vibo Valéntia und Rosarno, wacht es sorgfältig über die Verteilung von Schmiergeld und politischem Einfluß, mordet es kaltblütig auf Bestellung und entscheidet es schließlich sogar über die Existenz einer staatlich geförderten Großindustrie, die beispielsweise im Raum von Gioia Tauro Tausenden Menschen Arbeit und Lohn gebracht

hätte. Dieses Gangstertum inszeniert gegen Barzahlung oder weil es politisch opportun ist jede Art von Straßenschlacht, errichtet Barrikaden, schleudert Benzinbomben, liefert Feuergefechte und beeinflußt die Wahlen. Die blutigen Ereignisse von Reggio di Calabria im Jahre 1969, bei denen der Staat Militär aufbieten mußte, um wenigstens den Anschein von Würde und Ordnung zu wahren, sind noch nicht vergessen. Im Verhältnis dazu nimmt sich das lukrative Handwerk der Geiselnahme oder das selbstverständliche Abkassieren von Schutzzöllen beinahe harmlos aus. Trotzdem – genaue Zahlen wissen nicht einmal die Sonderkommandos der Carabinieri – sind in einem einzigen Jahr (1977) in diesem Teilbereich Kalabriens, der sich von Catanzaro bis nach Reggio erstreckt, über hundert Morde aus politischen und ökonomischen Motiven erfolgt. Den Totschlag aus Leidenschaft kann man sich in Kalabrien nicht leisten.

In diesem Zusammenhang sollte man auch wissen, daß fast jede Fuhre Beton oder fast jedes Faß Olivenöl geheimnisvolle Preiszuschläge erfahren, über die niemand Rechenschaft ablegt. Und daß nicht nur Beamte, sondern auch private Unternehmer Bestechungsgeld zahlen. Und daß öffentliche Bauvorhaben öffentlich nur in diesem tragischen Sinne sind, der mit Korruption zu tun hat und mit erpresserischer Drohung.

Trotzdem haben sich die Verhältnisse entscheidend verbessert, weil Kalabrien näher an Europa gerückt ist. Noch im 19. Jahrhundert, also zur Zeit der Bourbonen, gab es Monate, in denen über tausend Morde begangen wurde. Murat, unglücklicher König von Napoleons Gnaden, versuchte, ähnlich wie Mussolini im 20. Jahrhundert Sizilien, auch Kalabrien von der Seuche des Banditentums zu befreien. Im Jahre 1810 gab er einem seiner Generäle alle Vollmachten zur Ausrottung der Briganten. Bald waren die großen Landstraßen mit den Köpfen enthaupteter Banditen geschmückt. Es gab Dörfer, die vorübergehend geräumt werden mußten, weil der Leichengeruch unerträglich wurde. Dem berühmten Brigantenführer Benincasa wurden in Cosenza beide Hände abgehauen. Dann wurde er über die Berge der Sila nach San Giovanni in Fiore geführt, wo man ihn am nächsten Tag halbtot zum Galgen schleppte.

Solche Berichte hören sich grausam an. Aber sie scheinen nicht abschreckend genug gewesen zu sein, denn von einem kalabresischen Banditen namens Caruso weiß man, daß während der

letzten Jahre der unglücklichen Bourbonenherrschaft, als die Anarchie in Süditalien manchmal schon groteske Formen annahm, allein in Kalabrien über siebentausend Morde begangen wurden. Einer der letzten berüchtigten Banditen aus jener Zeit war ein gewisser Gaetano Ricca, der in den achtziger Jahren des 19. Jahrhunderts drei Jahre lang in der unzugänglichen Bergwildnis der Sila lebte, dann doch gefaßt und für zwanzig Jahre ins Zuchthaus geworfen wurde. Nach seiner Entlassung kehrte er in die Sila zurück und lebte in dem berüchtigten Banditendorf Parenti, wo ein anderer Bandit anfangs des 19. Jahrhunderts eine französische Kompanie umgebracht hatte.
Im Schatten dieser gewalttätigen Briganten, die man in einem gewissen Sinn allerdings auch immer als politische Rebellen ansehen muß, weil sie gegen britische und französische Invasoren und natürlich auch gegen die verhaßte Bourbonenherrschaft in Neapel ankämpften, existierten dann auch noch die Schmarotzer und Erpresser. Man nannte sie *favoreggiatori* oder auch *manutengoli*, und sie ließen sich entweder für ihre Mithilfe oder für ihr Schweigen teuer bezahlen. Angeblich verdankte um die Jahrhundertwende eine der reichsten Familien Italiens ihr Vermögen dem Schweigegeld, um das sie einige gesuchte Banditen erpreßt hatte. Andererseits sorgt auch der Wohlstand einiger Nachkommen berühmter Banditen dafür, daß dieses Handwerk heute noch in Kalabrien einen spektakulären Ruf genießt, obgleich es sich jetzt immer stärker politisch profiliert.
In meiner Jugend gab es freilich noch romantische Züge, die dieses Banditentum beinahe menschlich machten. Da trafen sich die bevorzugten Mitglieder der *onorata societá* – was soviel wie ehrenwerte Gesellschaft heißt – einmal jährlich unweit einer berühmten Wallfahrtskirche im Aspromonte, also im südlichsten Teil Kalabriens, wo man unter offenem Himmel den sogenannten Blutschwur leistete. Das geschah ausgerechnet zu Mariä Himmelfahrt. An diesem Tag hielt die *fibbia* – wie damals noch die kalabresische Mafia genannt wurde – ihren Gerichtstag ab, lobte oder tadelte ihre eigenen Unternehmungen, nahm neue Aufträge entgegen oder beschloß sozusagen in eigener Sache Totschlag und Erpressung. Die beiden Zentren des organisierten Banditenwesens waren damals Reggio di Calabria und Palmi. Man war leidlich gut

organisiert, begnügte sich aber mit lokaler Einflußnahme und überschaubaren Geschäften.
Das hat sich in den letzten fünfzehn Jahren grundlegend geändert. Vor allem der Sommer 1969, als die lokale Mafia in Reggio von Rom und Palermo aus dirigiert wurde und auf die Straße ging, war die entscheidende Zäsur. Damals ging es zum erstenmal auch um politische Einflußnahme und um die Verteilung von Milliarden aus der öffentlichen Hand. Und seit damals hat das Elend in Kalabrien auch wieder einen Beigeschmack von Gangstertum, der doppelt bitter schmeckt, wenn man weiß, daß manche lokale Behörde und mancher einflußreiche Kirchenmann davon profitieren.
Das alles sind Überlegungen, die man anstellen muß, wenn man sich über die radikale Zerstörung der tyrrhenischen Küste beklagt. Denn die wachsende Zahl von Hotelneubauten und Feriensiedlungen könnte über den Umweg der Errichtung von dauerhaften Arbeitsplätzen und verbesserten Sozialleistungen dem professionellen Verbrechen vielleicht doch einmal das Handwerk legen. Vorerst profitiert die Mafia natürlich noch durch die verbesserte Infrastruktur. In manchen Fällen hat sie sogar selbst für diese Verbesserung gesorgt. Andererseits muß man bedenken, daß sich der Charakter von Menschen, die seit mindestens zweitausend Jahren immer nur ausgebeutet und gedemütigt worden sind, nicht innerhalb einer einzigen Generation ändert. Er verändert sich nicht in dem Ausmaß, das notwendig wäre, um die alten blutigen Traditionen zu zerschlagen.
Warum beschäftige ich mich mit diesem Thema? Warum zähle ich nicht die rasch wachsende Zahl der Touristen auf? Und berichte von den Flugbrücken, die das westliche Kalabrien heute bereits mit Europa verbinden? Warum immer nur Totschlag und Erpressung und nicht auch die Nacherzählung schöner alter Geschichten? Und daß diese Küste seit ältester Zeit schon besiedelt wird? Warum kein Wort über die rätselhaften byzantinischen Mönchsgemeinden oben im Norden oder über die malerischen Trümmer von Cirella Vecchia, das im Jahre 1806 eine französische Flotte in Brand geschossen hat? Und nichts über das frühere Fischerdorf Diamante, wo 1227 abgezählte sieben fanatische Mönche an Bord eines Schiffes gingen, das sie ins damals arabische Ceuta brachte, schon dicht unter den mythischen Säulen des Herakles, wo dann diese

sieben Mönche aus Kalabrien ihren heißersehnten Märtyrertod fanden? Und warum nichts über den heiligen Franziskus von Paola, der auf seinem Mantel die Meerenge von Messina überquerte und immer nach den Regeln der Demut und Barmherzigkeit lebte, verzweifelt arm und gezeichnet vom Elend, ein wahrer Heiliger Kalabriens? Warum nichts über das großartige Amantea, das abwechselnd griechisch und byzantinisch, normannisch und sarazenisch war? Oder über die alten Albanerdörfer in den Bergen hinter der Küste? San Demetrio, Lungro, Sofia d'Epiro, Spezzano? Und nichts über den riesigen Mohren von Palmi, den das Volk tanzend durch die Straßen der alten Stadt schleppt? Und nichts über die Geißelhiebe von Nocera Terrinese, wo das Blut die Erde düngt? Warum kein Wort über Nicastro, in dessen düsteren Mauern sich eine staufische Tragödie erfüllte? Und so gut wie nichts über das dunkle Pizzo, das wie ein zerstörtes Schwalbennest über dem blauen Meer kauert, schmal und eng und völlig verarmt: hier wurde im Oktober 1815 der Schwager Napoleons, Joachim Murat, standrechtlich erschossen, nachdem ihn österreichische Soldaten an der Küste aufgestöbert hatten! Und sein Leichnam verschwand auf rätselhafte Weise. Und nichts über das schöne Tropea oder über das uralte Vibo Valéntia, wo man noch bis weit ins 13. Jahrhundert hinein griechisch-orthodox dachte und betete! Warum nichts über das heute längst schon verwahrloste Scilla, dessen bedrohlicher Mythos jetzt beinahe lächerlich anmutet?
Nein, nichts davon! Es ist nachlesbar in jedem besseren Reisehandbuch. Aber wo finde ich Angaben über den Analphabetismus und die Auswanderung? Wo kann ich mich darüber informieren, was unternommen wird, um das geistige Elend Kalabriens zu verändern? Man hat vor rund zwanzig Jahren damit begonnen, überall im unterentwickelten Süden sogenannte *Zentren für Volksbildung* einzurichten, so zum Beispiel auf Sardinien oder in Lukanien. Allein für Kalabrien wurden ursprünglich sechsunddreißig solcher Volkshochschulen gegründet, in denen die Erwachsenen neben dem Alphabet auch die grundlegenden Erkenntnisse über Hygiene erlernen können. Aber genügt das auch? Die Volkszählung aus dem Jahre 1951 ergab fast sechs Millionen Analphabeten für ganz Italien. Heute spricht man von zwei Millionen. Aber diese Zahlen sind anfechtbar, weil jeder Italiener, der zumindest

seinen Namen aufschreiben kann, nicht mehr als Analphabet betrachtet wird. Trotzdem ist die Zahl dieser lebenswichtigen *Zentren für Volksbildung* überall zurückgegangen. Es fehlt an Geld und Interesse. Und manchmal fehlt es auch an Menschen. Zu viele von denen, die zumindest die Anfangsgründe des Lesens und Schreibens gelernt hatten, wanderten dann aus. Zu viele Männer gingen nach Deutschland, Norditalien oder auch nach Übersee. Es gibt in Kalabrien – und natürlich auch in den anderen Südregionen – ganze Dörfer, die so gut wie männerlos sind. Das kalabresische Dorf Roggiano Gravina, wo von der *Democrazia Cristiana* Ende der fünfziger Jahre eine Schule für Erwachsenenbildung eingerichtet worden ist, mußte innerhalb weniger Jahre einen Aderlaß von mehr als zweitausend Menschen hinnehmen. Es handelt sich dabei ausschließlich um arbeitsfähige Männer. Die zurückbleibenden Frauen und Kinder sind nicht mehr imstande, die schwere Arbeit auf den Feldern und in den Olivenhainen zu leisten. Die Ehen zerbrechen. Die Kinder wachsen als Halbwaisen auf. Arbeitsplätze gibt es hier natürlich keine. Das Elend ist größer als vorher.
Überrascht es da noch, wenn man erfährt, daß die meisten Zentren wieder geschlossen werden mußten? Und an ihre Stelle der Unterricht durch das Fernsehen getreten ist?
Die Skyline der Hotels und Appartementhäuser entlang der tyrrhenischen Küste täuscht über die wirklichen Verhältnisse hinweg. Das riesige Stahlwerk von Gioia Tauro, das zahlreiche Arbeitsplätze garantiert hätte, ist endgültig den wütenden Attacken einer lokalen Oligarchie zum Opfer gefallen: Es wird nicht gebaut werden! Die Lebensverhältnisse im Landesinneren sind grausam wie seit Jahrtausenden. Sogar die Malaria, die man endgültig besiegt glaubte, ist wieder im Vormarsch. Und der Aberglaube, dieser unheilvolle Mythos des Südens, hat seine Position behauptet. Auf der Umzäunungsmauer einer Radarstation am Capo Vaticano entdecke ich einen gelblich schimmernden Rinderschädel: alterprobtes Mittel gegen Zauber und bösen Blick.
Kann man das so sagen: *Den neuen Verhältnissen hat sich nur das Verbrechertum angepaßt?* Ich denke an die Entwicklung, die aus der vergleichsweise harmlosen kalabresischen *fibbia* eine hervorragend organisierte, einflußreiche und schlagkräftige Organisation gemacht hat. Ich denke an die Delikte von gestern und an die Verbrechen von heute: Aus hitzköpfigen

Totschlägern sind kühl rechnende Manager der Gewalt geworden! Der Fortschritt hat in Kalabrien eine merkwürdige Bahn eingeschlagen. Er hat das groteske Ausmaß sizilianischer Verhältnisse angenommen.

Gerace oder Beschreibung eines Zeitalters

Gelegentlich, wenn ich an Kalabrien denke, fällt mir Merkwürdiges und Gegensätzliches ein: die Sorgfalt, mit der in Mitteleuropa Restaurants klassifiziert werden! Ich weiß, das hört sich unvernünftig an. Aber während ich an Kalabrien denke und mir dann vorstelle, wie in Mitteleuropa *das Essen* sorgfältig beschrieben wird, abgeprüft auf Qualität des Geschmackes und Menge des Angebotes, sehe ich die lange Kette der dürftigen Esser unten im Süden vor mir, Spinat im Weißbrot, die schwarzen schimmernden Oliven auf der *Pasta* und abends in den kleinen Tavernen die ernsten Gesichter der Männer hungrig über den Tellern. Und ich frage mich: welche Benotung für solche Gasthöfe? Und wie die Tischsitten der mampfenden Männer beurteilen? Und trotzdem nie der Versuchung erliegen und fragen, wovon sich der Mensch im Schatten uralter Mythen tatsächlich ernährt?
Was ich in meinen Aufzeichnungen, die Kalabrien beschreiben, gleichfalls nicht vermissen will, sind die zahllosen Brauntöne am Ionischen Meer, die das Land in ein honigfarbenes Licht tauchen, sind die Zusammenhänge zwischen antiker und zeitgenössischer Religiosität und ist der Zustand des Lebens, der zwar für jeden Soziologen oder für jeden aufrichtigen Politiker herzzerreißend sein mag, der aber noch etwas von dieser traumverlorenen Naivität besitzt, die wir wahrscheinlich nie besessen haben. Ein Dutzend Bücher in meinem Reisegepäck, in denen der italienische Süden genau gekennzeichnet wird. *Eine schwarze Sonne steigt aus dem Meer, Großgriechenland enthüllt sein erstauntes Antlitz,* aber die Nachrichten über die südlichste Provinz des Festlandes, über die ionische Küste zwischen Reggio di Calabria und beispielsweise Marina di Caulonia, haben in einer Handvoll Zeilen Platz. Kein Wort über die löwenfarbene Herbstsonne in den kreidig verfärbten Hügeln am Fuße des wolkensammelnden Aspromonte, so gut wie nichts über die dunkelgrünen und

gelbgepunkteten Orangen- und Zitronengärten an den Ufern der breiten Fiumaren, die wie schotterbedeckte Landebahnen zorniger Götter von den gelbbraunen Bergen ins Meer stürzen, keine befriedigende Mitteilung über die entzauberten Geheimnisse dieser Küste: Warum sehen die ältesten Funde im Museum von Locri wie Mumien aus, embryonal und ägyptisch? Wem nützte der Kult an dieser Küste, seit man sich auf die Anbetung der unglücklichen Persephone geeinigt hat? Warum heute noch die Verehrung ältester Muttergottheiten im Symbol der christlichen Madonna? Und warum die Erinnerung an die alten hebräischen Viertel in den ionischen Städten längst schon verwischt?
Ich lese nachdenklich, daß im alten Rhegion der wanderlustigen Griechen, die hier so phantastische Geschöpfe wie Herakles, Odysseus und Äneas vorbeiziehen sahen, einmal ein Dichter namens Ibykos aufgebrochen sei, um an einem olympischen Spektakel im fernen Korinth teilzunehmen. Aber unterwegs wurde er von Räubern überfallen und niedergeschlagen. Sterbend suchte er den leeren Himmel ab nach Zeugen für seinen unrühmlichen Tod und fand nur Kraniche, die flügelschlagend aufs offene Meer hinausflogen. Heute durchlöchern alljährlich im Herbst die schießwütigen Männer von Reggio das seidige Fell des Himmels, wenn die letzten übriggebliebenen Falken Europas über die Straße von Messina südwärts ziehen. Damals entlarvten die Kraniche den geschwätzigen Mörder des Dichters. Heute wissen nicht einmal die eifrigen Tierschützer, daß Jahr für Jahr nur jeder zweite Falke die samtbraunen Hügel des südlichen Aspromonte lebend überquert.
Was fällt mir zu Reggio di Calabria ein? Die dicken Orangen, geschwollen vor Süßigkeit, deren aromatischer Saft klebrig durch die schwülen Januartage rinnt. Pergamentfarbenes Licht, das lautlos vom Winterhimmel tropft. Die verzweifelten Träume einer fast insularen Männergesellschaft, die in ihren Klubs von Europa redet wie von einer unbegreiflichen Phantasmagorie. Paulus predigte hier im Jahre 61 und hypnotisierte dabei, während seine Stimme wie eine Peitsche über die wachsende Schar seiner Zuhörer flog, das schmelzende Licht einer Fackel. Man hatte ihm Redeerlaubnis gegeben für die Dauer einer rasch herabbrennenden Fackel, aber seine Stimme schrie auch die hölzerne Säule, auf der diese Fackel thronte,

leidenschaftlich in Brand. War es Scharlatanerie oder schon das erste Wunder auf italienischem Boden? Die beeindruckten Bürger von Rhegion drängten zur Taufe, sprachlos und immer wieder mit scheuen Blicken den geschwärzten Stummel betrachtend, der unter den Augen und Worten des levantinischen Eiferers lodernd gebrannt hatte. Achtzehnhundert Jahre später landet dreißig Kilometer südöstlich von Reggio ein rebellischer Rotbart namens Garibaldi zweimal an dieser Küste, um sie endgültig von *Weihrauch und Fremdherrschaft* zu befreien.
Aber immer noch betet man in diesem Winkel Italiens inbrünstiger als anderswo, und ist Italien hier fremd und heimatlos wie seit mehr als fünfundzwanzig Jahrhunderten. In den verschwiegenen Schluchten des Aspromonte trifft sich die lokale Mafia zu ihren seltsamen Zeremonien, die lächerlich wären, wenn sie nicht die Fortsetzung des Krieges gegen das Volk zum Inhalt hätten. Nur ein paar Kilometer davon entfernt die Überreste aus einer greco-byzantinischen Zeit, Dialekte und Dorfnamen wie vor anderthalb Jahrtausenden, Pentedattilo zum Beispiel oder Roccaforte del Greco, aber auch das sorgsam verschwiegene Elend des Südens, das durch hohe Kindersterblichkeit und unermüdliche Auswanderung nur ungenügend reguliert wird. Dafür an der Küste die weichen Hände der Frauen eifrig im duftenden Jasmin, lange vor Sonnenaufgang und spätestens bis zehn Uhr vormittags. Dafür die poetische Aufzählung von Bergamotten und Pfingstrosen, Nelken und Lavendel, Palmen und Feigen, Oleander und Mimosen, Salbei, Majoran und Magnolien. Erinnerungen an das Museum in Reggio, dessen Ruhm beständig wächst. Ich frage mich, wer den mutigen Jägern des Schwertfisches, der alljährlich blindwütig vor Gefräßigkeit zwischen März und Juni durch die Straße von Messina zieht, ein Museum errichtet. Bald werden sie nur noch in den Erzählungen des Volkes weiterleben, weil sie mit dem aussterbenden Schwertfisch nutzlos werden. Dafür wächst die Zahl der Tanker und Containerschiffe zwischen Reggio und Messina.
Ich wohne seit einigen Tagen in einem Hotel *Orsa Sud* in Bovalino Marina, gerade fünfundachtzig Straßenkilometer von Reggio entfernt. Das Hotel ist bis unters Dach angefüllt mit Soldaten, mit kleinen mageren Männern in olivfarbenen Tarnanzügen, aber auch mit unglaublich dicken und martialisch anmutenden Carabinieri, die sich streng von den gewöhn-

lichen Soldaten absondern. Niemand kümmert sich um die vereinzelten zivilen Gäste, die Zimmer bleiben unaufgeräumt, auf den Tischen im Speisesaal türmen sich verschmutzte Teller und die Überreste vieler Mahlzeiten. Einmal protestiere ich schwach gegen die alte, längst überholte Speisekarte. Eifrig wechselt der Kellner die Karte aus. Aber an der Auswahl selbst ändert sich nichts: Teigwaren und zähes Schweinefleisch! Die Sonne liegt schwermütig auf den kreidefarbenen Hügeln. Das Meer glänzt manchmal wie Kupfer. Habe ich vergessen, daß ich an der verlorenen Küste Italiens gelandet bin? An einem Sonntag weckt mich das Geräusch von Schüssen. Im knarrenden Lift erzählt mir der Kellner lächelnd, daß es landeinwärts Unruhen gibt. Was für Unruhen? Nur die Bauern, die mit ein paar Schüssen einzuschüchtern sind? Oder einige Banditen, die man aufgestöbert hat? Ich frage ihn nicht. Es ist mir gleichgültig. Ich bin schon längst wie verzaubert, bin untergetaucht in ein anderes Zeitalter, das mich beschwörend umgibt.
Mein erster Weg, nachdem ich in diesem Soldatenhotel abgestiegen bin, führt mich hinauf nach Gerace. Es ist ein fast aufatmendes Wiedersehen. Nichts hat sich verändert oder fast nichts. Nur der Ausbau großer Aussichtsterrassen läßt vermuten, daß man sich jetzt auch in Gerace mit der Hoffnung auf Fremdenverkehr und wachsende Übernachtungsziffern trägt. Aber vorläufig existiert noch immer nur dieses eine Hotel, das notdürftig in einem alten Palast untergebracht ist. Später sehe ich, daß sich die Zahl der Straßenlaternen vermehrt hat. Und an der Kathedrale werden Ausbesserungsarbeiten vorgenommen.
Ich bin befangen, wenn ich etwas über Gerace aussagen soll! Es ist jetzt fast ein halbes Menschenalter her, daß ich es mir in den Kopf gesetzt hatte, in der alten Stadt, die wie ein abgeflachtes Dach auf einem vierhundert Meter hohen Basaltkegel aufsitzt, für einige Zeit zu leben. Geschichten von damals fallen mir ein. Die melancholische Verwahrlosung in der Kathedrale. Ein riesiger hölzerner Christus aus dem 14. Jahrhundert, der im Schatten griechischer Säulen langsam zerfiel. Ein Jugoslawe, den der Krieg nach Gerace gespült hatte und der damals weder seine Muttersprache noch die Sprache seines neuen Landes beherrschte. Der unverwechselbare Geruch nach alten Frauen in der Kathedrale, wenn sie schwatzend und kichernd in den Betbänken auf den Anfang der ersten Messe warten, während

die Männer unten auf der Piazza ihre ernsten Gespräche führen. Plötzlich fällt mir ein, daß ich nie die Kinder gezählt habe, nie begriffen habe, warum die Stadt ausstirbt auf so anmutige Weise. Plötzlich zähle ich die winzigen Läden, die noch offenhalten. Plötzlich sehe ich das Sterben der Häuser hinter der Via Zaleuco, die wie ein Schlauch von der Piazza hinaufführt zur Kathedrale und weiter zum normannischen Kastell, das eine Faust ist, die über die Stadt kauert, von Gestrüpp überwachsen und im Verfall noch wuchtig und streng. Ließ ich mich immer, wenn ich nach Gerace kam, von meinem privaten Bedürfnis nach bukolischer Einsamkeit verführen, daß ich die sichtbaren Zeichen eines würgenden Elends leichtsinnig übersah? Und mich nicht fragte, wovon man hier lebt, nur acht Kilometer landeinwärts von der Küste, aber mehr als ein Zeitalter sogar noch vom verarmten Kalabrien entfernt!
Jetzt gehe ich langsam die Stadt ab, zähle den Schuhmacher auf, der in einer Toreinfahrt sein Handwerk ausübt, den Schreiner, der in einem dunklen Gewölbe am weißen Holz arbeitet, den ambulanten Gemüsehändler, der mit einem knatternden Dreirad unterwegs ist. Und sonst? Auf der Piazza die beiden konkurrierenden Unternehmungen *Bar Universo* und *Bar Massimo*, der Friseur, der Stadtpolizist, die rasch wachsende Schar der beschäftigungslosen Männer. In den abgedunkelten Tornischen und Gewölben der alten Häuser die stillen dunklen Frauen. Warum so viele Witwen? Nur der Tod oder auch lebenslange Trauer über die ausgewanderten Söhne? Auf den leeren Plätzen und in den schmalen Gassen jenseits der Piazza schmelzende Einsamkeit. Und oben vom Kastell der Blick über die scheinbar verlassene Welt der alten Sikulischen Berge, Hügel an Hügel, graubraun und violett, eine fremdartige Welt, die sich fortsetzt bis hinunter nach Sizilien.
Schwer vorstellbar, daß man sich hier auf geschichtsträchtigem Boden befindet. Die Kulisse aus herabgewohnten Palästen und langsam verfallenden Kirchen ist nicht mehr imponierend, sondern nur noch armselig. Und auch die silberfarbene Schraffur der Ölbäume unten in der weithin fließenden Ebene verrät nichts vom Geheimnis, das diese Küste einmal zum Schauplatz abergläubischer Beschwörung gemacht hat.
Angefangen hat das im 7. vorchristlichen Jahrhundert weit unten im Süden, wahrscheinlich am Capo Bruzzano, einem Vorgebirge, das damals Zephyrion geheißen hat und wo sich

die ersten Kolonisten aus dem fernen Golf von Korinth ansiedelten, bis sie dann aus Gründen, die wir nicht kennen, weiter im Nordosten die Stadt Lokroi Epizephyrioi gründeten. Vor einigen Jahren wurden hier Bronzetafeln gefunden, die überraschende Auskunft gaben über die Entwicklung dieser berühmten Musik- und Pferdestadt, wo der Gesetzgeber Zaleukos sorgfältig die Existenz Gottes aufschreiben ließ, und Pindar eine seiner unvermeidlichen Oden auf die Olympiasieger von Lokroi dichtete, und immer wieder Persephone göttlich verehrt wurde. Aber die bronzenen Tafeln verschwanden spurlos und wurden erst Jahre später durch Zufall in Rom wiederentdeckt. Ähnlich verhielt es sich mit Lokroi Epizephyrioi, das ungefähr ein halbes Jahrtausend nach seiner Gründung fast spurlos verschwand und erst weitere tausend Jahre später wieder auferstand im byzantinischen Hagia Kyriake, aus dem dann allmählich Gerace wurde.
Was für ein Schauplatz für Größe und Untergang! Ich zähle die Namen einiger Helden auf, die hier zerstörerisch gewirkt haben, und begreife trotzdem noch nichts vom Elend der Menschen: Hannibal, Scipio, Pyrrhos. Er, Pyrrhos, der durch seine Siege berüchtigt wurde, plünderte zuletzt den legendären Tempelschatz der Persephone. Was im kleinen Museum von Locri heute noch aufliegt, ist nur ein Bruchteil dessen, was die berühmte Mutterstadt vor zweieinhalb Jahrtausenden auszeichnete. Aber warum dann die lange Atempause zwischen den letzten römischen Erinnerungen und den byzantinischen Wagenkolonnen hinauf auf den Basaltkegel von Hagia Kyriake? Was geschah in diesem dunklen Jahrtausend, bevor die letzten Überlebenden von Lokroi Epizephyrioi die kostbaren Säulen aus den stürzenden Tempeln zerrten und hinaufschleppten auf diesen Berg, der wie eine natürliche Festung war? Welche Könige herrschten und welche Poeten beschrieben ihren Ruhm und welches Volk zahlte die Steuern? Eine Jahreszahl steht am Anfang von Gerace: 952, als eine byzantinische Armee hier durch sarazenische Piraten eine vernichtende Niederlage erleidet. Eine andere Jahreszahl beschreibt das Ende von Hagia Kyriake: 1480 wird in der normannisch-byzantinischen Kathedrale zum letzten Mal nach griechischem Ritus und in griechischer Sprache die Messe zelebriert. Hat damals vielleicht das langsame Sterben auf dem fahlfarbenen Berg angefangen?

In der Kathedrale heute das zahnlose Geschwätz der alten Frauen. Sie kichern hinter vorgehaltener Hand, als sie mich zwischen den glatten griechischen Säulen sehen. Kerzen glimmen gelb im Hintergrund. Ich berühre zögernd den kühlen Marmor, taste Säule um Säule ab, begierig nach ihren Erfahrungen. Ist das alles, was von Kult und Geschichte bleibt? Jetzt das kichernde Murmeln der Frauen, damals die beschwörenden Worte aus dem Mund irgendeines Gauklers und immer die gleichen Inhalte? Vierzigtausend Menschen unten im griechischen Lokroi Epizaphyrioi, bevor dieses namenlose Ende kam, dessen Ursache wir nicht kennen. Einige hundert Menschen in Gerace heute. Und immer der gleiche Stein, der gleiche Himmel, die gleichen murmelnden Lippen.
Natürlich gibt es Erklärungen für den Aufbruch von der Küste und den langen Marsch hinauf in die sichere Abgeschiedenheit des Berges! Malaria, räuberische Sarazenen, die staubaufwirbelnden Armeen entlang des Meeres, die elementare Gewalt der Fiumaren, die immer wieder mit zerstörerischer Wut aus den Bergen hervorbrechen. Später dann die Beharrlichkeit normannischer Feudalherrschaft, die sich in Gerace einnistet, als es noch Hagia Kyriake heißt. Roger, den sie heute noch liebevoll *ihren* Ruggiero nennen, soll den Auftrag erteilt haben für das mächtige Kastell. Im letzten Krieg waren hier Geschütze in Stellung gebracht gegen die einfliegenden Bomber der Alliierten. Aber niemand kann sich daran erinnern, daß jemals ein Schuß abgegeben wurde. Und niemand kennt das Geheimnis, das diese absterbende Stadt Jahrhundert für Jahrhundert am Leben erhält.
Ich wandere lange durch diese Landschaft, auf die das warme weiche ionische Licht fällt. Nachdenklich buchstabiere ich die Namen der mörderischen Fiumaren, die jetzt noch harmlos aussehen, breite Rollbahnen voll Sand und körnigem Schotter. Die Namen, die ihnen das Volk gegeben hat, sind freilich heimtückisch und zynisch: *Guter Freund* oder *Die Grüne* oder auch *Geliebter*. In den schattigen Schluchten, aus denen diese Flüsse hervortreten, kauern weltverlorene Dörfer, in denen das Leben einer eigenen Gesetzmäßigkeit unterliegt. Hat das Bergdorf namens Samo etwas mit den kleinasiatischen Griechen zu tun, die vor mehr als dreiundzwanzig Jahrhunderten auf der Flucht vor den Persern hier landeten? Erinnert man sich in Brancaleone noch an den Aufenthalt des piemontesischen

Dichters Cesare Pavese, der hier unter Mussolini verbannt war? Mir fallen wieder die weißen Kreidehügel ein, nachts, wenn ein dicker runder Mond sie ausleuchtet, orangerot und jedes Geheimnis enthüllend. Stehen die Toten immer noch wachsam an den überwachsenen Ufern des Alaro, diese endgültig verstummten Zeugen, die nichts mehr von der legendären Schlacht erzählen können zwischen den mordlüsternen Männern von Kroton und Lokroi Epizephyrioi? Und wo sind die Juden von Caulonia geblieben, an die noch der älteste Stadtteil *La Giudecca* erinnert?
Prüfend blicke ich vom Tal zu den wuchtigen Kirchen hinauf. Eine von ihnen war früher einmal eine Synagoge. Wer wird mir glauben, wenn ich jetzt sage, daß in diesem grauweißen Trapez, das über die Abhänge rinnt, schon der heilige Petrus sich heiser predigte und die düsteren Heiden bekehrte? Und daß ein anderer Heiliger, nämlich der kunstfertige Lukas, hier drei prachtvolle Porträts der Madonna anfertigte? Wen kann ich davon überzeugen, daß im verborgenen San Nicola, das wie ein schmutzigbrauner Würfel in den Hügeln hinter Bovalino Marina liegt, alljährlich die Ölbäume brennen, bis Inbrunst und Kasteiung der Bauern die Flammen wieder zum Erlöschen bringen? Und nie ein Schaden in den Feldern? Nie die alten Bäume geschwärzt und das Gras verbrannt? Oder daß im schläfrigen Roccella Ionica, in dessen gespenstischer Burgruine der Schafmist hüfthoch lag, bis man darunter rätselhafte Skelette entdeckte, noch im 17. Jahrhundert die schönsten Korallen ganz Italiens aus dem geduldigen Meer gebrochen wurden? Wie erkläre ich die seltsamen Säulen von Caulonia Marina, die manchmal in mondlosen Nächten auftauchen aus dem bronzefarbenen ionischen Wasser und von denen ein paar alte Männer hartnäckig behaupten, sie wären die Überreste einer alten versunkenen Stadt, wo ich doch ganz genau weiß, daß die griechische Stadt Kaulonia weiter östlich liegt, dicht unter dem Widerschein des flammenden Meeres, aber äußerstenfalls bedeckt vom rinnenden Sand, den der Seewind über die rostbraunen Backsteine weht?
Überwachsene Maultierpfade, die ins Landesinnere führen. Jeder Schritt, den man zurücklegt, ist zugleich auch ein Schritt zurück in ein magisches Zeitalter. Die weichen Brauntöne nehmen zu, das fahle Weiß der ausgezehrten Hügel leuchtet verschwörerisch über die herbstlich trockenen Flußbette hin-

weg. Dazwischen immer wieder Oasen, die heftig aufbegehren gegen den langsamen Tod in dieser Landschaft. Und die Menschen? Ich stehe vor einer Mauer aus freundlichem Schweigen. Wo verbergen sich die zauberkundigen Frauen, die immer noch geschickt mit den Nadeln und geschärften Messerchen an den hölzernen Puppen hantieren, an diesen Modellen wirklichen Lebens, Giftmischerinnen und Kräuterhexen, unverständliche Sprüche aufsagend, aber den Schlangenbiß durch einen einzigen Blick aus ihren abgestorbenen Augen unschädlich gemacht oder dem zögernden Liebhaber das Menstruationsblut der verschmähten Frau ins Essen gemischt? Wo finde ich die alten Männer, analphabetisch und gichtgekrümmt, die noch Zeitgenossen und Handlanger waren der Banditen vom Aspromonte, gegen die der Staat vergeblich seine Regimenter in die unzugänglichen Berge schickte? Wen suchen die kleinen mageren Männer heute, diese Kinder in den olivfarbenen Kampfanzügen, die apathisch und hungrig in meinem Hotel logieren? Es sind Bauernsöhne, von denen ich mir nicht vorstellen kann, daß sie tatsächlich auf die verzweifelten Söhne von Bauern schießen werden. Wissen sie, wer Persephone war? Und daß vor zweieinhalb Jahrtausenden die Frauen an dieser Küste berühmt waren für ihre Schönheit? Auf den levantinischen Gesichtern dieser kleinen hungrigen Soldaten liegt ein Abglanz fiebriger Erschöpfung. Geduldig stellen sie sich vor der Küche an, in der ihr Essen abgekocht wird. Was für eine Armee, die in solchen Hotels wohnt, um ihr unterprivilegiertes Vaterland zu bewachen!

Dann fahre ich wieder nach Gerace hinauf. Die sinkende Sonne entzündet ein schwelendes Feuer im Süden. Hügelketten treten langsam aus dem Dunst hervor. In der riesigen Kathedrale singt feierlich ein Chor, die brüchigen alten Stimmen angestrengt zum Ruhme Gottes. In den wuchernden Gebüschen, die das zertrümmerte Kastell wie eine zweite natürliche Haut überziehen, raschelt der abendliche Wind, der feucht und kühl vom Meer heraufweht. Ich versuche mir vorzustellen, welche Götter hier verehrt wurden. Ich versuche mich am Bildnis der Menschen, die hier so viele Zeitalter lebten, zu orientieren. Hebräer darunter, dunkelhäutige Völker aus dem Orient, immer wieder afrikanisches Blut, immer wieder das fremde normannische Erbe und dann auch das leidenschaftliche Temperament der Spanier, die sanguinischen Franzosen.

Wer erklärt mir, was daran italienisch ist? Wer sagt mir, wo die wahre Heimat dieser aussterbenden Rasse liegt? In Byzanz? Im klassischen Korinth? Im schmutzigen Neapel? Oder vielleicht doch in den ionischen Städten Kleinasiens, nachdem sie von den Persern zerstört worden sind?
Heftig rauscht jetzt der Wind in den Trümmern der Burg. Der Himmel schaut aus wie Pergamentpapier, das von innen her glüht. In der Kathedrale ein erlösendes Halleluja und Amen. Schatten huschen durch die aufziehende Dunkelheit. Das Leben erlischt in einem Augenblick unvorstellbarer Melancholie. Und zwischen den Säulen aus Marmor und Granit, die noch den Widerhall uralter Kultgesänge zu Ehren der Persephone in sich tragen, flackert jetzt geduldig dünnes Kerzenlicht, katholisch und fromm. Was für ein tröstlicher Gedanke, daß sich die verschiedenen Zeitalter wenigstens in der Beschäftigung mit den Gottheiten ähnlich sind! Was für ein Gefühl, in einer katholischen Kathedrale, die einmal ein Zentrum der griechischen Orthodoxie war, jetzt die Hand auf den kühlen glatten Marmor antiker Säulen zu legen! Und einen Augenblick lang zu glauben, daß die Zeit spurlos an ihnen abgeglitten sei!

Stilo oder Campanella, das Leben als Traum

Wird man mir glauben, wenn ich sage, daß mich Stilo auch jetzt, fast zwanzig Jahre nach meinem ersten Besuch, enttäuscht hat? Wieder auf diese Weise enttäuscht hat, die nichts mit dem Schmutz zu tun hat, der die abschüssigen Straßen bedeckt, und auch nichts mit den Hausruinen, die für mein Gefühl weder malerisch noch interessant, sondern nur trostlos sind! Nein, was mich an dieser kleinen Stadt, die das uneingeschränkte Entzücken fast aller Touristen und Kunstsachverständigen erregt, so abstößt, ist etwas anderes, nur schwer Beschreibbares. Etwas, das ich in allen Städten und Dörfern Kalabriens spüre. Es ist der erschöpfte Ausdruck auf den Gesichtern der Menschen, der fast wie Hohn anmutet, wenn ich zugleich die zahllosen Kirchen, Straßenaltäre und Heiligenfiguren sehe, die im Zusammenhang mit der unverhüllten Not dieser Gegend eine bittere Herausforderung sind. Manchmal betrachte ich angelegentlich einen dieser gutgenährten Priester, die wie Wachtmeister Gottes Kalabrien bevölkern, sehe

die Sonne schmelzend auf ihren rosigen Gesichtern, mustere die Soutanen, die schwarz und straff das gutgenährte priesterliche Fleisch umspannen. Warum hoffe ich immer noch, einmal einen rebellischen Priester zu treffen? Einen nachdenklichen Ketzer, den das herzzerreißende Elend seiner Gemeinde um den satten Schlaf bringt?
Ich bin nach Stilo gefahren, damit ich wieder einmal *La Cattolica* sehe, die berühmte byzantinische Kirche aus dem 10. Jahrhundert, immer noch rostrot die Ziegel und zierlich die fünf Kuppeln, und mir fällt mein erster Besuch ein, als mich johlende Kinder hinaufführten, während sich durch die Stadt ein ärmlicher Leichenzug bewegte, der einem Kindersarg folgte. Später erzählte mir ein Mann, daß die Eltern ihr Kind absichtlich in den damals wasserreichen Fluß unten im Tal hätten laufen lassen, weil sie verzweifelt arm waren, weil jedes Maul, das gestopft werden mußte, eine Belastung wäre für sie. Schwere schwarze Regenwolken krochen bösartig über die Berge. Und eine mürrische Frau, rasch herangeholt von den Kindern, öffnete mir die Kirche, die kahl war und bis auf ein paar Farbreste völlig schmucklos. Im Gästebuch sah ich, daß einige Tage vor mir zuletzt ein Mann aus der amerikanischen Autostadt Detroit sich eingetragen hatte. Später dann auf dem Rückweg zur Küste ein Unwetter, das die Landschaft verdüsterte.
Jetzt sehe ich, daß man eine Autostraße zur Kirche gebaut hat. Dafür versperrt ein schmiedeeisernes Tor den Weg. Niemand kommt, um zu öffnen. Ich stehe in der warmen Novembersonne und starre auf die Stadt hinunter, die wie eine einzige zusammenstürzende Ruine vor mir liegt. Düster und streng stehen die Mauern des *Palazzo del Conte.* Vor zwanzig Jahren war ich dort eingedrungen und hatte mich durch den fallenden Schutt bis zum kleinen Theater vorgearbeitet, das ein verwirrender Widerspruch war zur Trostlosigkeit dieser sterbenden Stadt. Heute suche ich die aufragenden Felswände des Monte Consolino nach den Spuren der längst verschollenen Basilianermönche ab, die hier als fromme Kolonisatoren seit dem 7. und 8. Jahrhundert gewirkt hatten. Ihre eremitischen Höhlen durchlöchern wie Maulwurfsgänge den wuchtigen Berg, auf dessen zernarbtem Gipfel die Trümmer einer Burg aus byzantinischer Zeit stehen. Endlich entdecke ich die ersten Höhlen der Einsiedler. Eine von ihnen, die mitten in den fast senkrecht

abfallenden Felsen klebt, zeigt noch deutliche Spuren einer Kapelle oder kleinen Kirche. Was für ein Leben muß das gewesen sein, das diese Mönche hier geführt haben? Waren es überhaupt Mönche? Fromme Männer, die neben dem Kampf ums Überleben noch Zeit hatten zu heiligmäßer Ekstase? Oder waren es einfach verfilzte und verdreckte Einzelgänger, die sich aus irgendeinem Grund, den wir nicht kennen, in die Unzugänglichkeit dieser Bergwildnis verkrochen, halb Tier und halb Mensch, von der Sonne gepeinigt, bis ihr verwüstetes Gehirn visionäre Gedanken ausspie, die verrückt genug waren, daß ihnen die ersten abergläubischen Bauern folgten? Einige Städte in Kalabrien entstanden jedenfalls auf diese Weise, darunter auch Stilo, wo es bald acht berühmte Klöster gab, von denen heute kein einziges mehr existiert. Am 13. Juli 982 verlor hier dann der deutsche Kaiser Otto II. in einer mörderischen Schlacht gegen die Sarazenen fast sein ganzes Heer. Und spätestens von diesem Augenblick an war Stilo sozusagen legitimiert, war es nicht nur eine Ansammlung von orthodoxen Kirchen und Klöstern und den primitiv dekorierten Höhlen der Eremiten, sondern auch der Schauplatz einer berühmten Schlacht und damit anscheinend wichtig genug, daß man eine Stadt darauf errichtete.

Was für ein eigenartiger Zufall! Während ich diese Zeilen schreibe, hoch über dem Golf von Squillace, in einem romantisch verwinkelten kleinen Hotel, das wie ein Schwalbennest über dem Meer hängt, tobt draußen ein Gewitter. Wie damals, als ich zum erstenmal in Stilo war. Und während jetzt die Blitze in ununterbrochener Reihenfolge ins rauschende Meer einschlagen, begleitet vom rollenden Donner, stelle ich mir noch einmal die warme Novembersonne vor, die noch am Vormittag über Stilo lag. Es ist kein Zufall, daß mir Anatolien einfällt, der schwere, langsam verlöschende Glanz von Byzanz, die leuchtende Farbigkeit der kappadokischen Höhlenkirchen. Denn zwischen diesem kleinasiatischen Christentum und dem primitiven Glauben im Schatten des Monte Consolino bestehen immer noch direkte Zusammenhänge. Ich kann natürlich nicht beweisen, daß sich unter den Eremiten, die in den verborgenen Höhlen wie Lemuren hausten, auch fromme Flüchtlinge aus Kleinasien befanden, aber ich persönlich bin fest davon überzeugt. Zu auffällig ist die Ähnlichkeit der kleinen rostroten byzantinischen Kuppelkirche mir vielen halbvergessenen

anatolischen und armenischen Kirchen! Und auch dieses einsiedlerische Leben in den verborgenen Höhlen, diese teils mythische und teils unvorstellbar primitive Existenz inmitten einer feindlichen Landschaft, hat seinen Ursprung in den kleinasiatischen Landschaften. Der Schmutz, die Zeichen äußerlicher Verwahrlosung, die leere Hoffnungslosigkeit auf den Gesichtern der Menschen: Das ist nur noch ein weiterer Zusammenhang, der fast schon selbstverständlich anmutet in allen mediterranen Provinzen. Heute am Vormittag wieder auf dem Friedhof von Stilo! Gibt es noch dieses Kindergrab von damals? Unten in der Stadt ein riesiger Gebäudekomplex, flankiert von zwei abbruchreifen Kirchtürmen, früher wahrscheinlich ein Kloster. Jetzt sind Schulen darin untergebracht. Natürlich auch ein Gymnasium, das nie fehlen darf in diesen Randzonen menschlicher Existenz. Wer schreibt die Biographien der Absolventen dieser nutzlosen Schulen? Wer analysiert die enttäuschten Hoffnungen und die wütende Ohnmacht dieser unschuldigen Opfer eines latenten Größenwahns? Wer beschreibt den wachsenden Zorn des Volkes, das sich um alle seine Hoffnungen betrogen fühlt? Später auf der Straße nach Serra San Bruno werde ich die großformatigen Plakate sehen, die wörtlich von der kalabresischen *Porca Miseria* erzählen. Sie beginnt nicht zuletzt in solchen überfüllten Schulen wie in Stilo, wo ein frustriertes und verbittertes Kleinbürgertum tote Sprachen und mathematische Formeln lernt, die im verzweifelten Kampf ums Überleben bedeutungslos sind. Dafür bearbeiten die Pächter und Landarbeiter den ausgezehrten Boden immer noch mit Methoden, die vorsintflutlich anmuten. Und in den verstaubten und verwahrlosten Läden dieser süditalienischen Kleinstädte bedienen Verkäufer, die zur großen Armee des akademischen Proletariats gehören, ihre analphabetische Kundschaft.
Eigentlich dürfte es nicht erstaunlich sein, wenn gerade in solcher Umgebung einer der großen europäischen Visionäre auftrat, gewissermaßen ein genialer Nachfolger dieser halbverrückten Einsiedler, die so lange in die hämmernde Sonne starrten, bis ihnen irgendwelche infernalischen Bilder aus dem Jüngsten Gericht ganz selbstverständlich wurden. Und doch überrascht es mich immer wieder von neuem, daß ein Mann wie Tommaso Campanella diese demütigende Situation von Stilo überlebte, daß er Stilo, seinen Geburtsort, zumindest

ohne körperlichen Schaden überstanden hat, denn der Eindruck lastender Düsternis und unbarmherziger Feindseligkeit, der heute noch diese kleine Stadt in den ionischen Bergen ganz entscheidend prägt, muß damals, 1568, als dieser wahrscheinlich erste kommunistische Christ Europas hier geboren wurde, noch viel stärker gewesen sein. Damals beherrschte der *Palazzo del Conte* mit seinen dunklen und abweisenden Mauern noch völlig das Stadtbild, standen zumindest einige der Klöster noch unter ihrer herrschaftlichen Pracht turmhoch über dem unbeschreibbaren Elend der Bauernhütten, war die Welt noch genau eingeteilt in ein hochmütiges Oben und in ein jämmerliches Unten. Es war ein Zeitalter erbarmungswürdigen Aberglaubens und haltloser Anarchie. An der Küste brandschatzten die Sarazenen, wütete die Malaria, war das vielbeschworene Erbe Großgriechenlands längst unter den wachsenden Sanddünen verschwunden. Und hier in den Bergen herrschte das Faustrecht, zerstörte blinder Aberglaube die natürliche Intelligenz des Volkes und beschreiben heute noch alte Kirchenbücher die erschütternde Lebenserwartung der völlig rechtlosen Bauern und Hirten. Der einheimische Adel aber verbündete sich mit den spanischen Eroberern und beutete wie diese gemeinsam mit dem Klerus hemmungslos das Volk aus.
Vielleicht muß man wirklich in Stilo gewesen sein, um das Ausmaß des geistigen Abenteuers zu begreifen, das Tommaso Campanella auf sich nahm, als er gegen die herrschende Ordnung rebellierte! In Neapel, wo die spanischen Vizekönige regierten, geriet er zweiunddreißigjährig fast zwangsläufig in die Mechanismen der Inquisition. Und von 1600 bis 1626, also rund siebenundzwanzig Jahre lang, war er ununterbrochen eingekerkert, ein Opfer seines kritischen Mutes und vielleicht auch seiner Beharrlichkeit, die er sich noch im strengen Stilo angeeignet hatte. In dieser Zeit schrieb er sein faszinierendes Hauptwerk, darunter den 1602 entstandenen *Sonnenstaat*, wo er die Abschaffung des Privateigentums, Geburtenregelung, Frauenkommunen und den Vier-Stunden-Tag forderte. Wenn man diese in den Verliesen der Inquisition entstandenen Texte liest und die Herkunft ihres Autors kennt, begreift man die unvorstellbare Radikalität ihrer Inhalte, die auf persönlichen bitteren Erfahrungen während der kalabresischen Jugendzeit basiert. Und ich bin mir nicht sicher, ob die Forderung Campanellas nach einem Über-Papst, nach einem obersten

Hohepriester katholischer Provenienz, der an der Spitze dieses Sonnenstaates steht, nicht bloß ein gewisser Trick war, um überhaupt diese für damalige Verhältnisse unvorstellbar ketzerischen Schriften herausbringen zu dürfen. Immerhin sind diese Schriften in ihrem Kern reinste radikalmarxistische Propaganda, die einen Text wie das legendäre Kommunistische Manifest fast zur Harmlosigkeit verdammt.
Aber Campanella kannte einflußreiche Männer, darunter Papst Urban VII., der ihn schließlich aus dem neapolitanischen Kerker befreite, und Kardinal Richelieu, der ihn nach Paris holte. Dort starb dieser seltsame Mann aus Stilo schließlich auch im Jahre 1639. Es wäre ihm eine grimmige Genugtuung, wenn er wüßte, daß sich heute einflußreiche europäische Staatsmänner – wie etwa Bruno Kreisky –, ausführlich mit seiner phantastischen Ideologie auseinandersetzen.
Das Leben als Traum, den man nach Tunlichkeit rasch vergißt! Noch in Monasterace Marina unten an der Küste wanderte ich mit gebührender Aufmerksamkeit durch die flachen Reste einer der ältesten Griechenstädte dieser Küste, Kaulonia, das von der Amazone Kletea gegründet worden ist. Pythagoras soll hier, nachdem sein politisches und moralisches Programm in Kroton gescheitert war, vorübergehend Zuflucht gesucht haben. Eine syrakusanische Flotte landete knirschend am sandigen Ufer. Von Lokroi Epizephyrioi aus haben sich hier einige hundert Familien angesiedelt. Heute führt der Schienenstrang, über den die Züge nach Tarent und Reggio fahren, mitten durch die Ruinen dieser legendären Stadt, die im gebirgigen Caulonia nur ungenügend wiedererstanden ist. Wer beweist mir, daß der fanatische Idealismus eines Campanella oder Pythagoras die kalabresische Wirklichkeit besiegt? Was bleibt in meiner Erinnerung, wenn ich stundenlang durchs gebirgige Landesinnere fahre, immer die Visionen menschlicher Intelligenz an der Erbärmlichkeit messend, die mir herausfordernd entgegentritt? Im antiken Kaulonia, im staubigen Monasterace Marina milderte noch das glatte Meer den Eindruck absoluter Trostlosigkeit. Im verwahrlosten Stilo würgte mich die fremde Not. Aber die Spurensuche nach ältesten Zeugnissen unseres Glaubens, die kopfschüttelnde Nachdenklichkeit angesichts einer so unglaublichen Existenz wie der des Tommaso Campanella zerstreuten den Zorn, den man in diesen Hochburgen des unvernünftigen und unzumutbaren Elends empfindet.

Dann die Flammenzungen der Macchia und der Buchenwälder oben am Passo di Pietra Spada, dieses farbenprächtige Narrenkleid des süditalienischen Herbstes, der dunkelgrüne Pelz des Monte Pecoraro und schließlich die steinerne Herausforderung der Kartause von Serra San Bruno. Immer noch ist Naivität möglich, immer noch sind Spekulationen erlaubt über die Verwirklichung von Campanellas Forderungen, immer noch beschäftigt mich die Frage, was den rheinischen Adeligen Bruno Hartenfaust tatsächlich bewogen haben mag, im Jahre 1091 ins damals bereits normannisch regierte Kalabrien zu gehen und sich freiwillig den strengsten Exerzitien zu unterwerfen, schweigend Gott zu dienen, endgültig verstummt der geschwätzige Mund, während unaufhörlich der Hunger durch die wuchernden Wälder schrie und die Ungerechtigkeit lauthals auflachte vor den Grotten, in denen der Heilige gemeinsam mit Gott über das selbstverständliche Elend der Menschen schwieg.
Spätestens hier ist nur noch Zynismus möglich, wenn man zwar weiß, daß einer der Bomberpiloten von Hiroshima vor Jahren bereits in die Kartause flüchtete, wenn man aber auch den Zustand äußerster Verwahrlosung sieht, dem das gewöhnliche Volk draußen vor den abschirmenden Mauern des Klosters ausgeliefert ist. Gilt die Unterscheidung in eine gottgefällige Minderheit und in eine Mehrheit, die schweigend an das Elend glauben muß, auch heute noch? *Porca Miseria in Calabria* schreien die Plakate entlang der Straße. Aber die tatsächliche Misere ist nur noch erbarmungswürdig, duckt sich niederträchtig unter die Gewohnheit, immer schon so gelebt zu haben, immer so leben zu müssen, schlecht genährt und schlecht gekleidet und schlecht vorbereitet auf das Leben, ein Zeitalter weit entfernt von den utopischen Äußerungen eines Campanella, den unsere zeitgenössischen Staatsmänner erfindungsreich diskutieren, ein Zeitalter weit entfernt von der Selbstverwirklichung eines Pythagoras, dessen mythische Biographie das zukünftige akademische Proletariat in den Schulen lernt, und auch noch unvorstellbar weit entfernt vom demütig vorgelebten Beispiel des heiligen Bruno, dessen blinder Glaube wie eine höhnische Herausforderung anmutet in diesen Nistplätzen einer unausrottbaren Armut. Ich fahre durch die ionischen Berge und zähle fast wie beiläufig die unverwischbaren Zeichen des Niedergangs auf. Wer lehrt endlich das Volk

seine notdürftigen Abtritte wenigstens zu säubern? Wer bringt den Müttern endlich bei, wie man Kinder am Leben erhält? Wer macht den Vätern endlich begreiflich, daß es anderswo auf dieser Welt längst schon eine freiwillige Geburtenbeschränkung gibt? Wer befreit das Volk endlich von seinem blindwütigen und verhängnisvollen Aberglauben? Wer ändert endlich die Verhältnisse, die nicht nur für die Menschen unzumutbar sind, sondern auch eine frevelhafte Herausforderung Gottes darstellen?

Später unterscheide ich Einzelheiten. Bauernheiligtümer oben in den Bergen, fast unzugänglich und immer anspruchslos, billiger Flitter auf jeder einzelnen puppenhaften Madonna. In Squillace der unglaublich verwahrloste *Platz der Republik*, der buchstäblich wie eine öffentliche Kloake aussieht. In Palermiti, Centrache oder Chiaravalle mindestens die Hälfte der Häuser baufällig. Die Abwassergräben zu beiden Seiten der Straße ersetzen die Kanalisation. Ich sehe nur alte Frauen und Männer, kaum einmal Kinder oder Arbeiter. In welchen Fabriken sollten sie auch beschäftigt sein? Auf einer Strecke von mehr als hundert Kilometern finde ich nur eine einzige Ziegelei. Immer wieder Baracken. Und diese schwärzlichen Ruinen, die sich beim Näherkommen als kleine Ortschaften entpuppen, in denen das Leben fatalistisch vegetiert. Im Gebirge gibt es noch intakte Wasserstellen. Dafür auf der Hochebene dann wasserschleppende Frauen, die den Plastikeimer mühsam auf dem Kopf balancieren. Überall Priester, die wie kleine weltliche Fürsten auftreten, hochmütig und verhältnismäßig wohlhabend. Ich erinnere mich, bei Norman Douglas gelesen zu haben, daß noch im vergangenen Jahrhundert die Einwohner von Serra San Bruno ihre eigenen Verwandten an die Behörden, von denen sie ihrer fortgesetzten Räuberei wegen gesucht wurden, verrieten und auslieferten, nur weil man alle Priester des Dorfes als Geiseln genommen hatte. Ich frage mich jetzt, wie diese Menschen bei einer ähnlichen Gelegenheit heute reagieren würden.

Bin ich ungerecht? Bin ich schon so weit, daß ich mir Empörung anmaße über Verhältnisse, die vielleicht nur ich als demütigend und menschenunwürdig empfinde? Ich bin nachdenklich, fast unentschlossen in meinem Urteil, als ich wieder in die Gegend von Squillace komme, noch einmal den üppigen Reichtum der Ölbäume zählend, die in langen grünen Geraden und trotzdem unübersichtlich die Küste überschwemmen. Wem gehört dieser Reichtum? Vereinzelt sehe ich palastähnliche Landhäuser. Dann wieder der schmutzige Verfall in den Bauernhäusern, die planlose Unordnung in den großen Bauernstädten, die wie riesige Spinnen auf den graubraunen Hügeln hocken. In Squillace die Erinnerung an Magnus Aurelius Cassiodorus, der im Jahre 480 hier zur Welt kam, viele Jahre lang im nördlichen Ravenna Staatsminister des Ostgotenkönigs Theoderich war und schließlich als alter Mann in seine kalabresische Heimat zurückkehrte, wo er im Alter von 95 Jahren starb. Auch er also einer dieser erstaunlichen kalabresischen Männer, bei denen das spekulative Denken immer einen praktischen Hintergrund hatte! Seine bemerkenswerten historischen Abhandlungen sind bis auf einige Zitate verschollen. Aber seine intellektuellen Fähigkeiten werden heute noch durch zahlreiche Briefe und Abhandlungen dokumentiert, die er als Leiter der ravennatischen Staatskanzlei herausgab. Den dramatischen Untergang des von ihm gleichsam mitverwalteten Gotenreiches prophezeite Cassiodorus immer wieder warnend, ohne etwas am erbärmlichen Ende dieses Volkes ändern zu können. Im heimatlichen Squillace gründete er dann zwei Klöster, das sogenannte *Castellense*, wo die bessere Nutzbarmachung des Bodens sowohl theoretisch als auch am praktischen Beispiel erprobt wurde, und das sogenannte *Vivarense*, das ausschließlich geistlichen und geistigen Studien vorbehalten war. Hier muß sich auch die berühmte Bibliothek befunden haben, die Cassiodorus dadurch anreicherte, daß er seinen Mönchen das unermüdliche Abschreiben alter Handschriften zur Pflicht machte.

Verwirrt fragt man sich heute, wohin das Beispiel dieses ungewöhnlichen Mannes versickert ist, spurlos und zumindest in Kalabrien auch so gut wie unbeachtet! Er teilt dieses Schicksal mit Campanella, von dem man gerade in Stilo den Eindruck gewinnt, daß er nie existiert habe. Und auch in Crotone und im einsamen San Giovanni in Fiore scheint es eher eine Art Verlegenheit den neugierigen Fremden gegenüber als eigene Anteilnahme zu sein, wenn von den bedeutendsten Männern dieser beiden Städte, vom Philosophen Pythagoras und vom prophetischen Abt Joachim von Fiore, zufällig die Rede ist. Kalabrien hat kein Mitleid mit seinen großen Männern! Entweder verehrt es sie auf so leidenschaftliche Weise,

daß es sie sozusagen verstümmelt (ich denke dabei an den heiligen Franziskus von Paola), oder aber es vergißt sie kaltherzig. Ist das vielleicht ein Teil dieser mörderischen Gleichgültigkeit, an der dieses Land seit Jahrhunderten zugrundegeht?
Dafür eine fast schon hysterische Leidenschaft im Umgang mit jeder Art von Kirchen! Allein in Squillace könnte ich einen anstrengenden Nachmittag damit zubringen, auch nur die wichtigsten Kathedralen, Kirchen und Kapellen oberflächlich zu besichtigen. Im verwahrlosten Palermiti, das sich aschfarben und verschmutzt über einen steinigen Hügel ergießt, zählte ich innerhalb weniger Minuten mindestens drei intakte Kirchen inmitten der verkommenen und halbzerstörten Häuser. Ich entscheide mich schließlich für die Basilika Santa Maria della Roccella, deren Ruine wie ein rotbraunes Echo aus ältester Zeit in einem Wald von Ölbäumen steht, zeitlos und verwunschen, ein Anblick, dessen strenge Melancholie ergreifend ist. Ich gehe durch das brechende Gehölz, stehe zwischen hohem Bambus, streife durch das stahlfarbene Rinnsal der Ölbäume: Immer ragt mächtig und geheimnisvoll die Wölbung dieser wahrscheinlich größten Kathedrale Kalabriens vor mir auf, roter Ziegelschutt im dunkelgrünen Feld, blaßblau der Novemberhimmel in der leeren Fensterhöhlung. Baumaterial aus dem Heerlager des Hannibal, der an dieser Küste Winterquartier bezog, soll in den Fundamenten der Kathedrale verarbeitet sein. Das Datum ihrer Entstehung ist freilich umstritten. Romanische Spuren lassen einen Baubeginn im 6. Jahrhundert vermuten. Die meisten Fachleute freilich glauben, daß mit dem Bau dieser eindrucksvollen Kathedrale irgendwann im 11. Jahrhundert begonnen wurde, als schon die frommen Normannen überall in Süditalien ihre gewaltigen Dome errichteten.
Ich stand vor der geheimnisvollen Ruine, die mich plötzlich an etwas Lebendiges und Gewaltiges erinnerte, das unbeirrbar durch den schimmernden Strom der Ölbäume stampft. Und war da nicht wirklich eine seltsame Bewegung im rostbraunen Schutt? Farblos war jetzt der Himmel, der durch die Fenster kroch. Wind rauschte in den Bäumen. Langsam fiel die Nacht auf die verbrannten Hügel. Kalabrien, dachte ich, dieser stürzende Stern ins Ionische Meer. Kalabrien, dachte ich und starrte auf den geheimnisvoll glühenden Schutthügel vor mir, rot und braun und uralt. Und ich war auf eine Weise bewegt, die ich mir nicht erklären konnte.

Wie beschreibe ich eine Landschaft von äußerster Dürftigkeit, damit man die Vergeblichkeit aller Bemühungen versteht, auf dieser Erde etwas Nutzbringendes zu leisten? Ich spreche vom *Marchesato*, diesem Dreieck des Schreckens, das zwischen den beiden Flüssen Neto und Tacina im äußersten Osten Kalabriens liegt, ein verwüsteter Landeplatz des Mondes, dessen kaltes Licht im Widerschein der kreidefarbenen Hügel und völlig ausgezehrten Lehmzungen auch tagsüber noch heimtückisch schimmert. Es mutet unglaublich an, daß unter dieser Wüste vor siebenundzwanzig Jahrhunderten Kroton, die bedeutendste Stadt Großgriechenlands, entstehen konnte. Und es grenzt an ein Wunder, daß der größte Tempel Italiens, das Heraion von Capo Colonna, sich zumindest ein paar Jahrhunderte lang gegen die unaufhörlich heranwehende Sandflut behaupten konnte. Antike Schriftsteller versichern zwar, daß dieses feindselige Dreieck in ältester Zeit dicht bewaldet war. Auch von den goldenen Kornfeldern wird schwärmerisch gesprochen. Aber seit mindestens tausend Jahren fühlten sich hier nur Schlangen und Wölfe wohl – noch im 19. Jahrhundert drangen ausgehungerte Wölfe bis auf die Friedhöfe von Crotone, Cutro und San' Severina vor, wo sie verzweifelt knurrend die frisch beerdigten Leichen ausscharrten –, verteilte der heiße afrikanische Wind die ausgetrocknete gelbbraune Erde gleichmäßig, bis diese bizarren oder auch furchteinflößenden Hügelformationen und Sanddünen entstanden, die heute noch charakteristisch sind für das Marchesato. Selbst patriotische italienische Schriftsteller, wenn sie sich einmal bis hinter die hochaufragenden Berge der Sila verirren, schreiben nur verdrossen von einer Mondlandschaft, deren Farbe ans weißliche Grau getrockneter Knochen erinnere. Mir fallen andere Beispiele ein: die Trostlosigkeit einer Stadt wie Isola di Capo Rizzuto, eine Trostlosigkeit, die mir mit nichts vergleichbar erscheint, was man in Europa an Erbärmlichem und Trostlosem finden kann. Dazu der höhnische Kontrapunkt von kleinen Hotelstädten an der Küste, die zumindest jetzt im Spätherbst vor Schmutz starren. Und auf den riesigen Feldern, die wie ausgebleichte Wäschestücke diese Halbinsel bedecken, immer wieder die Ruinen der Bauernhäuser, die nach der Bodenreform von 1950 nur kurzfristig bewohnt wurden. Es gibt eine Unzahl von Erklärungen für die

Hartnäckigkeit, mit der die kalabresischen Bauern alle öffentlichen Verbesserungsvorschläge, die außerdem in der Regel nur halbherzig sind, störrisch ablehnen und sich in die qualvolle Enge ihrer verwahrlosten Bauernstädte zurückziehen. Aber wer erklärt mir, warum es immer noch ungeachtet aller angeblichen Reformen und Verbesserungen dieses undurchsichtige System von Latifundien, Pächtern, Unterverpachtung und bäuerlichen Hilfsarbeitern gibt, ein System, das den längst schon ausgeraubten und ausgezehrten Boden weiter zerstört und im übrigen wie vor hundert oder tausend Jahren wieder nur ein paar Großgrundbesitzer und geschickte Geschäftsleute vermögend macht, während die Masse der Landarbeiter gerade noch mit einem Existenzminimum auskommen muß, das sich von Ernte zu Ernte verändert? Und wer erklärt mir meinen Überdruß, immer mit den gleichen Bildern konfrontiert zu werden? Und wer überzeugt mich davon, daß halbnackte Kinder im Straßenstaub oder Wäschegirlanden zwischen abbruchreifen Häusern oder primitive sanitäre Verhältnisse malerisch sind?
Natürlich gibt es auch hier eine historische Überlieferung, die zwar nicht das gegenwärtige Elend erklärt, die aber bemerkenswert genug ist, um auch in den Schulen des Marchesato unterrichtet zu werden. Und wiederum meine banale Frage: Was nützt den Kindern der Landarbeiter und Kleinbürger von Crotone, Cutro, San' Severina oder Isola di Capo Rizzuto, wenn man ihnen bedeutungsschwer erklärt, daß in ihrer Heimat vor langer Zeit die Iapyger sich angesiedelt haben und dann erst die Griechen, die im reichen und mächtigen Kroton die wichtigste Stadt Großgriechenlands besaßen? Wem nützt die sorgfältige Unterscheidung, wer dieses Kroton wirklich begründet hat: eine Königin namens Laureta oder ein buckliger Achäer namens Miskellos? Bewährt sich die Aufzählung der Lebensdaten eines Pythagoras als Allheilmittel gegen chronische Arbeitslosigkeit und jahrhundertelange Flucht in die Auswanderung? Und dient der mythische Aberglaube, der einem unsagbar kitschig anmutenden Madonnenbild auf dem Trümmerfeld des Heraions heute noch magische Fruchtbarkeit andichtet, den Frauen im Marchesato, diesen geduldigen Gebärmaschinen und Arbeitstieren?
Immer diese hochtrabenden Lügen, wenn in einer dürftigen Landschaft antiker Marmor zum Vorschein kommt. Und

immer die Halbherzigkeit der Erinnerungen, die alles längst Gewesene verklärend beschreibt und die verbrecherische Gegenwart mit einem Achselzucken abtut. Mich interessiert der *Pythagoräische Lehrsatz* nicht im mindesten, wenn ich auf die abgearbeiteten Finger eines kalabresischen Landarbeiters starre, wie sie sich abmühen, den notdürftigsten Lebensunterhalt zu verdienen. Und ich bin völlig unbeeindruckt von der angeblich makellosen Schönheit der einzigen aufrechtstehenden dorischen Säule Großgriechenlands am Capo Colonna, wenn ich auf der Fahrt dorthin die Steine im verbrannten Erdreich zählen muß und die Hoffnungslosigkeit auf den Gesichtern der Menschen wahrnehme und mir die ganze Zeit genau vorstellen kann, wie viele Arbeitsplätze fehlen.
Die Widersprüche hören nicht auf! Ich stehe am Capo Colonna. Der Schatten der riesigen Säule, die als einzige von achtundvierzig Säulen bis auf den heutigen Tag die Zeit überdauert hat, fällt dünn und zerbrechlich in die Richtung der kleinen Kirche, die noch vor zwei Jahrzehnten beeindruckend war durch ihr unverfälschtes Inneres, das jetzt kalt und marmorverkleidet ist. Draußen schlägt das Meer gegen braungelbe Steinblöcke. Auf dem verwahrlosten Gelände des Heraion wuchert Unkraut. Aber wenn ich die Augen schließe, kann ich mir mühelos die stolzen Statuen der siegreich nach Kroton heimkehrenden Olympiakämpfer und auch die vergoldeten Triumphsäulen der Hera Laikinia vorstellen. Und mir fallen die anderen Tempel im buchstäblich weltumspannenden griechischen Raum ein, die dieser weiblichen Gottheit geweiht waren, drüben am östlichsten Rand dieses Meeres, auf dem ich heute den furchteinflößenden Umriß einer Bohrinsel sehe, die wie eine stählerne Riesenspinne übers Wasser wandert, und weit unten im Süden, von wo dieser schwüle und weiche Wind kommt, der die Menschen verrückt macht. Was für eine Vorstellung von Größe! Und was für ein Widerspruch, wenn ich auf die geduckten Bauernhäuser sehe, aufs ausgedorrte Land, das buchstäblich wie ein einziges Leichenfeld vor mir liegt. Wer redet da noch vom großartigen Atem der Antike, der in solchen Tempelbezirken beheimatet sein soll! Hannibal, der drei Jahre lang im ohnmächtigen Kroton lagerte, plünderte hier ausgiebig und hinterließ dafür diese legendären Bronzetafeln, auf denen seine Siege aufgezeichnet waren. Sie sind verschwunden wie der Marmor und der sorgfältig behauene Stein, mit

dem die Spanier den Hafen von Crotone ausbauten. Und die Säulen, die Statuen und die Tempel, die noch ein Mann wie Zeuxis mit seinen Fresken geschmückt hat, ließ schließlich im 16. Jahrhundert der damalige Bischof von Crotone, ein dummer eitler Vielfraß namens Antonio Lucifero, in seinen Palast schaffen, wo sie schließlich spurlos im allgemeinen Schutt untertauchten. Die letzten Steine vom Tempel wurden nach dem schrecklichen Erdbeben von 1783 nach Crotone gebracht, wo sie dazu dienten, die schwerbeschädigten Hafenmolen wieder auszubessern.

Geblieben ist also bis auf diese eine berühmte Säule, die aus der Nähe ernüchternd armselig wirkt, tatsächlich nur der halbverschwiegene Kult der *Schwarzen Madonna,* in dem sich die uralten Fruchtbarkeitsriten der Göttin Hera fortsetzen. Ich habe selbst noch vor vielen Jahren die schreienden, auf eine fast heidnische Weise ekstatischen Frauen erlebt, wie sie einzeln oder in Gruppen hinausgepilgert sind zum einsamen Kap. Dabei war damals schon das echte Bild der Schwarzen Madonna in irgendeinem bischöflichen Versteck verborgen, und was die Frauen mit ihren Gebeten beschworen, war damals und ist heute nur eine billige Kopie. Es gibt natürlich auch hier eine Legende, erfunden von eifersüchtigen Priestern, die zornig die Nachbarschaft einer heidnischen Gottheit zu ihrer eigenen Madonna mißbilligten. Demnach soll das wundertätige Bild, das die ohnedies ewig fruchtbaren kalabresischen Frauen mit immer neuer Schwangerschaft schlägt, irgendwann einmal unten am Strand angeschwemmt worden sein. Dem Volk ist solche Erklärung, auch wenn sie katholisch und harmlos ist, absolut gleichgültig. Es macht in seinem Glauben keinen Unterschied zwischen der Anbetung eines kirchlich sanktionierten Muttergottesbildnisses und eines verwischten und trotzdem zeitlos schönen Götterbildes. Es betet wahrscheinlich jeden Götzen an, wenn ihm nur seine selbstverständlichen Wünsche erfüllt werden.

Unterwegs in Crotone: Norman Douglas schlägt noch vor, ein paar stille Monate im ruhevollen und ordentlichen Crotone zu verbringen. Zugleich beschreibt er die Einwohner der Stadt als wohlerzogen und äußert sich wohlwollend über den lokalen Klerus. Sechs Jahrzehnte später verurteilt ein anderer Literat, diesmal der Franzose Fernandez, die Stadt des Pythagoras mit vernichtenden Worten. Wahrscheinlich muß man beiden Autoren beipflichten, denn wer durch das heutige Crotone geht, wandert immer im Schatten dieses großartigen Wortes: »Der Letzte der Krotoner ist immer noch der Erste der Griechen«, und kann sich zugleich doch nicht des Eindruckes endgültiger Resignation erwehren, den so viele süditalienische Städte vermitteln. Ich bin diesmal überrascht, wie eifrig sich die Stadt trotzdem entwickelt hat. Sie frißt sich von Jahr zu Jahr mit wachsender Schnelligkeit in die graubraunen und gelben Hügel des Marchesato hinein, ohne deshalb an Schönheit oder Eleganz zu gewinnen. Ich sehe Häuser, die bei einem meiner Aufenthalte in Crotone vor fünfzehn oder zwanzig Jahren damals gerade erst errichtet worden sind. Sie wirken heute schon wie abbruchreife Ruinen. In den schmalen und lichtlosen Gassen der Altstadt, die sich schutzsuchend an das mächtige aragonische Kastell drängt, türmt sich der unvermeidliche Schmutz, riecht es durchdringend wieder einmal nach Urin und anderen menschlichen Exkrementen. Hier sah ich einmal einen alten Mann sterben. Er lag weiß und zerbrechlich in einem Bett, das den gassenseitig gelegenen Raum – dessen Tür weit geöffnet war – fast zur Gänze ausfüllte. Ich erinnere mich auch noch an das farblose Licht einer herabbrennenden Kerze. Und daß niemand neben dem Sterbenden wachte, um ihm die Augen zu schließen.

Und hier lag auch die Akropolis der berühmten Achäerstadt Kroton, entstanden ums Jahr 710 vor Christus, etwa hundertachtzig Jahre später Wahlheimat des Philosophen, Mystikers, Mathematikers und Politikers Pythagoras, der, von der ostägäischen Insel Samos kommend, in Kroton seine hochentwikkelten Ideen von einem demokratischen Gemeinwesen wenigstens für ein paar Jahre verwirklichen konnte. Und das immerhin bleibt festzuhalten: Daß es neben den Senatoren und neben dem unvermeidlichen Rat der Alten auch einen Rat der Jugend und eine relativ einflußreiche ständige Frauenversammlung gab. Wesentlich auch die moralischen Richtlinien des Pythagoras, die heute noch ohne weiteres für jede Ideologie verwertbar wären: Respekt vor dem Gesetz und der Religion sowie Liebe zur Arbeit.

Der Brite George Gissing, der selbst lange Zeit in Crotone zugebracht hatte, beschrieb dieses unheimliche Genie einmal so: »Ein Typus hochstrebender Menschheit, eine anziehende noble Gestalt, die wie eine gedämpft leuchtende Erscheinung sich durch die sagenhaften Zeiten des alten Hellas bewegt.« – Der Landsmann und Zeitgenosse Gissings, Norman Douglas, ist freilich völlig anderer Meinung und spricht geringschätzig von einer Summe an Hirngespinsten, wenn er Pythagoras beschreibt. Wörtlich sagt er: »Ich möchte meinen, daß der jahrhundertealte Nebel unkritischer Bewunderung diese Gestalt ganz über Gebühr gesteigert und ihr einen Heiligenschein ums Haupt gelegt hat.«

Mir fällt allerdings ein, daß dieser *Derwisch*, wie ihn der respektlose Douglas nennt, immerhin mit seiner Zahlenmystik im Volk durchaus lebendig geblieben ist. Denn die in ganz Kalabrien weitverbreitete Zauberformel des *Otto-Nove* führt man beispielsweise auf pythagoräische Formeln zurück.

Aber ich werde nichts zur Diskussion über Pythagoras beitragen! Fragwürdig bleibt der Zorn der antiken Krotoner gegen seine moralischen und politischen Maximen, aufklärungsbedürftig heute noch die näheren Umstände seines freiwilligen Hungertodes im Tempel von Metapont. In einem deutschen Reisehandbuch lese ich, daß von einer vergleichbaren intellektuellen Elite, wie sie aus dieser *Schule des Pythagoras* innerhalb von wenigen Jahren in Kroton hervorgegangen ist, heute die ganze zivilisierte Welt zehren müßte. Und als Beweis für diese Behauptung werden angeführt: der Arzt Alymaion, der Physiker Philolaos (er begründete die Theorie von der Bewegung unseres Planeten Erde um die Sonne), der Anatom Alkmeion, ferner Demokeides, späterer Leibarzt des Perserkönigs Dareios, der Dichter Orpheios, der Bildhauer Dameias. Ich persönlich finde diese Liste imponierend. Sie ändert nichts an meinem latenten Unbehagen über die augenscheinliche Desolatheit im gegenwärtigen Crotone.

Schließlich verlasse ich Crotone und seine im mystischen Halbdunkel der Geschichte verborgene Vergangenheit – *war Pythagoras jetzt ein Halbgott oder nur ein Genie, menschlich im Irrtum und trotzdem unbeugsam bis in den Tod* –, verlasse die hoffnungslos verwahrloste Altstadt und die schmutzige Neustadt und komme an der zaghaften Industriezone der Stadt vorbei. Die Zeichen des anscheinend selbstverständlichen kalabresischen Niederganges auch hier. Was für eine absurde Idee, einem deutschen oder österreichischen Arbeiter zuzumuten, in solchen Werkstätten und Fabriken zu arbeiten! Die Sonne färbt das Meer dunkelblau, prachtvolle Chrysanthemen erinnern an

das Fest von Allerheiligen und Allerseelen, im Westen stehen schwere dunkelgraue Wolkenwände über den Bergen der Sila. Ich frage mich zögernd, wovon die griechischen Siedler vor zweieinhalbtausend Jahren in dieser wüstenähnlichen Leere gelebt haben. Mir fallen Zahlen ein: hunderttausend, dreihunderttausend Mann stark ihre Armeen, die nordwärts gegen das verhaßte und hochmütige Sybaris marschierten. Ich frage mich ungläubig, wie das goldene Korn der reichen Felder im Widerschein der Löwensonne diese heute so erbärmliche Landschaft verändert haben mag, am Horizont damals auch noch das dunkle Grün üppiger Tannen und Fichten und in den kunstvoll angelegten Wasserleitungen klares Quellwasser. Ich fahre jetzt durch verbranntes Land und zähle vorsichtig die Namen auf, die mich an die hoffnungslose Gegenwart erinnern: Cutro, San Mauro Marchesato, Scandale, Marcedusa. In Cutro der auffallend stark besetzte Posten der Carabinieri. Vor fünfundzwanzig, dreißig Jahren haben hier die Landarbeiter und Pächter den Aufstand geprobt. Einige verzweifelte Carabinieri sind dabei buchstäblich abgeschlachtet worden. Die aufgeschreckte Regierung erließ umgehend Sondergesetze und beschleunigte ihr Programm zur Bodenreform. Aber plötzlich weigerten sich die Bauern, in die neuerrichteten Häuser zu ziehen, die als Einzelgehöfte mitten in den Feldern standen. Sie stehen heute noch zu Hunderten dort, verwahrlost und leer, melancholische Ruinen eines fehlgeschlagenen Programms, das Proletariat des Marchesato von seinem teilweise selbstverschuldeten Elend zu befreien.
Ich sage: selbstverschuldet! Und ich beharre darauf, dieses böse Wort zu verwenden! Und ich zähle einleuchtende Gründe dafür auf: Unvernunft, Aberglaube, Lethargie! Wenn ich durch Cutro gehe, das ich seit mehr als zwanzig Jahren kenne, und den totalen ökonomischen Stillstand bei einer gleichzeitigen Anhäufung des Schmutzes sehe, dann frage ich mich, wozu die Bauern die völlig schuldlosen Carabinieri umgebracht haben. Und seit mehr als zwanzig Jahren bin ich nicht imstande, die hintergründigen Mechanismen eines wachsenden Elends zu durchschauen, eines Elends, das die Opfer – die es mitverursacht haben – am härtesten trifft. Natürlich sind immer wieder die politischen Demagogen eifrig unterwegs und schmieren ihre pseudorevolutionären Parolen an die verdreckten Hauswände. Natürlich kommt es im römischen Parlament

oder in irgendeinem Ministerium manchmal zum Skandal, wenn die sozialen Verhältnisse im Marchesato (oder sonstwo in Süditalien) wieder einmal zum öffentlichen und damit auch zum nationalen Ärgernis geworden sind. Aber an den Verhältnissen selbst, die diesen Skandal ausgelöst haben, ändert sich so gut wie nichts.

Es ändert sich deshalb so gut wie nichts daran, weil die unmittelbar davon Betroffenen – also die Opfer selbst – weder die Kraft noch den Mut und weder den Ehrgeiz noch die Intelligenz besitzen, um sich aus diesem Morast ihres entwürdigenden Zustandes zu befreien. Der grimmige süditalienische Jähzorn, der sich in blutigen Ausschreitungen entlädt, ist noch lange kein Ersatz für eine mögliche und durchaus vorstellbare Selbstverwirklichung dieses Volkes. Woran das liegt? Ich weiß es nicht! Ich wage es auch nicht, alle Schuld an den heutigen desolaten Verhältnissen auf den simplen Umstand zurückzuführen – wie das die meisten Autoren und Politiker immer wieder tun –, daß vor allem das Marchesato besonders stark unter den Einfällen der Sarazenen, unter der würgenden Ausbeutung aragonischer und bourbonischer Fremdherrschaft und unter der Malaria zu leiden gehabt hat. Ich glaube nicht an diese bequeme These! Ich glaube auch nicht an die Unveränderlichkeit des Schmutzes in diesen trostlosen Bauernstädten Kalabriens, an die gottgewollte Ekelhaftigkeit der Fliegenschwärme zwischen Palermo und Tarent, an die Unzumutbarkeit einer lebensrettenden Geburtenkontrolle. Ich glaube vielmehr daran, daß an dem Tag, an dem etwa in Cutro oder in Isola di Capo Rizzuto zum erstenmal ein Pfarrer vom Frevel der unzumutbaren Vermehrung der Menschen predigt, der erste kleine und doch so entscheidende Schritt zur Verbesserung der Situation gemacht sein wird.

Es ist müßig, Spekulationen darüber anzustellen: Aber vielleicht braucht dieses Marchesato weit eher einen Mann wie Pythagoras, der durch sein geniales Vorbild das unvernünftige Volk zu ändern imstande ist, als einen so verhängnisvollen Fruchtbarkeitsmythos wie den der *Schwarzen Madonna* vom entlegenen Capo Colonna. Denn mir scheint, daß das Verhängnis dieser Menschen möglicherweise auch damit zu tun hat, daß sie immer den falschen Göttern gehorchen.

Ich fahre weiter hinauf nach San' Severina, das wie eine Scherbe aus gebranntem Ton über dem stillen Netotal liegt.

Unterwegs in den Dörfern die Prozessionen der Friedhofsbesucher. Die Beschäftigung mit dem Tod ist hier geradeso ein Kult wie die Beschäftigung mit dem Gebären, das ausgerechnet für die Ärmsten der Armen etwas Mythisches besitzt! Aus den Seitengassen quillt mit dem erdbraunen Lehm auch der Unrat der Menschen auf die Hauptstraßen. In San' Severina unterhalte ich mich mit einem dieser ambulanten Händler, die im ganzen mediterranen Süden unterwegs sind. Der Mann will wissen, woher ich komme. Ich sage es ihm. Er schüttelt den Kopf und schaut mich ratlos an. Wo dieses verrückte Land denn sei, das er nicht kennt, fragt er mich zweifelnd. Dann versucht er noch rasch einen Trick, um mir einige Groschen abzugaunern.
Ich wandere lange in dieser alten Stadt umher, die mich sehr stark an Gerace erinnert. Was für Kostbarkeiten auch hier, um die sich niemand kümmert! Kleine byzantinische Kirchen und Taufkapellen, faszinierend noch im Verfall, dann der mächtige Dom aus dem 13. Jahrhundert, später in einem verwilderten Garten griechische Marmorsäulen und zertrümmerte Statuen aus dem Mittelalter. Darüber die gewaltige Festung der Caraffa, die eines der berühmtesten (oder soll man sagen: berüchtigsten) Soldatengeschlechter Italiens waren. Wärmend scheint die Sonne auf den großen Platz vor dieser Festung. Alte Männer sitzen hier in der malerischen Pose des Südens und sehen mir interessiert zu, wie ich die Bastionen abschreite. Mir fällt dieser berühmte griechische Papst Zacharias ein, der zwischen Merowingern, Franken und Langobarden zu vermitteln versucht und trotzdem eine sehr eigenständige und selbstbewußte Politik verfolgt hat. Er ist im Jahre 741 in diesem San' Severina zur Welt gekommen. Ich suche nach Spuren des einstigen Judenviertels. Denn ähnlich wie in vielen anderen kalabresischen Städten hat es auch hier eine zahlenmäßig starke hebräische Gemeinde mit einer eigenen Synagoge gegeben, bis die spanische Inquisition den Weg in den entlegenen Süden fand und alle Juden Kalabriens fluchtartig das Land verlassen mußten. Aber ich finde nur einige düstere alte Paläste, herabgewohnt und natürlich vom Verfall bedroht. In den schmalen Gassen riecht es nach zeitloser Armut.
Später setze ich mich auf die Balustrade der Piazza. Es ist Mittag. Die alten Männer verlieren sich schlurfend im Halbdunkel der Stadt. Ein paar Kinder laufen noch über den Platz.

Die Sonne leuchtet auf der großen grünen Kuppel des Doms. Tief unter mir liegt das leere Land. Warum sind Idyllen immer so trügerisch?

Leben auf einem erloschenen Stern

Im Spätwinter und Frühling 1960 lebte ich einige Zeit in Ciró Marina, das ungefähr dreißig Kilometer nördlich von Crotone liegt und wo ich damals an einem schmalen Buch schrieb, das ungefähr mit diesen Worten begann: »La Speranza Ionica ist eine kleine Stadt und liegt am Ionischen Meer«, und natürlich war dieses *Speranza Ionica* meines Buches nichts anderes als Ciró Marina, wo ich zuerst im damals noch einzigen Gasthof und später dann im Haus einer jungen alleinstehenden Frau lebte, deren vier oder fünf Söhne verschiedene Väter hatten. Ich lebte mit den Menschen dieser kleinen Fischer- und Weinbauernstadt, war Gast in ihren Häusern, wurde immer informiert, wenn *Le Sorelle* auftauchten, diese beklagenswerten Geschöpfe Gottes, die sich als ambulante Liebesdienerinnen durch den ganzen italienischen Süden schlagen. Ich erlebte damals auch einige der schwersten Stürme, die an diesem Teil der ionischen Küste seit Menschengedenken getobt hatten. Und ich erinnere mich noch gut an das brüllende Geräusch des Meeres in der Nacht, an dieses Geräusch, das wie ein heiseres Wehklagen die Luft zerschnitt. Am nächsten Morgen eilten wir dann alle an den Strand, wo die Fischer schon seit Stunden damit beschäftigt waren, die Schäden an ihren Häusern und Booten notdürftig auszubessern. Ich gehörte auch zu den wenigen privilegierten Personen, die eine Einladung hinauf ins alte Kastell erhielten, das ein dunkelgrauer mächtiger Komplex aus dem 14. Jahrhundert ist und wo mich ein siebzig- oder achtzigjähriger Baron oder Graf feierlich empfing, was nichts daran änderte, daß die Zeichen des Niederganges und der Verwahrlosung überall deutlich sichtbar waren. Und ich sehe auch noch, als wäre es heute, die Trümmer des griechischen Tempels vor mir, eines längst vergessenen Heiligtums, das auf der Höhe der legendären Punta Alice mitten in der wilden Macchia lag, umgeben von einigen uralten Ölbäumen. Und ein paar Kilometer weiter die grünen und gelben Dünen über dem tiefblauen Meer und mitten darin die lehmfarbenen Ruinen

eines aufgelassenen Klosters. Im Hintergrund wieder Ölbäume, die unter dem jahrhundertelangen Zugriff des Meerwindes landeinwärts gewachsen waren.
Während ich diese Erinnerungen aufschreibe, spüre ich ein Gefühl der Trauer und des unwiederbringlichen Verlustes. Ich war heute gegen Mittag wieder in Ciró Marina, war wieder draußen bei der windüberschwemmten Punta Alice, sah wieder die verkrüppelten und verwachsenen Ölbäume vor der Klosterruine und suchte das Haus, in dem ich damals gelebt habe, suchte die Bestätigung eines Bildes, einer Idee von etwas, das ich selbst nicht genau beschreiben kann. Aber was ich während meines Umherirrens in der völlig veränderten und auch beträchtlich vergrößerten Stadt dann tatsächlich erlebte, war mehr als nur die Zerstörung eines Traumes. Was hier in den letzten anderthalb Jahrzehnten entstanden ist, erinnert an nordafrikanische Slums. Längst schon sind die Häuser bis zur Punta Alice hinausgewachsen. Ein protziger Lungomare trennt den verdreckten Strand von der verwahrlosten und verlotterten Stadt, die völlig planlos in die alten Ölbaumkulturen und Weingärten vorgedrungen ist. Wahrscheinlich überzieht auch eine rasch errichtete Betondecke heute das kleine griechische Heiligtum, weil sich auch hier wie überall im Süden jeder Grundbesitzer davor hütet, seinen archäologisch wertvollen Boden an die Behörden zu verlieren
Ich habe kein Wort für *Schmutz* mehr! Mir fehlt die Fähigkeit zur genauen Aufzählung aller Sünden gegen die Natur und gegen die Menschlichkeit, die hier begangen worden sind. Ich notiere nur stumm und verzweifelt, daß also auch in Ciró Marina in den letzten Jahren einer verhältnismäßigen Prosperität Lehm- und Bretterbuden und Baracken und baufällige Häuser, die oft nur aus einem einzigen Raum bestehen, errichtet worden sind, gerade so, als hätte man für die Opfer einer Seuche oder eines Erdbebens in aller Eile einige Tausend notdürftige Behelfsheime herstellen müssen. Natürlich keine Kanalisation! Natürlich Fliegenschwärme auch jetzt noch im November! Natürlich Urin schäumend in einigen provisorischen Abtritten, frischer menschlicher Kot, der langsam unter der Sonne trocknet! Natürlich der Gestank im Innersten dieses Labyrinthes unerträglich! Nein, ich habe kein Wort für *Schmutz* mehr. Und mir fehlt auch die Bereitschaft, dieses schamlose und herausfordernde Elend teilnahmsvoll oder mit-

leidig zu betrachten. Ich frage auch nicht mehr nach den Ursachen dieser Miserabilität. Und warum aus einer verträumten Fischer- und Weinbauernstadt fast über Nacht eine riesige Kloake werden kann, in der die Menschen buchstäblich wie Maden durcheinanderkriechen. Ich frage nichts mehr, und ich urteile nicht mehr. Ich nehme nur noch zur Kenntnis. Achselzuckend, fast teilnahmslos. Und abgestumpft von diesen Bildern, die unverändert das heutige Kalabrien beschreiben.

Dann einen Tag lang durch die Sila gefahren. Und sie gerade erst angekratzt, gerade erst über die meerwärts gelegenen Höhenzüge vorgedrungen, auf die riesigen Hochflächen, die jetzt flammend unter dem harten klaren Novemberlicht liegen. Ich war vor allem auf San Giovanni in Fiore neugierig, auf diese alte Hauptstadt der Sila, die ihre Existenz wie so manche andere Stadt in Kalabrien auch einem Mönch verdankt. Ich sehe, daß seit meinem letzten Aufenthalt in San Giovanni in Fiore vor ein paar Jahren ganze Stadtviertel neu hinzugekommen sind. Aber im Zentrum, das wie die übrige Stadt in einen abschüssigen Hang hineingebaut ist, geht das Leben noch seinen gewohnten Gang. Immer noch tragen die alten Frauen ihre eigenartige Tracht, an der vor allem ein merkwürdiges Kopftuch auffällt, das mich an die Kopftracht einer Krankenschwester oder einer Nonne erinnert. Bemerkenswert auch der kurze dunkle Kittel, der von den prallen Rundungen dieser kräftigen und stämmigen Frauen auf sehenswerte Weise ausgefüllt wird. Dazu ein Wams oder Mieder, das in einer ähnlichen Form manchmal noch in den Alpenländern getragen wird. Interessant sind auch die dicken Zöpfe, die man unter den Kopftüchern der Frauen an den Schläfen und am Hinterkopf erkennen kann. Früher einmal haben sie sich ihr Haar mit Tierfett eingerieben, was wahrscheinlich das Flechten dieser Zöpfe erleichtert. Ich kann nicht entscheiden, ob diese Eigenart heute noch üblich ist. Manche Frisur läßt einen solchen Verdacht ohne weiteres zu. Auf meiner Rückfahrt zur Küste sehe ich diese Trachten dann doch noch in Savelli und Campana. Manchmal begegnen mir diese Frauen auch unterwegs in den Bergen. Sie sehen stolz aus, selbstbewußt, und sie haben sich trotz ihres entbehrungsreichen Lebens eine Würde bewahrt, die man unten an der Küste bei den Frauen schon längst nicht mehr antrifft.

Was mir an der alten Gebirgsstadt diesmal besonders auffällt, ist eine lebhafte Geschäftigkeit, die im krassen Gegensatz steht zur düsteren Resignation in den Städten unten an der Küste oder im verwüsteten Marchesato. Fraglos trägt die neuerbaute Schnellstraße, die heute von Crotone quer durch die sogenannte Große Sila nach Cosenza führt, wesentlich zu dieser Konjunktur bei. Denn wo man früher viele Stunden brauchte, um von irgendeiner wichtigen Stadt – Cosenza, Catanzaro, Crotone – über die alten kurvigen Straßen nach San Giovanni in Fiore zu kommen, genügen jetzt tatsächlich fünfzig oder sechzig Minuten rascher Fahrt. Und wahrscheinlich unterscheidet sich auch der Charakter dieser Menschen, die in rund tausend Meter Höhe leben, ganz entscheidend von der trägen Indolenz und der erschlafften Gleichgültigkeit der Menschen unten an der heißen und schwülen Küste. Hingegen halte ich persönlich nur wenig von der Meinung mancher Autoren, daß auch heute noch so etwas wie eine geistige Kraft des einstmals hochberühmten Floriazenserordens das Leben in dieser Stadt entscheidend beeinflußt.

Trotzdem muß in diesem Zusammenhang eine der rätselhaftesten Erscheinungen Süditaliens erwähnt werden, eine Persönlichkeit, wie sie in dieser Form wohl nur hier vorstellbar ist: Joachim von Fiore! Es ist schwierig, ihn ohne jede Exaltiertheit zu beschreiben. Immerhin stellte ihn Dante in seinem *12. Gesang des Paradieses* nahezu gleichberechtigt an seine Seite und nannte ihn »den Kalabresen mit prophetischem Geiste begabt«! Joachim, selbst in der Sila geboren und aufgewachsen, ist der legitime Erbe des heiligen Nilus, dieses großen Begründers der kalabresischen Mönchsbewegung, die vom ionischen Rossano aus ihren Ausgang genommen hat. Aber Joachim war wesentlich mehr als nur ein Nachfolger und Vollstrecker. Ich würde ihn als einen Mystiker bezeichnen, der seine seherische Begabung und seine unleugbaren hypnotischen Kräfte bedenkenlos einsetzte, um seine fraglos radikalen moralischen Forderungen durchzusetzen. Immerhin haben die Franziskaner, die noch im 13. Jahrhundert nachgerade als revolutionär gegolten haben, seine moralischen Maximen bis zu dem Augenblick übernommen, da im Jahre 1255 eine päpstliche Kommission diese Maximen streng zensurierte. Andererseits war der Einfluß dieses von Dämonen und Gesichten besessenen Mönches, der mehreren Fürsten und Kaisern rücksichtslos und genau ihre unheilvolle Zukunft vorhersagte, auf die weltliche Macht seiner Zeit groß genug, daß ihn sowohl Roger,

Graf von Kalabrien, als auch die byzantinische Kaiserin Konstanze und der Staufer Friedrich II. mit weitreichenden Schenkungen bedachten. So entstand auch am 18. Juli 1189 das *Monasterium Florense* hoch oben in der Großen Sila, genau an der Stelle, wo heute San Giovanni in Fiore liegt. Joachim selbst wirkte allerdings meistens von San Demetrio Corone aus, das später dann von Albanern besiedelt worden ist und an den nördlichen Abhängen der Griechischen Sila heute noch eine Art geistiger Schlüsselstellung einnimmt. Denn das von ihm in San Demetrio gegründete Kloster Sant' Adriano, aus dessen abgeschiedener Einsamkeit er regelmäßig die Welt mit seinen Prophezeiungen verunsicherte, ist in späteren Jahrhunderten als ein Konvent eingerichtet worden, das immer wieder eine bedeutende Rolle im geistigen und politischen Leben des Südens gespielt hat.
Ich gehe durch die Straßen von San Giovanni in Fiore, klettere über halbverfallene Treppen, bewege mich im Schatten alter wuchtiger Häuser, die noch im Niedergang ihren früheren Reichtum verraten. Ich versuche mir die Persönlichkeit dieses unheimlichen Mönches vorzustellen, der seinen Zeitgenossen immer die Wahrheit sagte, auch wenn sie unangenehm war oder grausam. Und ich begreife, daß die offizielle Kirche auf eine solche Erscheinung mürrisch reagierte. Ich beginne aber auch manche Zusammenhänge zu verstehen, die zwischen der würgenden Not Kalabriens und der Unfähigkeit einer Oligarchie bestehen. Und warum in diesem Land, das mich immer wieder schmerzhaft an einen erloschenen Stern erinnert, die großen Revolutionäre des Glaubens und des Geistes letztlich auf so erbarmungswürdige Weise scheitern mußten. Pythagoras aus Kroton, Campanella aus Stilo, eine so ehrwürdige Figur wie die des heiligen Nilus aus Rossano oder auch Joachim von Fiore: Sie alle setzten etwas in Gang, brachten Bewegung in die erstarrten Verhältnisse, wollten mit allen Mitteln eine entscheidende Veränderung. Aber sie scheiterten. Ihr Scheitern war bloß nicht immer so spektakulär wie das des Pythagoras, sondern setzte nach ihrem Tod ein, weil die Menschen in diesem Land nicht fähig waren und sind, das große Vorbild zu begreifen. Und weil die herrschende Oligarchie in diesem Land aus Gründen, die sowohl mit dem verhängnisvollen Anspruch auf Macht als auch mit elender Dummheit zu tun haben, nicht fähig war und ist, dieses große Vorbild in ihr eigenes be-

schränktes Programm aufzunehmen. Und für mich ist es überhaupt kein Zufall, daß sich zumindest in Kalabrien eigentlich nur der Mythos von Serra San Bruno bis auf den heutigen Tag erhalten hat. Denn dort herrscht das Schweigen, das nicht nur Gott gefällig ist, sondern auch den Kräften in diesem Land gefällt, die von der Dürftigkeit der Verhältnisse und der Mutlosigkeit der Menschen profitieren.

Dabei bin ich mir der Schönheit und der Kraft Kalabriens durchaus bewußt! Ich denke zum Beispiel an Catanzaro, das während der Bourbonenzeit ein berüchtigtes Widerstandszentrum gegen die verhaßte Fremdherrschaft war. Es dürfte nur wenig bekannt sein, daß hier schon im 18. Jahrhundert der legendäre neapolitanische Geheimbund der Carbonari zumindest zeitweise entschieden für die Ideale der Freiheit eintrat! Was für ein Abstieg zum heutigen Syndikat widerlicher Profiteure und rücksichtsloser Gangster, die sich im privaten Gespräch allen Ernstes auf die Tradition der Carbonari berufen! Gleichfalls so gut wie unbekannt dürfte die erstaunliche Tatsache sein, daß die weltberühmten französischen Seidenweber und -färber das lukrative Geheimnis ihres Handwerkes einmal aus Catanzaro übernahmen. Denn seit ältester Zeit schon, mindestens seit den Jahrhunderten byzantinischer Verwaltung, wurde hier der berühmte grüne Damast hergestellt, handelten die Juden von Catanzaro mit den Erzeugnissen aus den Seidenwebereien Catanzaros in ganz Europa, und angeblich waren es auch Juden, die im Jahre 1470 nach Frankreich reisten, wo sie ihre französischen Freunde aus Gründen, die ich nicht kenne, in die geheimnisvolle Kunst der Herstellung von Seide einführten. Ich denke aber auch an Taverna, das sich an den dichtbewaldeten Abhängen der Kleinen Sila hinzieht, heute eine trostlose und nicht zuletzt auch durch ihre Armut bedeutungslose Kleinstadt, aber noch im 16. und 17. Jahrhundert Sitz eines Bischofs und dann vor allem auch Heimatstadt eines der bedeutendsten italienischen Barockmalers: Mattia Preti, der hier im Jahre 1613 geboren wurde und dann als *Cavaliere Calabrese* achtunddreißig Jahre lang auf Malta lebte, wo er für die Malteserritter tätig war.

Ich bin diesmal nicht nach Taverna gekommen, aber ich erinnere mich noch genau an meinen letzten Aufenthalt vor etwas mehr als einem Jahrzehnt. Es war damals einer dieser erschreckenden kalabresischen Sommertage, deren unzumutbare Hitze die Menschen von den Feldern und Straßen vertreibt. Ich war von Catanzaro hinaufgefahren, es war gegen Mittag, ich empfand das dringende Verlangen nach Flüssigkeit und Schatten, aber die wenigen winzigen Lokale, die ich entdeckte, blieben hartnäckig verschlossen. Schließlich flüchtete ich vor der erbarmungslosen Sonne in die nächste Kirche. Ich weiß heute nicht mehr, ob es *San Domenico* oder *Santa Barbara* war. Ich weiß nur, daß ich plötzlich mitten in einer Orgie von glühenden Farben stand, die im Halbdunkel der Kirche und später dann auch der Sakristei, in die ich ungehindert eintreten konnte, geheimnisvoll von den Wänden leuchteten. In meiner Erinnerung sehe ich immer noch diese fleischigen Farben vor mir, die damals meinen schmerzenden Kopf ausfüllten. Ich stöberte dann in der Sakristei ein wenig herum und fand schließlich in einem Winkel eine ganze Reihe von ungerahmten Gemälden des *Cavaliere Calabrese*, die ich ohne weiteres hätte einrollen und mitnehmen können. Denn die ganzen anderthalb oder zwei Stunden, die ich mich an jenem wahnwitzig heißen Sommertag in Taverna aufhielt, begegnete ich keinem einzigen Menschen. Schwer vorstellbar, daß sich die Leute von Taverna noch im 16. Jahrhundert äußerst gewandt über lateinische und griechische Literatur unterhalten haben sollen und für ihre Gastfreundschaft berühmt gewesen sind. Andererseits höre ich, daß man inzwischen die wertvollen Bilder Mattia Pretis gesammelt und in den Kirchen von Taverna aufgehängt hat.

Ich bin jetzt wieder ans Meer zurückgekehrt, immer noch den Widerschein der flammenden Höhenzüge und Berge im Gedächtnis. Lange schwermütige Stunden der äußersten Einsamkeit. Das wilde Glühen der endlosen Laubwälder. Die Straßen gesäumt von Ginster. Manchmal weit entfernt der fleckige Schatten einer Stadt auf einem hochaufragenden Hügel. Manchmal leere Bauerngehöfte. Was für ein Herbst! Die Luft ist von durchdringender Schärfe und so klar, daß man von den höchsten Pässen buchstäblich viele hundert Kilometer weit sehen kann. Was für ein Panorama! Hügelkette geht in Hügelkette über, die abgestumpften Gipfel der Berge reichen bis an den Horizont. Auf der Rückfahrt zur Küste sehe ich das Meer dunkelblau und türkisfarben schon Stunden vorher verheißungsvoll schimmern. Ich bin wie von einem Zauber umfangen und vergesse völlig, daß ich mich hier in einer der ärmsten und rückständigsten Landschaften Kalabriens befinde. Erst in Cariati und dann wieder in Ciró Marina wird mir bewußt, daß ich viele Stunden lang nur deshalb an ein Märchen glauben konnte, weil ich ein flüchtiger Reisender bin, unterwegs von Sehenswürdigkeit zu Sehenswürdigkeit und die Stationen des Elends dazwischen nur aufzählend und beschreibend.

Nach den Tagen in der Sila nehme ich in einem der vielen neuen Hotels, die es seit ein paar Jahren am Ionischen Meer gibt, für einige Tage Quartier. Dieses Hotel liegt an der Küste von Rossano und ist wie alle anderen Gasthöfe in diesem Land voll von abenteuerlichen Widersprüchen. Ich habe mich an die abrupte Freundlichkeit dieser Menschen inzwischen genauso gewöhnt wie an ihre rätselhafte Hilflosigkeit, wenn sie sich hilfreich oder einfach geschäftstüchtig erweisen sollten. Es scheint gegen ihre Natur zu sein, einem Fremden gegenüber nur höflich und korrekt aufzutreten. Immerhin erlebe ich in diesem Hotel, daß man mein Zimmer bereits am frühen Nachmittag aufräumt. Mein Zimmer geht direkt auf die beiden Türme eines Elektrizitätswerkes von gigantischen Ausmaßen hinaus, das mit Meerwasser gespeist wird. Der Fortschritt scheint unaufhaltsam! Dafür begegnet man unterwegs immer noch diesen Schicksalen, die wie aus einem anderen Zeitalter anmuten. In den großen Bauernstädten, oft nur ein paar Kilometer landeinwärts von der verhältnismäßig zivilisierten Küste, finden heute wie vor hundert Jahren Tragödien statt, deren auslösende Anlässe anderswo als in Kalabrien kaum der Rede wert wären. Hier aber zerstört oft eine einzige unbedachte Äußerung oder ein Augenblick der Leidenschaft ein ganzes Leben. Die alten Moralvorstellungen sind tatsächlich noch von dieser starren Unmenschlichkeit, die mich zum Beispiel immer vorsichtig sein läßt, wenn von der beispielhaften Tugend der mediterranen Gesellschaft die Rede ist. Welche Rolle dabei die allmächtigen Priester spielen, wage ich nicht zu entscheiden.

Übrigens lese ich bei Norman Douglas, dessen *Reisen in Süditalien* ich unterwegs manchmal mit Vergnügen lese, daß schon zu seiner Zeit, also bald nach der Jahrhundertwende, die Kalabresen ihr Unbehagen an den herrschenden Verhältnissen an Hauswänden und Straßenmauern veröffentlicht haben: »Abasso questo paese sporco incivile!« Das dramatische *Porca Miseria* des Jahres 1977 hat hier seinen Vorläufer. »Nieder mit diesem dreckigen unkultivierten Land!« Nachdenklich ver-

gleiche ich die von Douglas beschriebenen Zustände mit den Verhältnissen von heute und entdecke eine ganze Reihe von beschämenden und auch grausamen Zusammenhängen! Ich gehe sogar noch einen Schritt weiter und behaupte, daß in gewisser Hinsicht ein Rückschritt feststellbar ist. Es klingt vielleicht sonderbar, aber dadurch, daß die Lebenserwartung und die Ansprüche an das Leben auch in Kalabrien ganz allgemein gestiegen sind, hat sich die Situation der Menschen nur verschlechtert. Ich sage nichts mehr über den Schmutz in den Straßen der Städte und Dörfer. Und auch nichts mehr über die katastrophale Situation auf dem Arbeitsmarkt oder über die verzweifelte Diskrepanz dessen, was die Kinder der Landarbeiter und Kleinbürger in den Schulen lernen und was dann tatsächlich die kalabresische Wirklichkeit ausmacht. Aber die meisten dieser Menschen lesen heute Zeitungen oder verfügen über Fernsehen und wissen daher, was in der Welt vor sich geht. Sie sind also sozusagen täglich imstande, ihre eigene Situation, ihre eigene Miserabilität und ihre eigene Ausweglosigkeit an den Verhältnissen zu messen, die jenseits von Kalabrien selbstverständlicher Alltag sind. Was für ein frustrierender Gedanke, sich vorzustellen, wie die Menschen in Longobucco, Ciró Marina oder in Stróngoli allabendlich im Fernsehen den Luxus und die Verhaltensweisen unserer Gegenwart vorgespielt erhalten und dabei selbst noch wie in einem fremden verlorenen Jahrhundert leben. Mir ist es seit Jahren schon unbegreiflich, warum sie sich nicht einfach aufmachen und ihr Schicksal selbst in die Hand nehmen. Aber ich weiß natürlich, daß dies eine törichte Forderung ist. Denn welche Chancen hat ein Mensch auf einem erloschenen Stern? Und was bewahrt ein Volk, dessen Kraft wahrscheinlich schon vor Jahrhunderten endgültig zerbrochen worden ist, vor seinem blindwütigen Glauben an die falschen Götter?
Ich werde mich freilich hüten, meine recht eigenwillige Meinung über diese falschen Götter ausführlich zu erklären! Ich halte es da, natürlich meiner Situation angepaßt, mit dem dämonischen Abt Joachim von San Giovanni in Fiore, dessen Grab sich in der unterirdischen Krypta des alten Friedhofs der Mönche befindet und heute längst schon vergessen ist: Er hat vor rund achthundert Jahren der neutestamentarischen klerikalen Kirche zugunsten strengen und zuchtvollen mönchischen Geistes jede Daseinsberechigung abgesprochen. Aber

seine genau akzentuierte Forderung nach einer neuen Sittlichkeit blieb damals bereits ohne Echo, wenn man vom raschen Widerspruch der offiziellen Kirche absieht. Heute wirkt sie wie ein Orakel, dunkel und geheimnisvoll, obgleich die Wahrheit, die dieser Forderung zugrunde liegt, offen ist wie eine Wunde, die seit mehr als tausend Jahren nicht abheilen will. Der prophetische Abt hat von der Bergwildnis der Sila aus das unheilvolle Wesen dieser Wunde erkannt und vom Ende der klerikalen Kirche und auch vom Ende der Welt gesprochen. Seine Weissagung war so schrecklich wie das Land, aus dem sie kam. Vielleicht ist es ganz gut, daß wir längst schon vergessen haben, wie sich die meisten seiner Prophezeiungen buchstabengetreu bewahrheitet haben.

Das sybaritische Erbe

Es gibt im Mittelmeerraum manchmal noch Schauplätze, auf denen sowohl die abendländische Kultur im besonderen als auch die menschliche Zivilisation im allgemeinen diese ganz bestimmten Formeln und Chiffren erfahren hat, von denen wir auch heute teils unbewußt und zum Teil durchaus absichtsvoll abhängig sind. Es gibt sie noch, selten genug zwar, diese geistigen Zentren unserer Existenz, auch wenn eine solche Behauptung sich ein wenig herausfordernd oder sogar pathetisch anhört. Und als ich zum erstenmal zum Kloster Patir – oder wie es früher einmal hieß: Patirion – hinauffuhr, vorbei an wilden Zyklamen und Erdbeerbäumen, hinauf über einen schotterigen und kurvenreichen Güterweg, der wie eine frische Wunde im dunklen üppigen Grün der zahllosen Kastanienbäume und Aleppokiefern leuchtete, da war mir – lange bevor ich das mehr als sechshundert Meter über dem Ionischen Meer gelegene Plateau in der Griechischen Sila erreichte – sehr wohl das Bedeutsame dieser Pilgerfahrt bewußt. Denn eine private Pilgerfahrt war es, was mich unten von der neuen kalabresischen Staatsstraße bei Rossano an einem strahlenden und sich rasch erwärmenden, erhitzenden Novembermorgen hinaufführte in die einsame Wildnis der Berge. Und mit jeder neuen Serpentine, die immer andere und überraschendere Ausblicke auf die Ebene von Sibari und auf das blauschimmernde Ionische Meer ermöglichte, mit jedem Kilometer, den

ich auf der sandigen und zerfurchten Straße zurücklegte, begriff ich das Besondere und vielleicht sogar Einmalige dieser Pilgerfahrt, die mich zu den Ursprüngen unserer geistigen Existenz bringen sollte.
Beschreibe ich meine eigene Erinnerung zu emphatisch? Erliege ich vielleicht einer Selbsttäuschung, weil die reine und dabei doch zwecklose Schönheit der Landschaft mich nicht nur beeindruckte, sondern auch verwirrte? Nein, ich glaube es nicht! Und ich will zumindest versuchen, nur das Gesehene, nur das, was ich an diesem heißen Novembermorgen empfand und erlebte, buchstabengetreu zu notieren, sozusagen Momentaufnahmen niederzuschreiben, die eine unverwechselbare Landschaft und eines der großen Abenteuer menschlichen Geistes nachvollziehend darstellen sollen.
Wilde Zyklamen also, die büschelweise den Karrenweg begleiten, diese seidig glänzenden und blaßvioletten Blüten, die in Mitteleuropa längst schon so gut wie ausgestorben sind. Weiter unten in der langsam ansteigenden Ebene Tausende von wolkigen Ölbäumen. Dann die ersten riesigen Kastanien und Eichen, die sich von der Hälfte des Weges an zu einem undurchdringlichen Dschungel verdichten. Dazwischen immer wieder große und fleischige Farnkräuter, die wie dunkelgrüne Zungen übers staubige Weiß des Karrenweges hängen, natürlich die Myrte, natürlich der unvermeidliche Thymian und die hochgewachsenen dichten Ginsterstauden. Das Meer leuchtet herausfordernd. Im Nordosten, tief unter mir, liegt die große graugrüne Arena der Ebene von Sibari wie auf einer leicht verschmutzten Leinwand ausgebreitet, dahinter die dunklen Konturen des Monte Pollino, dieser beinahe ockerfarbenen Berge, die Kalabrien vom übrigen Italien abschirmen. Unterwegs noch eine kleine, notdürftig errichtete Kapelle mit einem mühsam gemalten Bildnis der Madonna, das mich streng anstarrt, das rätselhaft ist in seiner rührenden Primitivität und mir wie aus einem anderen Zeitalter erscheint. Schafhirten, Wegmacher, Holzknechte haben diesen winzigen Rundbau errichtet, haben die Steine geschlichtet und die Wölbung geformt, in der noch die unverkennbaren Spuren heidnischer Mythen zu sehen sind. Das Volk glaubt an seine katholischen Heiligen, beschreibt sie aber gelegentlich auf eine Weise, die aus dunklen Quellen herrührt und mit abergläubischem Zauber zu tun hat, mit der magischen Furcht vor dem bösen Blick

und mit diesen zahllosen mythischen Zeichen, deren tatsächliche Bedeutung freilich vor vielen Generationen schon verlorengegangen ist.
Oben auf dem Plateau die selbstvergessene Einsamkeit einer Landschaft, die sich unendlich weit von der wirbelnden Welt zurückgezogen hat, obgleich von hier aus die Ebene mit den Straßen und der Eisenbahnlinie hinauf nach Tarent und auch mit den beiden mächtigen Schornsteinen des Kraftwerkes von Rossano genau zu erkennen ist, fast zum Greifen nah, und ich einen Augenblick lang erstaunt bin, daß ich keine Geräusche heraufhöre.
Die berühmte Kirche von Patir, das Ziel meiner Pilgerfahrt, steht am Rande dieses Plateaus. Daneben die rostbraunen Ruinen des ursprünglichen, wesentlich älteren Klosters. Hunde nähern sich mir vorsichtig. Irgendwo höre ich Stimmen. Später wird ein Arbeiter der staatlichen Forstverwaltung aus dem Dschungel der Griechischen Sila auftauchen und mich fragen, aus welchem Land ich komme. Und er wird mir den Weg beschreiben, der seit fast dreitausend Jahren über die Hügel und durch die Schluchten vom alten griechischen Sybaris südwärts führte und der schon seit vielen hundert Jahren in keiner Karte mehr eingezeichnet ist.
Aber jetzt trete ich in die alte mächtige Kirche ein und stehe plötzlich vor Mosaiken, deren Farben, Formen und Figuren mich fremdartig begrüßen, kalligraphische Zeichen, die mich blicklos prüfen, mich beobachten mit ihrer basiliskenhaften Blindheit. Daneben arabische Muster, Zeichnungen, streng und geometrisch, ein Ornament aus Mosaiken, das von unbekannten Mythologien erzählt, das einen Glauben, den heute fast niemand mehr kennt, ausdrucksstark beschreibt. Die Sonne fällt durch die winzigen Fenster, die hoch oben ins verwitterte Gemäuer eingelassen sind, schräg ins Innere der dämmerigen Kirche. Unter ihrem zitternden Licht treten dicke Säulen hervor, werden Einzelheiten deutlich, gewinnt dieser große gewölbte Bauch, durch den ich nur zögernd gehe, eine irritierende Bedeutung. Ich beginne allmählich das Abenteuer dieser Religion zu begreifen, die hier am Rand der Griechischen Sila immer noch viel mit intelligenter Nachdenklichkeit zu tun hat, mit dieser demütigen Haltung des Geistes, der sich sowohl seiner Größe als auch seiner Hinfälligkeit bewußt ist. Hier wird nicht im verwirrenden Weihrauchnebel mit Gott geschwätzt,

als ob man sich mit seinesgleichen unterhält. Hier wird auch nicht so getan, als ob man ganz genau wüßte, wer dieser Gott in Wahrheit ist! Ein einziger nachdenklicher Blick auf die rätselhaften Inhalte der Mosaike genügt, damit man zu überlegen anfängt, ob Gott möglicherweise nicht doch viele Namen haben könnte.

Draußen schlägt die Novembersonne auf das Kirchendach, preßt sie ihre erhitzte Sinnlichkeit gegen die Wölbungen des byzantinischen Gemäuers. Draußen stehen die Ruinen des alten Basilianerklosters im Schatten dünner melancholischer Zypressen. Und die Hunde flüchten sich unter meinen Wagen, von wo aus sie den Himmel betrachten, der jetzt im November noch flüssiges Feuer auf die ausgetrocknete Erde regnen läßt.

Man wird von mir eine Erklärung fordern für die Ergriffenheit, die ich hier erzähle! Man wird wissen wollen, was aus dieser Handvoll alter und kunstvoll behauener Steine plötzlich einen Mythos werden läßt, der unbegreiflich ist! Man wird sich vor allem nicht zufriedengeben wollen mit meinem zögernden Hinweis auf die Schönheit dieses Augenblicks, weil die Faszination durch eine Landschaft oder durch die kompromißlose Härte und Klarheit des südländischen Lichtes noch nicht genügt, daß man einen schotterigen Karrenweg im Widerschein des Ionischen Meeres benützt und sich in diesem abgelegensten Teil des abgelegenen Kalabrien auf die mühsame Spurensuche nach einer Vergangenheit begibt, die wie in dünnem Rauch verborgen liegt! Und während ich diese Sätze schreibe, weiß ich auch schon, daß jede Erklärung immer nur provisorisch sein kann, weil Patirion mit Rossano zusammenhängt, weil Rossano mit Corigliano Cálabro zu tun hat, weil das alles, was ich hier beschreibe, wiederum mit Sybaris und Thurioi und vor allem mit diesem unendlich weit zurückliegenden und dabei doch allgegenwärtigen griechischen Mythos zu tun hat, weil hier die Erfahrung kappadokischer Höhlenkirchen und armenischer Klöster mitspielt, weil auf diesem Plateau von Patirion, das wie eine farbige Wolke über dem Ionischen Meer hängt, dreitausend oder viertausend Jahre mediterraner Geschichte ihre Abdrücke hinterlassen haben.

Also die Fakten: Santa Maria del Patir, abgezählte acht Kilometer von der alten kalabresischen Staatsstraße und sechzehn von der neuen Autostraße unten in der Ebene entfernt und etwas mehr als sechshundert Meter hoch gelegen, ist offiziell ums

Jahr 1105 von einem Mönch oder Abt namens Bartolomeo von Símeri gegründet worden. Im Jahre 1672 – diese Jahreszahl findet sich auch über dem Hauptportal eingemeißelt – mußte die Kirche völlig neugestaltet werden, weil Brände und Erdbeben den ursprünglichen Bau verwüstet hatten. Eine weitere Renovierung erfolgte 1836, nachdem wiederum ein schweres Erdbeben diesen Teil Kalabriens heimgesucht hatte. Das Kloster selbst war vor allem durch die Herstellung und den Vertrieb von Hand- und Bilderschriften, die nach griechischem Muster gefertigt wurden, weit über Italien hinaus berühmt und verfügte lange Zeit auch über eine eigene Handelsflotte, die diese ebenso frommen wie kostbaren Produkte in alle christlichen Häfen des Mittelmeeres brachte. Die Schiffe der geschäftstüchtigen Mönche ankerten unten an der Küste vor Rossano, wo heute die ersten Hotels und Strandbäder entstehen.

Das also ist die übliche Darstellung der Geschichte Patirions! Und obgleich es an dieser Biographie eigentlich nichts auszubessern gibt, muß ich doch hinzufügen, daß sie nicht nur lückenhaft, sondern auch in einem ganz bestimmten Sinn irreführend ist! Damit ich aber diese irreführenden Lücken schließen kann, muß ich zuerst Rossano erwähnen und in der weiteren Folge einige völlig unbekannte Dörfer und Städte in der Griechischen Sila sowie schließlich auch das seit fünfundzwanzig Jahrhunderten vom Erdboden verschwundene griechische Sybaris, dessen Name sich in der kleinen Ortschaft Sibari, die unten in der gleichnamigen Ebene liegt, erhalten hat. Ich muß ein paar abenteuerliche Geschichten erzählen und sagenhafte Vermutungen anstellen und im übrigen immer wieder auf Zusammenhänge verweisen, deren tatsächliche Bedeutung man vielleicht nur dann ganz genau verstehen kann, wenn man den Schauplatz all dieser Legenden und Geschichten aus persönlicher Erfahrung kennt.

Zuerst Rossano: Heimatstadt von zwei Päpsten und einem Gegenpapst, hochberühmt seit den römischen Anfängen, immer heftig umkämpft, erobert und verwüstet, darunter auch von den Ostgoten unter Totila, dann die byzantinische Hauptstadt ganz Kalabriens, später Schauplatz einer obskuren Gelehrten- und Dichterakademie und heute längst schon weltberühmt durch den *Codex purpureus*, der als ältestes griechisches Evangeliar gilt, mindestens aus dem 6. Jahrhundert stammt und im erzbischöflichen Palast der alten Stadt aufbewahrt wird. Der Stahlschrank, der diese kulturhistorische Kostbarkeit enthält, wird freilich äußerst selten geöffnet, so daß es nur wenige Augenzeugen geben dürfte, die diese in leuchtenden Farben gemalten Miniaturen aus eigener Anschauung kennen. Erstaunlich daran ist vielleicht auch, daß diese berühmteste aller alten Handschriften (sie enthält Szenen aus dem Neuen Testament, darunter die älteste Darstellung des Abendmahles) erst vor rund hundert Jahren von zwei deutschen Wissenschaftlern (Gebhardt und Harnack) wissenschaftlich entdeckt worden ist, und zwar im März 1879, als die beiden Gelehrten eine ausführliche Abhandlung über diese Rarität publizierten. Ebenso erstaunlich aber ist, daß man noch immer nicht genau weiß, wie diese kostbare Handschrift nach Rossano gelangte, und die Behauptung einiger älterer Autoren, daß der *Codex purpureus* wahrscheinlich im Kloster Patirion entstanden sei oder sich wenigstens lange vor Rossano in der einstmals berühmten Bibliothek dieses Klosters befunden habe, ist nicht ganz von der Hand zu weisen.

Denn *Patirion* ist keineswegs, wie man das heute offiziell in allen Reisehandbüchern erklärt, erst um 1105 errichtet worden, sondern war nachweisbar schon im 10. Jahrhundert das wichtigste geistige und religiöse Zentrum dieses östlichen und damals unumstrittenen byzantinischen Teils von Kalabrien. Und wenn man sich die Mühe macht, ältesten Überlieferungen nachzuspüren, dann erfährt man auch, daß *Patirion* wahrscheinlich das Hauptkloster einer Kolonie von mindestens dreizehn Basilianerklöstern war, die ihrerseits im Raum von Rossano auf die Höhlen von Einsiedlern zurückgingen, von frommen Eremiten, *deren Behausungen wie Waben in den warmen Hängen lagen, die aufs Ionische Meer blicken.*

Über einige dieser Einsiedler und Bauernheiligen gibt es sogar ziemlich genaue Aufzeichnungen, denen wir entnehmen können, daß es sich dabei seit dem 7. und 8. Jahrhundert vornehmlich um griechische und auch armenische Mönche handelte, die aus Kleinasien und der östlichen Levante geflüchtet waren. In einem Fall wird uns berichtet, daß ein Eremit im Alter von 94 Jahren von räuberischen Sarazenen getötet wurde, die dann durch irgendeinen Zufall bemerkten, daß sein Leichnam jede Flüssigkeit, mit der er in Berührung kam, in eine rasch wirkende Medizin gegen Zahnschmerz verwandelte. Dieses

Wunder soll sich im 9. Jahrhundert zugetragen haben. Und um die gleiche Zeit lebte in der Gegend von Rossano und *Patirion* – diese beiden bemerkenswerten Schauplätze unserer Geschichten liegen nur wenige Kilometer voneinander entfernt – ein berühmter und von den Bauern heiligmäßig verehrter Mönch, der angeblich imstande war, jedes Gewässer trockenen Fußes zu durchschreiten. Wie weit dieses spektakuläre Wunder mit der sprichwörtlichen Scheu all dieser Eremiten und frühen Mönche vor Wasser zu tun hat, will ich freilich nicht beurteilen. Jedenfalls ist es eine historisch beglaubigte Tatsache, daß in den Höhlen und Schluchten rund um das heutige Patir etwa seit dem 6. Jahrhundert – als Rossano bezeichnenderweise ein Zentrum der byzantinischen Orthodoxie wurde! – zahlreiche Einsiedler und später auch erste Klostergemeinschaften existierten, deren erklärtes Ziel es war, hier einen zweiten Berg *Athos* entstehen zu lassen. Immerhin erwähnte noch im Jahre 1691 ein eifriger italienischer Chronist, daß es in Kalabrien von einstmals mehr als zweihundert Basilianerklöstern noch vierundneunzig gäbe!
Es sind merkwürdige Geschichten, die ich erzähle! Und es sind eigenartige Zusammenhänge, die ich zu erklären versuche! Ich muß zum Beispiel noch das riesige altersgraue Kruzifix erwähnen, vor dem ich oben in der Kirche von Patir an diesem heißen Novembertag lange stand, nachdenklich das zerrissene Holz nach den Spuren einstiger Wundertätigkeit absuchend, denn noch bis in die zweite Hälfte des vorigen Jahrhunderts sind die Bauern dieser Gegend scharenweise nach Patir gepilgert, um das schwere dunkle Holzkreuz inbrünstig anzubeten, dieses Symbol Christi, von dessen wundertätiger Kraft man jahrhundertelang überzeugt gewesen war. Dieses Wunderholz scheint im 20. Jahrhundert seine Bedeutung verloren zu haben. Dafür gibt es drüben in Rossano in der verhältnismäßig modernen Kathedrale die sogenannte *Panaghia archiropita,* ein schlichtes Madonnenbild, das nicht von irgendeinem Maler oder überhaupt von Menschenhand gemalt worden ist, sondern durch die Zauberkraft der Engel entstand, die wahrscheinlich in Patirion dieses einzigartige Kunstwerk vollendet haben. Eine weitere Übereinstimmung findet sich im byzantinischen Stil der tausendjährigen Kirche von San Marco in Rossano und der Klosterkirche von Patirion. Und wie weit der legendärste aller kalabresischen Heiligen, nämlich der in Rossano geborene

Nilus (910–1005) mit dem uralten Basilianerkloster in Verbindung gebracht werden kann, bleibt letztlich unserer Phantasie überlassen. Immerhin war er gleichsam der Protagonist einer Mönchsbewegung, die bis ins 11. Jahrhundert ganz Süditalien zumindest geistig und in religiöser Hinsicht beherrschte und für die Entstehung all dieser Klöster sorgte, deren Ruinen heute wie Schatten quer durch Kalabrien stehen. Übrigens soll dieser heilige Nilus dafür verantwortlich gewesen sein, daß dieses überirdische Bildnis der Madonna Archiropita nach Rossano gelangte, denn als zu seinen Lebzeiten wieder einmal die Sarazenen die wohlhabende Stadt belagerten, erschien plötzlich auf das flehentliche Bitten des Heiligen die Madonna in einem purpurfarbenen Gewand und schwang eine lodernde Fackel gegen die völlig überraschten Piraten, die verwirrt vor dieser Erscheinung flüchteten. Demnach kann man also ohne weiteres annehmen, daß dieses auf Holz oder auch Stein gemalte Bildnis – die Meinungen darüber gehen auseinander – ursprünglich in Patirion beheimatet gewesen ist.

Aber was hat das alles mit dem griechischen Sybaris zu tun, wird man mich fragen! Nun, in dieser reichsten aller italienischen Griechenstädte, die im 8. vorchristlichen Jahrhundert entstanden ist, lebten im Augenblick der Zerstörung von Sybaris durch die Krotoniter mindestens dreihunderttausend Menschen, wobei die Sklaven noch nicht einmal mitgerechnet sind. Diese vollständige Vernichtung ereignete sich im Jahre 510 vor Christus, nachdem es an der Mündung des heutigen Flusses Trionto zu einer blutigen Schlacht zwischen Sybariten und Krotonitern gekommen war. Es ist nun wenig wahrscheinlich, daß die gesamte Bevölkerung des besiegten Sybaris umgebracht wurde. Und man muß sich also fragen, wohin die Überlebenden flüchteten, wo sie sich neu ansiedelten und damit neue Städte gründeten.

Die Veränderung der Wirklichkeit

Tarent oder Die Veränderung der Wirklichkeit

Das war vor ziemlich genau hundert Jahren, daß man in Europa allgemein fand, eine Reise nach Tarent wäre mit zu großen Schwierigkeiten verbunden. Und noch um die Jahrhundertwende betrachtete der unvergleichliche Norman Douglas die Tarentiner mit einigem Mißtrauen, denn, wie er urteilte: *Dreißig Jahrhunderte Muschelessen muß notwendigerweise den physischen Charakter eines Volkes ungünstig beeinflussen!* – Der große Gregorovius wiederum nannte die Stadt *schmutzig* und *abstoßend*, vergaß aber nicht darauf hinzuweisen, daß die Ursprünge Tarents von Göttersagen verhüllt wären. Und Guido Piovene, ein italienischer zeitgenössischer Beobachter, meinte lapidar: »Tarent hat seinen Umfang innerhalb von zwanzig Jahren verdoppelt, und wie in Bari spielt sich das Leben hauptsächlich in den neuen Stadtteilen ab. Nur hat Bari einen eher nördlichen Charakter mit geringem Straßenleben und einem zurückhaltenden, verschlossenen Ausdruck. Tarent hingegen ist voll Leben und Bewegung, hier atmet man eine beglückende, anregende Luft, eine Luft, die wie Gesang ist.«

Molle Tarentum ... das genußsüchtige müßiggängerische Tarent, diese Stadt legendärer Freuden, wo sogar ein Erzbischof des 18. Jahrhunderts an seinem Palast die Inschrift anbringen ließ: »Wenn Adam hier gesündigt hätte, so hätte ihm Gott vergeben!« Was für ein Ort für die Biographie der Illegitimität, denn als vor mehr als zweieinhalb Jahrtausenden die Frauen der kriegerischen Spartaner – die damals unentwegt Messenien unterwerfen mußten – sich in ihrem geschlechtlichen Elend mit den daheimgebliebenen Heloten einließen und ihnen Bastarde schenkten, schlug zugleich auch schon die Geburtsstunde Tarents. Irgendwann kehrten die Spartaner ja heim, irgendwann begriffen sie ja, daß da nicht alles mit rechten Dingen zugegangen sein konnte, und irgendwann vertrieben sie diese herangewachsenen Bastarde. Oh ja, Konspirationen und das berühmte Orakel von Delphi spielen da auch noch mit hinein, tatsächlich aber begründete Palanthos – der Führer dieser illegitimen und vertriebenen Söhne der Spartaner – im Jahr 707 vor Christus die Stadt, die er Taras nannte. Und wenn man heute Münzen aus den Anfängen Tarents betrachtet, entdeckt man diesen Palanthos, reitend auf einem Delphin...

Von alldem freilich wußte ich so gut wie nichts, als ich das erstemal nach Tarent kam; ich war damals noch ein halbes Kind, und die Stadt zwischen den beiden Meeren schien auf ihren endgültigen Untergang zu warten. Die Werften waren zerstört, im Kriegshafen – wo am 11. November 1940 britische Flieger die drei größten Schlachtschiffe der italienischen Marine zerstört hatten, und im September 1943 der italienische Marineminister den Engländern die Reste seiner Flotte übergeben hatte –, im Kriegshafen also lagen noch Wracks, und die Stadt selber – aus vielen Wunden blutend – lag wie ein gestrandeter sterbender Wal zwischen dem *mar piccolo* und dem *mar grande.* Das alles kümmerte mich wenig. Dafür trieb ich mich tagsüber in der Altstadt und unten am Fischerhafen herum, zerbrach die hier gezüchteten schwarzen Muscheln, wühlte in den *frutti di mare,* machte mich bei Sonnenaufgang schon bei den Fischständen nützlich, schleppte Kisten voll Seezungen, Doraden und Austern in die winzigen Restaurants auf der anderen Straßenseite, wohnte in einem halbverfallenen dunklen Gasthaus am Ausgang der Altstadt, und wenn ich früh gegen vier erwachte, sah ich die Fischhändler aus dem Hinterland mit ihren klapprigen Motorfahrzeugen unten auf der winzigen Piazza vor der Bar stehen, ihren obligaten Espresso und den dazugehörenden Grappa trinkend und auf die Kähne der Fischer wartend, die langsam in den Hafen tuckerten. Alles roch damals nach Fisch hier in der Altstadt von Tarent: das wackelige alte Gasthaus, in dem ich untergebracht war, die schmalen Gassen und *calli,* die manchmal nur winzige Spalte und Durchschlüpfe zwischen den Häuserreihen waren, und selbst beim Friseur unten auf der Piazza, wo ich gelegentlich meinen frühreifen Bart abschaben ließ, duftete es nach Fisch und Muscheln, nach *frutti di mare* und gesottenen Seezungen. Erst viel später begriff ich, daß man selbst hier im ärmsten und ältesten Teil dieser sagenhaften Stadt einem besonderen Luxus frönen durfte und daß die Tarentiner Küche dieses merkwürdige Wort des Erzbischofs aus dem 18. Jahrhundert überhaupt

erst ermöglicht. Man meine in dieser schwerelosen Stadt am Meer, daß man nach den Takten irgendeiner Musik atme, hat ein begeisterter Italiener einmal erklärt. Ob er an die Tarentiner Fischsuppen gedacht hat, an die Krevetten mit drei Soßen, Fisch mit Oliven, an die frischen Austern mit Zitrone und an den goldgelben apulischen Wein?
Einige Jahre nach dieser ersten Bekanntschaft mit Tarent war ich aus Kalabrien gekommen; am alten kleinen Bahnhof der Stadt verbrachte ich eine unruhige armselige Nacht, und erst in den frühen Morgenstunden wanderte ich hinein in die Stadt, betrat wieder meine kleine Piazza, sah wieder und immer noch die apulischen Fischhändler mit ihren obskuren Fahrzeugen auf die Kähne der Fischer warten, und jenes Wort fiel mir ein, daß Tarent eine *Illustration zu einem orientalischen Märchen sei, in dem die Fische reden und kostbare Ringe ausspeien.* Ich hatte damals eine schwere Zeit hinter mir, war krank gewesen und von dieser Melancholie geplagt, die einen in den verregneten grauen Wintermonaten Kalabriens überfällt; und ich war damals auf einer verzweifelten Rückkehr nach Wien ... ich blieb in Tarent. Ich blieb in Tarent und wanderte wieder durch die *calli* der Altstadt, vorbei an diesen weißgetünchten Häusern und den grauen *Palazzi* mit ihren großen, ewig verschlossenen Portalen aus der Bourbonenzeit, und ich wanderte hinauf zur Drehbrücke, die die beiden Städte Tarents miteinander verbindet, und ich starrte wie blind auf die beiden Meere, die sich blau und merkwürdig geriffelt aus dem Morgendunst schälten. Der kühle ionische Wind fächelte im Staub der Anlagen. Die Wintersonne stieg über die neue Stadt auf. Einige Segel lagen schief im Wasser. Und vom Fischerhafen herauf kam schon das Lärmen der feilschenden Stimmen, kamen die schrillen Schreie der Verkäufer und Lizitatoren, und hinter mir die Altstadt erwachte langsam aus ihrem unruhigen Schlaf. Ich aber ... ich blieb in Tarent und wurde geheilt. Vom Fieber und von der Melancholie ...
Und heute? Ein französischer Besucher meinte, *Tarent schien eher rauh, mit seinen finsteren alten Vierteln und dem geschäftigen Bürgertum seiner neuen Viertel. Der Autoverkehr gehorche strengen absurden Regeln; und man bemerke auf den Gesichtern die besondere Unruhe, die Hoffnung auf Wohlstand hervorbringt ...* Zwanzigtausend Ölbäume mußten außerhalb der Stadt fallen – genau: an der Ausfallstraße

nach Bari –, damit das riesige Eisenhüttenwerk von Italsider entstehen konnte. Zwölftausend Menschen fanden hier seit ein paar Jahren Beschäftigung, vierzig Kilometer Straße, fünfunddreißig Kilometer Eisenbahnlinien wurden errichtet, zweihundertfünfzig Kräne und dreizehnhundert Lastwagen wurden eingesetzt, um zwischen fünf und sechs Millionen Tonnen Stahl jährlich herzustellen. Aber schon entstehen neue Industrieanlagen, Raffinerien, Reparaturwerkstätten ... Muß das alles eine Stadt wie Tarent nicht grundlegend verändern? Und fordert der Wohlstand, der gleichsam über Nacht einzog, in die uralten Häuser in der Altstadt und in die neuen Wohnviertel in den neuen Stadtteilen, nicht auch seine Opfer?
Das letzte Mal war ich vor wenigen Monaten in Tarent. Ich war auf der Suche nach den Spuren der Magna Graecia, Großgriechenlands, ich war bereit für stille Museen und besonnte Tempelbögen, für windumstandene Hügel, auf denen gelb der Ginster blüht, und für jahrtausendealte Erinnerungen, die zurückreichen bis auf Palanthos und seinen großen Nachfolger, den Staatsmann, Philosophen und Mathematiker Archytas, den Lehrer und Briefpartner Platons, ich war vorbereitet auf ein Tarent, das noch Taras heißt und mehr als dreihunderttausend Einwohner hat, das die Lehren des Pythagoras diskutiert und sich im zweiten Punischen Krieg auf die Seite Hannibals schlägt und das sich vor allem anderen seiner griechischen Herkunft immer bewußt ist, auch unter dem zerstörungswütigen Römer Fabius Maximus, auch in den schweren Augenblicken seiner teilweisen Zerstörung und Brandschatzung ... ich war bereit für das *molle Tarentum,* für erzbischöfliche Inschriften und delikate Austerngerichte, für poetische Sonnenaufgänge und wehmütig-fröhliche Erinnerungen ...
Ich fuhr, aus der Terra d'Otranto kommend, in die Neustadt ein und begriff von einer Sekunde zur anderen, daß dies nicht mehr *mein* Tarent war, nicht mehr die uralte griechische Kolonie der Miesmuschel- und Austernkulturen im *mar piccolo* und auch nicht mehr dieser immer ein wenig bankrott anmutende Kriegshafen der italienischen Marine. Das hier war ein anderes, härteres, schrofferes und fremdes Tarent. Das hier war eine Stadt des turbulenten Verkehrs und der emporschnellenden Grundstückspreise, eine Stadt, die sich dem Bauboom und den cleveren Spekulationen verschrieben hat. Ich stellte

damals meinen Wagen unten am alten Fischerhafen ab, der für diese frühe Stunde – es war neun Uhr vormittags – seltsam kahl wirkte, und ich schlenderte dann durch die labyrinthischen Gänge der Altstadt. Wo war dieser Wirrwarr des Lebens, wo dessen unnachahmliche Turbulenz geblieben, die noch vor wenigen Jahren eine Art Wahrzeichen dieser Stadt gewesen sind? Wo waren diese kreischenden, lachenden und singenden Klümpchen aus Kindern und Matronen, wo diese unentwegte und unüberbietbare Darstellung der menschlichen Komödie zu ebener Erde, wo die Fahnengirlanden der Wäschestücke von einem Balkon zum anderen, das wirbelnde Durcheinander von feilschendem Angebot und gestikulierender Nachfrage... Sogar die Altstadt also erschien mir verödet, und als ich später zu jenem alten Gasthof hinabstieg, in dem ich vor rund zwei Jahrzehnten gewohnt hatte und dort auch tatsächlich den Besitzer noch antraf – einen grauen, verwitterten und fanatischen Monarchisten aus dem nahen Matera –, erfuhr ich, daß die jahrealten Pläne, diese Altstadt zu sanieren, jetzt endlich realisiert werden würden. Man würde also diese unwiderruflich letzte Bastion Großgriechenlands auf italienischem Boden abreißen müssen, fragte ich ihn. Er zuckte nur die Achseln und meinte mißtrauisch, daß das alles nichts mit Griechenland zu tun habe, immer schon italienisch gewesen wäre, immer schon ein Schandfleck gewesen wäre für die Stadt. Und die Touristen, fragte ich. Die Touristen, sagte er, oh ja, für die gibt es jetzt ausgebaute Strandbäder und dann noch das Museum. Und, fügte er voll überraschendem Stolz hinzu, Italsider. Da war er also wieder, dieser manchmal schon kindliche Glaube an den Fortschritt, dem man gerade im Süden so oft begegnet. Bei Peterich lese ich zum Beispiel die lapidare Anmerkung: »Im Norden der Altstadt ist ein häßliches Industrieviertel entstanden, vor allem ein riesiges Eisen- und Stahlwerk, was Tarent viel von seinem Charme genommen hat...« Charme, das ist ein ungenügendes Wort, für das, was hier verlorengeht. Denn diese Altstadt, die man jetzt sanieren wird, reicht sozusagen in direkter Linie zurück auf das einstige Taras. Viele dieser festungsartigen und ineinander verschachtelten Häuser ruhen mit ihren Fundamenten auf uralten griechischen Trümmern, und noch vor wenigen Jahrzehnten sprach man hier in der Altstadt einen griechischen Dialekt, der vergleichbar war jenem von Pentedattilo, einem rätselhaften Bergdorf im Süden

Kalabriens. Sanierungsmaßnahmen ... das bedeutet hier soviel wie die Zertrümmerung einer zweieinhalbtausendjährigen Zivilisation; das ist der mörderische Schnitt, mit dem man die Nabelschnur zur Vergangenheit durchtrennt.
Mein grauer monarchistischer Wirt freilich sah die Dinge anders. Der Fisch sterbe aus, meinte er, von den Touristen allein könne man nicht existieren, und der einstige Kriegshafen mit den Werften und die Fabriken für die Erzeugung von Präzisionsinstrumenten ... er machte nur eine verächtliche Handbewegung. An der Zeit stürbe manches, meinte er dann, nicht am schlechten Willen der Menschen hier.
Ich bin wieder zum alten Fischerhafen zurückgegangen. Hier hatte sich noch nichts verändert. Einige Verkaufsstände waren verschwunden, soweit ich mich erinnern konnte. Und einige dieser winzigen Fischrestaurants waren modernisiert worden. Und immer noch roch es nach Fisch, wehte eine leichte Brise von *mar piccolo* herüber ... An der Zeit stürbe manches? Vielleicht ...
Armut ist nicht dasselbe, wenn sie zum Beispiel nördlich der Alpen vom Sozial- und Wohlfahrtsstaat zumindest verbrämt wird, oder aber in den Südprovinzen Italiens als ein offenes, scheinbar unausrottbares Geschwür nistet. Und es ist ein Unterschied, ob man als empfindsamer Reisender den Spuren der eigenen romantischen Erinnerungen folgt, die doch fast immer seitab des süditalienischen Elends verlaufen, oder ob man inmitten dieses Elends leben muß. Oh ja, diese Standardmodelle vom italienischen Süden sind immer schon von einer immerhin plausiblen Neigung zum Bildhaften, Schönfärberischen geprägt worden. Und Tarent etwa, aus einiger Entfernung betrachtet, entspricht ja einem dieser Standard-Modelle auf überzeugende Weise. Mythen, Farben und die heitere Gelassenheit des Südens ... aber bevor Italsider dieses Stahlwerk hier errichtet hatte, überstieg das jährliche Einkommen eines Mailänders das eines Mannes aus Tarent im Durchschnitt um das Vierfache, sofern der Mann aus Tarent überhaupt Arbeit oder wenigstens eine vorübergehende Beschäftigung hatte. Und das Klischee, das einen halbverhungerten Tagelöhner oder Landarbeiter inmitten einer großartigen Landschaft, inmitten faszinierender Bauwerke aus der Zeit der Magna Graecia zeigt, stimmt leider auf erschütternde Weise. Man konnte noch vor wenigen Jahren im Tarentiner Jolly-Hotel

aufs luxuriöseste wohnen und zugleich gelegentliche Abstecher ins Elend der Altstadt unternehmen. Man konnte sich den Nervenkitzel oder Spaß erlauben – und wie viele Touristen haben das nicht schon getan – und in einem der Fischrestaurants unten am Fischerhafen aufs vorzüglichste essen; man bezahlte dafür vergleichsweise eine Bagatelle. Aber diese Bagatelle hätte immerhin ausgereicht, einer vier- bis sechsköpfigen Tarentiner Familie einen ganzen Monat lang das Leben zu ermöglichen ... Das sind merkwürdige Vergleiche, ich weiß. Ich weiß aber auch, daß die ewig hungrigen Kinder aus der Altstadt an den Hintereingängen dieser Restaurants auf die Abfälle und Reste von den Touristentischen warten.
Es gibt natürlich auch in Italien Leute, die diese sogenannte *Südfrage* als weitgehend gelöst betrachten oder sogar mit einem Hinweis auf die vielzitierte *Cassa del Mezzogiorno* abtun. Aber diese gewiß vernünftige Investitionseinrichtung für den wirtschaftlichen Unterleib Italiens – also für seinen Süden – ist in gar keinem Fall befähigt, alle diese sozialen und gesellschaftspolitischen Probleme befriedigend zu lösen. Denn das Elend des Südens resultiert ja nicht aus diesem *dolce far niente*, wie das gerade deutsche Kommentatoren gerne feststellen, sondern hat ganz andere, vielschichtige historische und soziologische Ursachen. Und gerade am Beispiel Tarents und seiner revolutionären Umstrukturierung vom *molle Tarentum* zur hochindustrialisierten Konsumstadt lohnt es sich, dieses Problem einmal zu diskutieren.
Die erste Frage in diesem Zusammenhang muß naturgemäß lauten, wer denn eigentlich verantwortlich sei für das materielle und auch moralische Elend des Südens. Der Lukanier Fortunato hat die etwas bequeme Theorie von der naturbedingten Unterlegenheit des Südens schon sehr früh aufgestellt, eine Theorie, die noch in den letzten Jahrzehnten des 19. Jahrhunderts manches für sich gehabt hat, die aber heute – erkennbar am Beispiel Tarents – nicht mehr gültig ist.
Es existiert in diesem Zusammenhang eine schier unübersehbare Fülle von Meinungen und Fragen. Aber in einem Punkt stimmt man weitgehend überein: daß nämlich die Einigung Italiens unter der Führung der Piemontesen den Südregionen wesentliche Nachteile gebracht hätte. Diese sogenannten Meridionalisten begingen und begehen allerdings einen verhängnisvollen Fehler, den man wohl nur durch ihre süditalienische

Mentalität erklären kann. Sie beschreiben sehr genau die Problematik dieses Südens, beklagen sich durchaus zu Recht über den Staat und seine manchmal irreparablen Fehler, schildern das Elend der süditalienischen Bauern mit erschütternder Eindringlichkeit oder – wie Tommaso Fiore – beschreiben diese wirklich grauenhaften, im Grunde unbeschreibbaren alten Stadtviertel von Tarent und dieses ebenso entsetzliche wie widerliche Schauspiel der rachitischen, skrofulösen und trachomatischen Kinder, die zu sechs, sieben und acht im einzigen Raum einer elenden Hütte zusammengepfercht sind ... das alles beherrschen diese Meridionalisten stupend. Aber eine der Wurzeln, eines der Hauptübel dieses süditalienischen Notzustandes erfassen sie nicht: den unmenschlichen Kinderreichtum, die fast immer brutale, rücksichtslose und dabei selbstverständliche Ausnutzung der süditalienischen Frau durch den Mann. Es gibt zum Beispiel von Salvemini ein hervorragendes Buch über diese Südfrage; es hat einen Umfang von 660 Seiten; aber erst auf Seite 650 stößt man auf den ersten zögernden und fast unwilligen Hinweis: »Es genügte, wenn die Frauen weniger Kinder hätten.« Das ist alles. Nur dieser eine Satz.

Man müßte nun natürlich auch hier die Ursprünge bloßlegen, um das Merkwürdige, Barbarische dieses Zustandes zu begreifen. Etwa die Erziehung der Kinder im Süden. Etwa, daß hier der Sohn alles, die Tochter so gut wie gar nichts gilt, auch heute noch, auch in dieser zweiten Hälfte des 20. Jahrhunderts noch. Etwa, daß dem Sohn von frühester Kindheit an das Bewußtsein absoluter, gottähnlicher Überlegenheit impliziert wird, indes das Mädchen bis zu seiner Verheiratung nur auf seine Jungfräulichkeit zu achten hat, weil dies das einzig Wertvolle an ihm sei ... Oh ja, das alles klingt verrückt, pervers, ist in der Tat von gesellschaftspolitischer und auch moralischer Obszönität, aber – es ist die süditalienische Wirklichkeit!

Historische und gesellschaftspolitische Ursachen also sind es vor allem, die das unbestreitbare Elend des Südens überhaupt erst ermöglichen ... und in diesem Zusammenhang ist eine Anlage wie Italsider in Tarent von lebenswichtiger Bedeutung. Oh ja, die Schönheit des Südens stirbt allmählich. Sein Antlitz verändert sich. Viel zu langsam, sagen die einen; leider, sagen die anderen. Das *molle Tarentum* von einst stirbt. Es stirbt im 20. Jahrhundert, am zögernden Wohlstand der Menschen, an ihren neugewonnenen Erfahrungen. Nur der Wind schmeckt nicht mehr rein, nicht nach Fisch und Meer allein. Denn auf seinem Weg in den Wohlstand muß sich Tarent plötzlich mit einem neuen Problem auseinandersetzen: mit der Umweltverschmutzung.

Zwischen Otranto und Gallipoli

Alle Beschreibungen der Penisola Salentina, also der leicht gekrümmten Halbinsel, die als Absatz des italienischen Stiefels zwischen Tarent und Brindisi weit hinausstößt ins Meer und dabei die Adria von der Ionischen See trennt, alle diese Darstellungen und Überlegungen, die mir bisher in die Hände gefallen sind, haben etwas Dürftiges, beinahe Aphorismenhaftes an sich! Denn sie beschäftigen sich fast immer nur wie nebenbei, nur wie zufällig mit dem geduldigen und melancholischen Erdreich, das manchmal ziegelrot und manchmal ockerfarben oder auch lehmgelb als riesige Zunge vom Festland ins Meer hängt, sturmgepeitscht oder ächzend unter dem Zugriff einer afrikanischen Sonne, ein kleiner geheimnisvoller Kontinent, dessen tatsächliche Entdeckung noch bevorsteht. Das barocke Lecce oder die herzhaft ausgeschmückte Geschichte einer osmanischen Invasion in Otranto und äußerstenfalls die dicken dunkelgrauen Mauern von Manduria oder die leuchtende Farbigkeit der griechischen Gründung Gallipoli werden bei dieser fragmentarischen Aufzählung erwähnt, wobei je nach Temperament und Charakter der Autoren so etwas wie eine gegenwärtige Idylle oder natürlich die angebliche Zeitlosigkeit historischer Abläufe ausgiebig beschworen wird.
Diese ärgerliche und oberflächliche Behandlung eines Landstrichs, der nicht nur ein Landeplatz griechischer und orientalischer Zivilisation war, sondern immer noch als eine Art Brückenschlag hinüberragt in die levantinische Welt des östlichen Mittelmeers, hat freilich viel mit der unvernünftigen geographischen Lage zu tun, die jeden Reisenden, der bis nach Tarent oder Brindisi vorgedrungen ist, grundsätzlich davon abhält, noch einmal annähernd einhundertfünfzig Kilometer zurückzulegen, nur um bis an irgendein mythisches und im übrigen so gut wie unbekanntes *Ende der Welt* zu gelangen. Außerdem hat es manchmal wirklich den Anschein, als ob

hinter Tarent, Brindisi und Lecce alle Straßen sich grundlos verästelten und verirrten, bis sie wie zerrissene Maschen aus einem Fischernetz irgendwo hinter einem bleifarbenen Horizont ins Meer fallen. Und die Wolken, die in seltsamen Formationen wie Geleitzüge von einem Meer zum anderen hoch über das Salento hinwegfliegen, haben noch nie die sonnensüchtigen Menschen aus dem Norden anlocken können.

Was also bleibt, sind leere windzerzauste Ebenen, in denen sich ein graugrüner und gelegentlich auch gelbrot eingefärbter Himmel spiegeln kann, sind zersplitterte Steilküsten im Osten, an denen das Meer nagend und schmatzend hängt, und sind die sanften und gelbsandigen Buchten am alten ionischen Wasser, das nur in manchen Winternächten stöhnend zu arbeiten anfängt und dann wie eine große Trommel ist, auf die der Wintersturm fällt. Und was bleibt, sind diese vielen kleinen Augenblicke, in denen man zwischen Oria und Capo Santa Maria di Leuca oder zwischen Gallipoli und Otranto immer wieder das Nützliche im ältesten Mythos und die brauchbare Wahrheit in scheinbar unvernünftigen Legenden kennenlernen kann. Lautlos stürmt ein aufgedunsener Mond, der in Byzanz oder Ägypten aufgestiegen ist, über das dunkle Salento, das an seinen Träumen beinahe erstickt, und landet im glatten Golf von Tarent, durch den manchmal noch die Delphine ziehen, die vor vielen Jahrhunderten hier für ein kleines Weltreich verantwortlich waren. Ohnmächtig schleudert das Meer im Osten salzigen Schaum gegen die zerklüftete Steinküste, in deren verschwiegenen Höhlen und Bäuchen immer noch basilianische Frömmigkeit nistet. Die Erde, bedeckt von Steinen, schweigt hartnäckig. Und in den Bauernstädten, die sich notdürftig zwischen den beiden Meeren am Leben erhalten, sind vor Jahrhunderten schon die Lichter erloschen.

Niemand vermag sich heute noch vorzustellen, daß dieses alte Land einmal Namen gehabt hat, die entweder fast völlig aus dem Bewußtsein der Menschen verschwunden sind oder ihre Bedeutung vollkommen verändert haben: Iapygien, Peucetien, Messapien und schließlich Kalabrien, wobei dieser letzte Name sich bis ins späte 7. Jahrhundert erhalten hat, denn erst das unaufhaltsame Vordringen der Langobarden bis nach Brindisi und Tarent veranlaßte die Byzantiner, die in Hydruntum, dem heutigen Otranto, den Sitz ihrer geistigen und weltlichen

Behörden hatten, zum fluchtartigen Ausweichen nach Südwesten, wo sie dann inmitten von basilianischen Mönchsgemeinschaften und Klostergemeinden in der alten römischen Stadt Rossano ihr neues Verwaltungszentrum einrichteten. Und mit den Behörden wanderte auch der Name dieser Landschaft – der seit römischen Tagen gültig gewesen war – nach Südwesten und damit ins heutige Kalabrien, während die Langobarden sich jetzt in der zweiten Hälfte dieses ereignisreichen 7. Jahrhunderts auf den geographischen Begriff Apulien einigten, so daß damals nicht nur eine wichtige politische, sondern auch entscheidende geographische Veränderung stattgefunden hatte.

Eine ähnliche Veränderung des Namens hat übrigens auch die uralte Stadt Manduria erfahren, die im Südosten von Tarent liegt und wahrscheinlich eine der ältesten Siedlungen ganz Süditaliens ist, weil hier schon Messapier und Iapyger und dann auch minoische Kreter siedelten. Jedenfalls wurde aus dem byzantinischen Manduria, das in seinen historischen Anfängen von Spartanern, Karthagern, Römern und Langobarden umkämpft und dabei immer wieder verwüstet worden war, im Jahre 1070, als der Normanne Roger die zerstörte Stadt notdürftig aufbauen ließ, eine Ortschaft namens Casalnuovo. Und dieser normannische Name behauptete sich dann fast achthundert Jahr lang, denn erst um die Mitte des 19. Jahrhunderts, als dieses merkwürdige Casalnuovo ein Zentrum des Geheimbundes der *Camorra* war, veränderte man den Namen wieder zum früheren Manduria.

Wenig bekannt dürfte auch sein, daß in diesem alten Kalabrien (also im Gebiet der Penisola Salentina) einige der wichtigsten Impulse für die römische Literatur zustandekamen, was mit der Einwanderung kretischer, illyrischer und pelasgischer Stämme zu tun hatte, aus deren verschiedenen Idiomen schließlich eine Sprache entstand, die einen wesentlichen Einfluß hatte auf die römische Literatursprache. Es war für römische Schriftsteller, die aus diesem alten Kalabrien stammten (Ennius, Livius Andronicus und Pacuvius) ganz selbstverständlich, daß sie zugleich mehrere Dialekte und Sprachen beherrschten, wobei vor allem das Griechische von großer Bedeutung war. Griechisch beeinflußt war auch die Kultur dieser Halbinsel, und zwar bis ins 14. und 15. Jahrhundert. Es gab griechische Schulen in Otranto, Galatina und Nardò, die sowohl den Untergang des byzantinischen Reiches als auch das normannische und später das staufische Intermezzo überstanden. Die wahrscheinlich älteste Klosterbibliothek des christlichen Abendlandes befand sich im Kloster St. Nikolaus bei Otranto, wobei man nicht verschweigen sollte, daß ein allzu habgieriger Kardinal die reichen Bestände an griechischen Handschriften plünderte (er hieß Bessarion und verschwand mit den unschätzbaren Kostbarkeiten nach Venedig) und dann erst die Türken im Jahre 1480 den traurigen Rest vernichteten.

Die griechische Sprache, die das alte Messapische verdrängte, ist aber trotz aller Verwüstungen, Plünderungen und Niederlagen auch heute noch nicht ganz ausgestorben, denn in einigen Dörfern südlich von Lecce spricht man immer noch einen greco-byzantinischen Dialekt. Und die meisten Quellen, die man bei der Suche nach der historischen Wahrheit dieser abseits gelegenen Halbinsel entdeckt, sind selbstverständlich griechischen oder byzantinischen Ursprungs. Die ersten griechischen Handschriften, die ersten griechischen Mönchsgemeinschaften, aber auch die ersten griechischen Mythen: Alles hat auf dieser flachen und windüberschwemmten Halbinsel seinen Anfang genommen. Und es ist nur natürlich, daß man südlich von Otranto die blaue Schraffur der nordgriechischen Berge jenseits des strömenden Wassers erkennen kann oder daß man vom gewaltigen Leuchtturm am Capo di Leuca an klaren Tagen das griechische Festland mit bloßem Auge zu sehen bekommt.

Otranto, das alte Hydruntum, ist der Schlüssel zum Verständnis der Penisola Salentina, was wahrscheinlich schon jener gelehrte Antonius de Ferrariis empfunden haben muß, der ein arbeitsreiches Leben lang zwischen seiner salentinischen Heimatstadt Galatone und dem reichen Lecce als Philosoph, Arzt, Kosmograph und Schriftsteller tätig war. Ende des 15. Jahrhunderts schrieb er dann ein Buch, das den bezeichnenden Titel *De Bello Hydruntino* trug. Darin schilderte er, bewegt von unmittelbarer Anschauung, eines der zahlreichen düsteren Kapitel in der Geschichte der Penisola Salentina, nämlich die Landung einer türkischen Flotte im Juli des Jahres 1480 und die anschließende Belagerung der Stadt und Festung Otranto durch diese Armee, die von einem Großwesir namens Ahmed Giedik, der vermutlich ein christlicher Renegat war, kommandiert wurde. Es ist heute müßig nachzuforschen, weshalb aus den stark befestigten Garnisonen von Tarent, Bari und Brindisi keine Hilfstruppen in Bewegung gesetzt wurden, um den bedrängten Einwohnern von Otranto zu Hilfe zu eilen. Immerhin war der Widerstand der verzweifelten Bürger stark und hinhaltend genug, daß die Türken trotz ihrer Übermacht erst nach zwei Wochen zum letzten entscheidenden Sturmangriff schreiten konnten, was deshalb bedeutsam ist, weil seit diesem Sommer 1480 die europäische Christenheit Otranto als heilige Stadt und die ermordeten Einwohner als Märtyrer deklarierte. Gerade das abschließende Blutbad aber, das die osmanischen Seeleute und Janitscharen unter den überlebenden Einwohnern der Stadt, die sich in die Kathedrale geflüchtet hatten, erbarmungslos verursachten, wäre ohne weiteres zu vermeiden gewesen, wenn aus dem nahen Lecce oder aus dem Kriegshafen von Brindisi militärischer Nachschub nach Otranto gebracht worden wäre. So freilich zerschlugen die gekrümmten Janitscharensäbel die christlichen Schädel, während die Kommandeure und Barone der großen Festungen Apuliens sich darauf beschränkten, einen verschärften Wachdienst anzuordnen.

Es muß ein schauerlicher Anblick gewesen sein, den die altehrwürdige und bis dahin blühende Hafenstadt in diesen Tagen bot! Selbst die normannische Kathedrale wurde nicht verschont, Leichen bedeckten den kostbaren Mosaikboden des Meisters Pantaleone, süßlicher Blutdunst hing zwischen den griechischen und römischen Säulen, die heute noch den Untergrund der Kathedrale bilden, und dazwischen die siegestrunkenen Soldaten des Großwesirs, die nach Antonius de Ferrariis auf ihren kleinen asiatischen Pferden durch die Kirche tobten, den Altar verwüsteten und die schönen frommen Fresken aus der Normannenzeit mit ihren Säbelhieben zerschlugen. Dabei dauerte dieses osmanische Intermezzo nur knapp zwölf Monate, denn beeindruckt von den Nachrichten über das grausame Gemetzel von Otranto, entschlossen sich schließlich einige christliche Kommandeure doch noch zu einem verspäteten Angriff, der die Türken dann innerhalb von wenigen Tagen vom salentinischen Festland vertrieb. Die mächtige Festung allerdings, die heute mit ihren Mauern und Rundtürmen die alte Stadt fast erdrückt, wurde von den Spaniern – die zu diesem Zeitpunkt über Apulien herrschten – erst nach diesem blutigen Zwischenfall errichtet. Sie konnte das langsame Absterben Otrantos, der uralten Kapitale des einstmaligen Kalabrien und späteren Salento, auch nicht mehr verhindern. Und fast mutet es wie ein makabres Symbol an, daß zur Weihnachtszeit des Jahres 1977 ein riesiges Baggerschiff draußen vor der Küste immer noch damit beschäftigt ist, die todbringenden Giftfässer, die vor vielen Monaten schon mit dem jugoslawischen Frachter *Cavtat* untergegangen sind, aus der Tiefe zu holen.

Aber das alles – so bezeichnend es auch für die Situation des Salento sein mag – macht Otranto oder eigentlich das wesentlich ältere Hydruntum noch nicht zum Schlüsselpunkt dieser Landschaft, denn obgleich der zumindest erstaunliche oder vielleicht sogar großartige Mosaikboden, den ein Priester namens Pantaleone eigenhändig zwischen 1163 und 1166 in der großen normannischen Kirche kunstvoll verarbeitet und gelegt hatte, zweifellos zu den ergreifendsten Begegnungen zählt, die man in Süditalien mit allen diesen vergangenen und verschwundenen Zeitaltern haben kann, und obgleich die zerbrochenen Knochen und vergilbten Schädel der Opfer des türkischen Massakers von 1480, die in der Kathedrale in der sogenannten *Capella dei Martiri* hinter hölzernen Balken und bruchsicherem Glas sorgfältig aufbewahrt werden, immer noch Zeugnis ablegen von der Grausamkeit, mit der viele Jahrhunderte lang um diesen dürftigen Streifen Land zwischen den beiden Meeren gekämpft worden ist: Das wirklich entscheidende geistige Erlebnis hat man meines Erachtens ein Stockwerk tiefer, zwar auch noch innerhalb dieser bald neunhundertjährigen Kathedrale, aber schon unter der Erde, wo man unterhalb der Apsis der normannischen Kirche eine Art Krypta betritt, die freilich nie eine normale Begräbnisstätte war. Denn hier, wo den völlig überraschten und wahrscheinlich auch sehr nachdenklich gewordenen Besucher ein Wald von Säulen empfängt und wo aus halbverborgenen Nischen orientalische Madonnenbildnisse voll leuchtender und farbiger Lebendigkeit hervorglühen, befand sich vor annähernd dreißig Jahrhunderten ein messapisches Heiligtum, erhob sich später ein griechischer Tempel, folgte darauf das hydruntinische Forum der Römer und wurde daraus schließlich eine der ersten frühchristlichen Kirchen Italiens.

Ich hatte das Glück, daß ich im priesterlichen Beichtvater der

Nonnen Otrantos einen begeisterten und sachkundigen Führer durch die faszinierende Unterwelt der Kathedrale fand. Wortreich erklärte er mir Herkunft und Beschaffenheit der einzelnen Säulen, die tatsächlich aus allen Bereichen des Mittelmeeres stammen, aus Ägypten genauso wie aus Kleinasien, und es ist wirklich ein eigenartiges Gefühl, wenn man plötzlich zu begreifen beginnt, wie die verschiedenen Zeitalter und Kulturen hier ineinander verzahnt und verflochten sind, bis sich schließlich aus zwanzig oder dreißig Jahrhunderten Menschheitsgeschichte eine neue und dabei fast naive Religion als geistiger Überbau über diese satte und verwirrende Vielfalt kultureller und zivilisatorischer Ambitionen stülpt. Inmitten dieser Säulen, denen die ersten frühchristlichen Baumeister ein orientalisches Mauerkleid angemessen haben, wurden alle Götter und Mythen verehrt, die es zwischen den sandgrauen persischen Hochebenen und den legendären Säulen von Gibraltar jemals gegeben hat. Auf diesem kleinen Platz, den seit nunmehr neunhundert Jahren eine normannische Kathedrale unter sich begraben hat, fanden Jahrtausende vorher schon weitreichende Entscheidungen statt, die das dunkle Antlitz unseres Kontinentes mitprägten. Hier wurde zu unbekannten asiatischen Gottheiten gebetet, fanden unheimliche Kulthandlungen statt, deren tiefere Bedeutung heute noch im magischen Aberglauben der salentinischen Bauern erkennbar ist, und hier betraten die großen Götter Griechenlands herausfordernd den italienischen Boden und verwandelten sich dann allmählich zu römischen Gottheiten, denen man freilich den gleichen Weihrauch streute. Und hier schließlich, wenn man ältesten Legenden glauben darf, schlug Petrus das erste Kreuzzeichen in Hydruntum und erzählte von einem orientalischen Gott, der im Gegensatz zu seinen zahllosen Vorgängern erstaunlich nachsichtig und mild gewesen sein muß.

Ein Erlebnis ganz anderer Art wird man dann südlich von Otranto haben, wo sich die Penisola Salentina zum zerklüfteten Kap Santa Maria di Leuca verdünnt, das wie die Schnauze eines Delphins ins stahlfarbene Wasser stößt und die rollenden Wellen zweier Meere voneinander trennt. Die Straßen, die heute zu diesem Endpunkt des Festlandes führen, wo in antiker Zeit ein vielbesuchtes Heiligtum der Minerva stand, berühren älteste menschheitsgeschichtliche Schauplätze, darunter die berühmten Grotten zwischen Cesarea und Castro, sowie im

Landesinneren rätselhafte megalithische Heiligtümer, aber auch Dolmen und Menhire, die alle das geschichtliche Alter dieser einsamen Landschaft charakterisieren. Und auch ein kunsthistorisches Juwel kann man zwischen den beiden Meeren entdecken, nämlich das vielleicht schönste byzantinische Mosaik ganz Apuliens in der kleinen und abseits gelegenen Bauernkirche von Casaranello. Am Kap Leuca dann, das heute freilich schon längst nichts mehr von seiner ursprünglichen Faszination besitzt und für dessen Profanierung eine unbeschreiblich kitschige Madonnenstatue, die auf einer uralten griechischen Säule thront, typisch ist, kann man sich in der honigfarbenen Wallfahrtskirche aus dem 17. Jahrhundert darüber Gedanken machen, ob der alte Mythos noch seine Bedeutung hat: Christenmenschen, die an den berühmten Wallfahrten im Juli eines jeden Jahres zum Capo di Leuca teilnahmen, durften unbeschadet ihrer irdischen Sünden und Gemeinheiten auf einen unbeschwerten Zugang ins Paradies spekulieren. Alle anderen aber, die sich aus irgendeinem Grund dieser Pilgerfahrt, die früher einmal äußerst beschwerlich war, entzogen, mußten sie nach ihrem Tod nachholen, damit sie des Paradieses teilhaftig wurden.

Ich weiß nicht, nach welchen antiken und damit heidnischen Mustern diese eindrucksvolle Geschichte gestrickt wurde, aber ich bin sicher, daß am Anfang dieser Legende irgendein prachtvoller Götterglaube das vom Wasser zweier Meere umschäumte Kap heiligmäßig gemacht hat. Ich stand jedenfalls ein paar Augenblicke lang inmitten sonntäglich gekleideter salentinischer Bauern und Fischer vor dem gläsernen Schrank, in dem eine lebensgroße Puppe der Madonna mit einem rätselhaften Ausdruck auf dem wachsfarbenen Antlitz die demutsvollen Gebärden ihrer Verehrer betrachtet. Und ich brachte es nicht über mich, meine Lippen wie alle anderen Besucher ans verschmierte Glas zu pressen, obgleich mich dafür einige erstaunte oder sogar strafende Blicke streiften. Später verfolgte mich ein gutgenährter und erstaunlich hartnäckiger Bettler rund um den großen Platz, der wie eine Bühne oberhalb der zusammenstoßenden Meere liegt. Die hochaufragende dünne Nadel eines der größten Leuchttürme Italiens warf ihren Schatten auf dieses abwechslungsreiche Schauspiel der Pilger und Priester und Bettler und Devotionalienverkäufer. Dazwischen plärrte ein Lautsprecher südländische Melodien.

Wind, rotbrauner Sand und rätselhafte Steine, die wie riesige Warzen aus der Erde kriechen und von Menschen und Gewohnheiten erzählen, deren Namen wir längst schon vergessen haben, sind die unveränderlichen Zeichen, die das magere Dreieck im äußersten Salento abstecken. In Gallipoli, dem schönen alten Kalipolis der spartanischen Griechen, die auf ihrem Weg nach Taras, dem späteren Tarent, hier einen sicheren Hafen ausbauten, wölbt sich die breitbrüstige Halbinsel, auf der die alte Stadt wie eine weiße Möwe kauert, anmutig ins Ionische Meer hinaus. Die schmalen Häuser der Fischer leuchten in heftigen Farben, weiß und blau und zinnoberrot, und niemand, der zwischen dem griechisch-römischen Brunnen am Eingang zur Halbinsel und den alten Fischerkirchen die lebendige Vielfalt mediterranen Lebens bewundert, wird hinter dieser scheinbaren Idylle die würgende Not vieler Generationen erkennen, die sich mit sarazenischen Piraten genauso abgefunden haben wie mit der Malaria oder heute mit einer Arbeitslosigkeit, die ganze Straßenzüge und halbe Bauerndörfer entvölkert, weil die Menschen wieder einmal wie schon seit so vielen Jahrhunderten ihr fragwürdiges Heil in der Auswanderung suchen. Es vollzieht sich nämlich ein ebenso stiller wie unheimlicher Wandel an den Küsten des Salento. Denn während sich zwischen den Mauerresten ockerfarbener Wachtürme und hinter senfgelben Sanddünen eine neureiche Architektur breitmacht, weil das vermögende Bürgertum aus den großen Städten Apuliens sich hier seine Sommersitze einrichtet, veröden landeinwärts ganze Landstriche, verlöschen die Lichter in den schmutzigen Straßen namenloser Bauernstädte, schnürt ein seit Jahrhunderten benachteiligtes und gedemütigtes Volk wieder seine armseligen Bündel und hat die grausame Krankheit der Auswanderung, die ganz Süditalien entstellt, natürlich auch auf der Penisola Salentina das Ausmaß einer verheerenden Seuche angenommen. Man kann, so zynisch sich das auch anhören mag, den Vorzug winterlicher Einsamkeit genießen, während man am aquamarinfarbenen Meer entlangfährt, nur begleitet vom fauchenden Wind und den heiseren Schreien der Möwen, weil sich die menschenleeren Fischerdörfer nur zur Weihnachtszeit füllen, wenn die Autokarawanen mit deutschen und holländischen Kennzeichen für einige Tage an den Küsten einfallen, wenn die sogenannten Gastarbeiter für eine dürftige Woche wieder so etwas wie Heimatrecht genießen. Vielleicht ist man schon zu abgestumpft und zu sehr an die barbarische Verrücktheit dieses Zeitalters gewöhnt, daß es einem nicht das Herz zerreißt, wenn man die blassen Gesichter dieser heimgekehrten Auswanderer unter der winterlichen Sonne sieht, wenn man ihre glanzlosen Augen sieht, mit denen sie teilnahmslos das leuchtende Meer betrachten. Aber manchmal frage ich mich mit erstaunter Stimme nach der Nützlichkeit solcher Verhältnisse, die einige der interessantesten Kunstdenkmäler und einige der seltsamsten Mythen Europas in einer Landschaft entstehen ließen, die ihre eigenen Kinder nicht zu ernähren imstande ist. Manchmal bin ich nicht mehr bereit zu begreifen, daß die altehrwürdigen schönen Kirchen von Patú, Nardò oder Galatina oder daß die segnenden Hände der Muttergottes von Capo di Leuca nur noch farbige Arabesken sein sollen, wertloser Zierat, der das erschwiegene Elend des Salentino auch nicht beseitigt. Und man muß nicht abergläubisch sein, um sich vorzustellen, wie vor langer Zeit mit den Göttern auch das Unheil an Land gestiegen ist. Jener Meister Pantaleone, der möglicherweise ein besserer Künstler als Priester war, scheint unter anderem auch ein grimmiger Prophet gewesen zu sein, als er seinen realistischen Lebensbaum mit derben Bildern und bösen Geschichten belebte und dadurch die Zukunft seiner Heimat zwar symbolhaft, aber auch erschütternd genau beschrieb. Sein berühmter Mosaikboden in der Normannenkirche von Otranto ist das umfangreichste Werk dieser Art ganz Europas, ein Ereignis der abendländischen Kunst und zugleich auch ein Höhepunkt schöpferischer Ausdruckskraft. Aber für mich persönlich ist es ungleich mehr, nämlich die erschütternde Versinnbildlichung unaufhörlicher Not! Denn wer die fratzenhaften Gesichter der schrecklichen Fabeltiere und die rohe Gleichgültigkeit menschlicher, zu Stein erstarrter Marionetten dort in Otranto gesehen hat, der bekommt vielleicht auch eine Ahnung von der Unbarmherzigkeit des Lebens in einer entlegenen Landschaft, deren natürliche Schönheit eine grausame Täuschung sein kann.

Das barocke Lecce

Im schönen, bürgerlichen und auf eine verhaltene Weise auch ein wenig wollüstigen Lecce nennt man die Friseurläden heute noch *Sala di Toeletta,* und wer von Lecce zu erzählen beginnt, wird sich gewisser Adjektiva nicht erwehren können: bezaubernd, elegant, parfümiert... und barock! Das vor allem: barock!

Als ob hier im äußersten Süden Italiens derlei Dinge noch Bedeutung hätten! Man hat immer wieder den anstrengenden Versuch unternommen, Lecce zu analysieren, denn wenn die Attribute, die sich eine Stadt zulegt, zumindest verraten, wie sie sich selbst sieht oder wie sie gesehen werden möchte, dann demonstrieren Begriffe wie *barockes Athen* und *apulisches Florenz,* daß Lecce immerhin in diesen beiden weltberühmten Städten seine Vorbilder erkennt. Gregorovius hat es natürlich das *Florenz des Barock* genannt und Mandiargues ausgerechnet das *Salzburg des Südens,* was freilich nur teilweise stimmen muß.

Ich persönlich glaube, daß man sich dem Salento mit der scheinbaren Schwerelosigkeit eines Seiltänzers nähern sollte (wie Cesare Pavese das einmal vom nördlichen Turin erzählt hat). Ungaretti hat diese Ebene hier einmal beschrieben: »Da ist kein Rinnsal, da ist kein Baum. Die Ebene öffnet sich wie ein Meer.« – Und er war es auch, der in diesem Zusammenhang sagte: »Brunnen wie Denkmäler!« In Apulien hat das Wasser ja wirklich noch die Bedeutung eines Wunders, und wer bis in den tiefen Süden vorgestoßen ist, den zerbrach die Sonne Apuliens, ließ ihn verdorren wie eine tote Frucht. Dafür entdeckte der Franzose Fernandez hier die einzigen hübschen Mädchen Süditaliens, die einzigen gut gekleideten und eleganten Frauen.

Lecce sei für seinen Barock berühmt, sagt man. Und für seine spektakulären Kunstpreise. Und natürlich für die uralten aristokratischen Familien, denen die Bodenreformen und wechselhaften politischen Verhältnisse des 20. Jahrhunderts viel von ihren unvergleichlichen Privilegien und märchenhaften Vermögen genommen haben. Lecce sei überhaupt aristokratisch, sagen manche Autoren, die dieser schönen Stadt auf eine merkwürdige Weise zugetan sind... aber die Wirklichkeit verliere hier alle Maßstäbe, behaupten andere, denen das gleichbleibende Elend der Pächter und Landarbeiter nicht völlig gleichgültig ist.

Gibt es überhaupt so etwas wie Abneigung gegen das Salento, in dessen Mitte wie in einer schön gemusterten Schale die barocke Hauptstadt liegt? Vielleicht ist es doch diese ungewohnte Ebene, die zwei Meere zerteilt? Oder diese Sommersonne, die wie ein Fluch über der Landschaft liegt? Oder dieser Regen im Winter, der mit seinen grauen nassen Fäden alles Lebendige zerstört?

Von Brindisi nach Lecce sind es jetzt, nachdem die autobahnähnliche Schnellstraße fertiggestellt wurde, nur noch knappe dreißig Minuten. Aber was für ein Unterschied zwischen diesen beiden Städten! Dort die wirbelnde Turbulenz eines Brückenkopfes nach dem Orient, die Scharen der tageweisen Auswanderer und Touristen nach Korfu, die Autokolonnen für die Fähren nach Patras und Piräus, und hier besonnte Provinz, die sich an ihrer eigenen Schönheit orientiert. Dafür kann man nirgends in Italien spitzfindigere und intellektuellere Diskussionen über die Entwicklung und Eigenart des Barock, bemühtere und profundere Vorträge über die italienische Literatur des 18. und 19. Jahrhunderts erleben als gerade in Lecce. Und manchmal fällt es einem fast schwer, daran zu glauben, daß hier alles Wirklichkeit sei: die modern arrangierten Auslagen der Buchhändler, die eleganten Geschäfte, der berühmte Blumenmarkt, den man vor einiger Zeit nach außerhalb der Stadt verlegte, die schönen altersschwachen und ein wenig mürben Paläste, in denen man sich recht gut den zerschlissenen Brokat und die vergilbten Vorhänge vorstellen kann und durch deren kunstvoll verzierte Portale ein satter Geruch nach Kampfer und Moder strömt. Und dann der unvernünftige Anblick weihnachtlicher Plastik-Christbäume, dazwischen aber auch Fischläden mit Dutzenden von Körben und tiefen Behältern, in denen die Aale, Schollen, Barben, die Brassen und Sardellen neben den Tintenfischen, Krabben und Koffermuscheln ihr umdüstertes Dasein beenden, während die schwülen Farben der zahllosen Blumen rundum an ein makabres Begräbnis erinnern und die leuchtende apulische Wintersonne als unbegreiflicher Anachronismus am weihnachtlichen Himmel steht.

Aber in Lecce mutet fast alles unwirklich an und wie in seinen ursprünglichen Dimensionen gestört. Unter einer wahren Sturzflut von Ornamenten verberge sich dieser eigenartige Barock, der ja weniger aus architektonischer und künstlerischer Bemühung entstanden ist als eigentlich aus der selbstbewußten Demonstration der Handwerker, daß sie ihren Beruf durchaus und aufs allerbeste verstünden, aber auch die pathe-

sche Theatralik der südländischen Menschen, ihre manchmal verhängnisvolle Neigung zum Schwülstigen und ihre leidenschaftliche Bereitwilligkeit, jede Art von Kitsch als künstlerisch bedeutsam zu akzeptieren. Dabei ist Lecce durchaus bezaubernd, auch wenn es barock und konservativ ist: *Der Bürger von Lecce kann in seiner schönen Stadt mit antiquarischem Stolz umhergehen und die Chronik seiner Vorfahren von Malennius abwärts an den Straßenecken ablesen.*
Diesem lapidaren Satz, den Ferdinand Gregorovius vor rund hundert Jahren nach seinem Besuch im salentinischen Lecce beeindruckt niederschrieb, wäre eigentlich nichts mehr hinzuzufügen, weil er in seiner einfachen Formulierung alles Lobende und Wissenswerte über diese beeindruckende bürgerliche Kapitale inmitten einer bäuerlichen Gegend enthält. Tarent zum Beispiel ist unvergleichlich schmutziger, Brindisi ärmlicher und verwahrloster, Bari gesichtslos und Matera erschreckend. Aber auch Otranto, die alte Hauptstadt des Salento, kann sich schon längst nicht mehr mit Lecce messen, dessen Barock weder so abstrus noch so verrückt ist, wie es der manchmal ein wenig hämische Eckart Peterich formulierte, und das auch nicht so abenteuerlich und aufdringlich anmutet, wie es einige Autoren wahrhaben wollen, die anscheinend nie bis nach Lecce vorgedrungen sind. Die Einwohner sind freundlich und zuvorkommend, die Geschäfte erstaunlich modern und die Straßen überraschend sauber. Und wenn Guido Piovene einmal schrieb, Lecce erinnere ihn an eine ordentliche und kulturhistorisch bemerkenswerte Provinzstadt in Norditalien, so kann man diesem vernünftigen Urteil vorbehaltlos zustimmen. Ich zum Beispiel könnte mir hier einen längeren Aufenthalt im Frühling oder Spätherbst ohne weiteres vorstellen, wobei ich im alten und vorzüglich geführten Hotel hinter der zentralen Piazza Oronzo absteigen würde, das den dramatischen Namen *Risorgimento* trägt, aber eine Oase bürgerlicher Wohlhabenheit und legerer Lebensart ist. Ich würde dann am frühen Vormittag die paar Kilometer hinüber zur Adria fahren und dort in San Cataldo oder in San Foca eines der hervorragend gepflegten und für süditalienische Verhältnisse fast schon luxuriösen Strandbäder aufsuchen oder in den gelben und ockerfarbenen Klippen von Rocca Vecchia, dem uralten Hafen Lecces, zwischen römischen Fundamenten und mittelalterlichen Trümmern umherklettern und mir vorzustellen versu-

chen, wie das ausgesehen haben mag, als Octavian hier landete, nachdem er von der Ermordung Cäsars erfahren hatte. Am späteren Nachmittag könnte ich in die griechischen Dörfer fahren, die in den großen Ölbaumwäldern südlich von Lecce liegen, wobei ich die prähistorischen Dolmen von Calimera aufsuchen würde, während der frühe Abend natürlich der Besichtigung des berühmten und legendären Barocks von Lecce gewidmet sein müßte, wofür es mit mehr als dreißig Kirchen und Palästen, ganz zu schweigen von den römischen Ausgrabungen, genügend Anlässe gibt.

Das alles hört sich nach einer Idylle an! Und tatsächlich ist das genau der richtige Ausdruck, der den Charakter dieser schönen süditalienischen Stadt beschreibt. Lecce mutet fast unwirklich an, hat mit dem schrecklichen und von Problemen zerfressenen Süden zumindest dem ersten Anschein nach nichts zu tun, liegt wie ein kostbares Ornament in der flachen Landschaft der Penisola Salentina und kann auch heute noch den Ruhm für sich in Anspruch nehmen, ein geistiges Zentrum Apuliens zu sein. Immerhin stellte schon Gregorovius, der sich 1875 hier aufhielt, anerkennend fest, daß Lecce nicht nur die sauberste Stadt des Königsreiches Neapel, sondern auch kulturell ungemein aufgeschlossen sei. Und auch die meisten anderen Autoren, die über Lecce geschrieben haben, kommen zu einem ähnlichen Ergebnis, was erstaunlich ist, wenn man sich die allgemeine Rückständigkeit und das teilweise kaum verhüllte Elend vorstellt, das die landschaftliche Schönheit des italienischen Südens manchmal zur bitteren Grimasse erstarren läßt.

Aber bevor ich mich mit Syrbar oder Sybaris, wie Lecce nach jenem anderen und berühmteren Sybaris im griechischen Zeitalter geheißen hat, oder mit Lupia und Lycium, wie die Stadt zuerst in der römischen und dann in der normannischen Zeit genannt worden ist, näher beschäftige, muß ich die Geschichte des legendären fliegenden Mönchs erzählen, der durchaus keine Fabelfigur war, wie einige intellektuelle Zyniker meinen könnten, und dessen im Grunde recht einfältiges und eintöniges Leben eng mit diesem Raum zusammenhängt. Er hieß Giuseppe, wurde Anfang des 17. Jahrhunderts in einem Stall in der bäuerlichen Gemeinde von Copertino geboren, die etwa fünfzehn Kilometer südwestlich von Lecce nahe am Ionischen Meer liegt, und er war nicht nur das Kind armer

Leute, sondern auch ein wenig schwachsinnig und schwerfällig. Schon seine Spielkameraden nannten ihn nur *bocca aperta*, was soviel wie offener Mund heißt und sein Leiden treffend beschreibt, das ihn am Schließen seines Mundes hinderte. Es wird erzählt, daß er noch als Halbwüchsiger die Grundfarben nicht voneinander unterscheiden konnte, also anscheinend farbenblind war. Auch die Mönche von Grottaglie, wohin der junge Giuseppe gebracht wurde, um dort unweit von Tarent irgendein nützliches Handwerk zu erlernen, verzweifelten bald an seiner sprichwörtlichen Ungeschicklichkeit. Trotzdem wurde Giuseppe im Alter von fünfundzwanzig Jahren aus Gründen, die mir nicht bekannt sind, plötzlich zum Priester geweiht, obgleich er nicht nur ein vollkommener Analphabet war, sondern so erstaunlich ungebildet gewesen sein muß, daß es selbst für die rückständigen Verhältnisse Apuliens ungewöhnlich war. Aber vielleicht zog er damals schon durch seine Fähigkeit, die fabelhaftesten Wunder zu vollbringen, die Aufmerksamkeit der Kirche auf sich, denn er war befähigt, *Menschen unreinen Lebenswandels an ihrem Geruch* zu erkennen, er konnte Brot und Wein vervielfältigen, das stürmische Meer beruhigen, den Teufel austreiben und gelähmte und blinde Menschen heilen, alles Beweise seiner erstaunlichen und überirdischen Begabung, für deren tatsächliche Existenz es angeblich zahllose Zeugen gibt.
Und doch war das alles nichts im Vergleich zur erstaunlichsten Leistung dieses seltsamen Giuseppe aus Copertino! Er konnte nämlich fliegen! Er flog schon in jungen Jahren über die steinige Ebene des Salentino, stieg in seiner Heimatstadt Copertino als ein zweiter Daedalos oder Ikaros himmelwärts, flog aber auch in Neapel, Rom und Assisi vor Herzögen und Kardinälen und wurde schließlich in ein Kloster gesteckt, damit seine Luftreisen, wie es offiziell hieß, *nicht durch herbeiströmende Menschenmassen gestört werden.* Das war in Osimo, halbwegs zwischen dem berühmten Wallfahrtsort Loreto und der adriatischen Hafenstadt Ancona. Dort verstarb er auch im Alter von einundsechzig Jahren am 18. September 1663 und nachdem er wenige Stunden vor seinem Tod noch rasch einen kleinen Flug durch die Klosterkirche unternommen hatte. Und genau neun Jahrzehnte später wurde er vom Vatikan als Giuseppe di Copertino heiliggesprochen, was vielleicht damit zu tun hatte, daß sein Ruhm auch noch nach seinem Tod die

Fürstenhöfe Europas erfüllte. Seinen Leichnam kann man übrigens heute noch hinter Glas in der Krypta der Franziskanerkirche von Osimo besichtigen.
Das ist nun eine wahrhaft kuriose Geschichte, die ins Antlitz der altehrwürdigen und ein wenig feierlichen Barockstadt Lecce etwas heilsame Unordnung bringt, und nicht umsonst blickte man in Lecce immer schon mit einem gewissen Unbehagen auf die nahegelegenen salentinischen Bauernstädte, aus denen wie aus eben diesem Copertino manchmal Übernatürliches und Zauberisches in die geordnete bürgerliche Welt Lecces gekommen ist. Und ich persönlich finde es zumindest erheiternd, wenn ich mir vorstelle, wie dieser naive oder sogar schwachsinnige Mönch zwischen den bizarren Barockkirchen umherflog und die frommen Bürger zutiefst verunsicherte, obgleich es unter den mehr als siebzig beeideten Protokollen über seine ekstatischen Himmelfahrten zwar Hinweise über Flüge rund um Copertino, jedoch keinen einzigen Beweis für eine Überquerung Lecces gibt. Und wer nun annimmt, das alles sei jetzt von mir erfunden worden, um die Landschaft des Salento durch ein paar magische Kunstgriffe interessanter zu gestalten, dem führe ich als erlauchte Augenzeugen für die unheimliche Begabung des fliegenden Mönches von Copertino nicht nur den gesamten Klerus von Assisi, sondern auch zwei Könige, acht Kardinäle, eine Infantin und vier Herzöge an und erwähne nur nebenbei, daß ein gewisser Fürst Kasimir als polnischer Kronprinz und auch noch als König von Polen einen regen Briefwechsel mit Giuseppe unterhielt, wobei ich freilich nicht weiß, wer dem fliegenden Analphabeten die Feder führte, damit er seinem königlichen Gönner und Freund gebührend antworten konnte.
Eine andere interessante und vielleicht zu wenig gewürdigte Erscheinung, die mit dem alten Lecce oder eigentlich mit dem römischen Rudiae, dessen dürftige Trümmer einige Kilometer außerhalb der Stadt liegen, zu tun hatte, war jener hochgebildete und den Genüssen des Lebens leidenschaftlich zugetane Quintus Ennius, der zwischen 239 und 169 vor Christus lebte und nicht nur einer der wichtigsten Vermittler war, die der jungen römischen Literatur griechische Eloquenz und das schöne griechische Pathos beibrachten, sondern der auch und vor allem durch eines der ersten Kochbücher des Abendlandes, das den bezeichnenden Titel *Vom guten Essen* trug, berühmt

und sogar unsterblich wurde. Immerhin zeichnet sich die Küche von Lecce heute noch durch ein nobles Mittelmaß zwischen feister Üppigkeit und delikater Geschmackssubstanz aus und man kann hier auch in den verhältnismäßig bescheidenen Tavernen fast fürstlich speisen, wobei die Preise so gut wie nie eine bürgerliche Brieftasche besonders strapazieren.
Aber ich gerate ins Schwärmen – und müßte dann eigentlich auch noch den zähflüssigen Großstadtverkehr erwähnen, der es nicht ratsam erscheinen läßt, mit dem Auto die verschiedenen Stationen des berühmten Barocks von Lecce aufzusuchen! Wer allerdings einmal die urbane Freundlichkeit dieser Stadt genossen und den tiefgreifenden Unterschied zur verdrossenen Lethargie in anderen süditalienischen Städten festgestellt hat, wird solche, fast vorbehaltlose Schwärmerei vielleicht besser verstehen. Dabei war Lecce bis zum Untergang Otrantos durch die türkische Invasion im Sommer 1480 nie wirklich eine bedeutende Stadt und mußte sogar dem wesentlich kleineren Gallipoli in jeder Hinsicht den Vortritt lassen. Wohl erinnerte man sich immer des legendären Gründers, der ums Jahr 1200 vor Christus übers Meer gekommen und etwa fünfzehn Kilometer landeinwärts von der adriatischen Küste die ersten Fundamente der Stadt errichtet haben soll, und noch im Mittelalter nannte man respektvoll seinen Namen – Malennius –, auch entsann man sich irgendeiner Geschichte, die mit einem Wolf zu tun gehabt hatte, was wiederum im römischen Zeitalter zum Stadtnamen Lupia führte, aber wirklich berühmt und bedeutend wurde die Stadt erst, als sie Lycium hieß, also vom 11. Jahrhundert an und unter der Herrschaft des Normannen Robert Guiscard. Und wie wenig man hier tatsächlich von seiner eigenen Vergangenheit wußte oder diese Vergangenheit einfach nicht zur Kenntnis nahm (es war zum Beispiel Kaiser Hadrian, der den alten Hafen drüben an der Adria ausgebaut hatte), bestätigte ungewollt Gregorovius, als er noch 1875 feststellte, daß es in Lecce überhaupt keine antiken Ruinen zu besichtigen gäbe. Heute beweisen die Überreste eines römischen Theaters, aber auch zahlreiche Statuen und Inschriften mitten in der Stadt die Existenz jenes legendären Lupia, das, gemessen am Fassungsraum des Amphitheaters (fünfundzwanzigtausend Menschen hatten dort Platz, wo heute der Verkehr über die Piazza Oronzo braust und einer der merkwürdigsten Heiligen der ganzen Kirchengeschichte vom impo-

santen Gegenstück der Appianischen Säule aus Brindisi gelassen über die Dächer der alten Stadt blickt): das also immerhin eine ansehnliche Siedlung gewesen sein muß.

Matera

Angeblich waren es mehr als hundert Felsenkirchen und Grottenheiligtümer, die allein im unmittelbaren Weichbild der alten lukanischen Stadt Matera Zeugnis ablegten für eine fanatische Frömmigkeit, die zuerst von orthodoxen byzantinischen Mönchen vor allem aus Kleinasien in die Unwegsamkeit einer heidnischen Wildnis Süditaliens verpflanzt wurde und die dann der selbstverständliche Ausdruck einer tiefen, fast abergläubischen Religiosität wurde. Es ist das eine Religiosität, die heute noch charakteristisch scheint für alle diese entlegenen Landschaften, an deren weit entferntem Horizont das Ionische Meer ebenso verführerisch wie scheinbar unerreichbar aufleuchtet. Ich spreche dabei nicht von der unheimlichen und heute leeren Höhlenstadt, die als ein großartiges Denkmal menschlichen Beharrungsvermögens unterhalb Materas sozusagen im Bauch der seltsamen Stadt eine zerklüftete Schlucht ausfüllt und durch deren Mauern manchmal der Wind eine disharmonische Musik weht, und ich spreche auch nicht von den zahlreichen verborgenen unbekannten Schluchten, die im Bereich der antiken Via Appia im Hinterland des tarentinischen Golfes buchstäblich eine Welt jenseits der bekannten Geographie ausmachen, erfüllt von halbverschütteten Bruchstücken einer teils katakombischen und teils irrealen Kultur, düstere Schauplätze eines mysteriösen Glaubens und zugleich ein Beweis für die Zähigkeit der leidgeprüften Menschen, die viele Jahrhunderte lang immer wieder vor irgendeiner Seuche oder irgendeiner barbarischen Invasion in die dunklen unzugänglichen Tiefen dieser Schluchten flüchten mußten, um wenigstens das nackte Leben zu retten, nein, ich spreche vorerst noch nicht von diesen unheimlichen und verwirrenden Geheimnissen zwischen Gravina in Puglia und Massafrá, sondern ausschließlich von den *Chiese rupestri* unmittelbar vor Matera, nur durch eine tiefeingeschnittene bizarre Schlucht von der neuen Stadt und ihrem dämonisch anmutenden troglodytischen Unterbau getrennt.

Niemand weiß genau, wann die ersten Einsiedler, die ersten andachtsvollen oder auch nur vom Leben enttäuschten Menschen, von denen man nicht einmal mit Bestimmtheit sagen kann, ob es Mönche in unserem heutigen Sinn waren, in diese Schlucht kamen, wo sie dann anfingen, sich mit bloßen Händen oder mit irgendwelchen primitiven Werkzeugen ins mürbe Tuffgestein einzugraben und einzunisten. Wobei natürlich einige dieser Höhlen schon existiert haben müssen, weil seit prähistorischer Zeit im Raum von Matera Menschen sich in den Schluchten und Grotten verkrochen. Es gibt zwar auch einen verhältnismäßig vagen Anhaltspunkt für die Entstehung der christlichen Felsenkirchen, aus denen im Verlauf einiger Jahrhunderte zuerst kleine frühchristliche Gemeinden und später dann die ersten miteinander verbundenen Kavernen und Maulwurfsgänge der ältesten Höhlenstadt von Matera entstanden: 1204 wird zum erstenmal diese labyrinthische Höhlenstadt urkundlich erwähnt! Aber die gegenüberliegenden Grottenheiligtümer – in die man übrigens heute ohne besondere Schwierigkeit vordringen kann – stammen wahrscheinlich aus der Zeit zwischen dem 7. und 11. Jahrhundert, als drüben in Kleinasien (Kappadokien) die frühchristlichen Gemeinden vor dem ersten seldschukischen Ansturm flüchteten, woraus sich dann allmählich über die sogenannte Basilianerbewegung im östlichen Apulien, im Raum von Rossano und natürlich hier vor Matera die große Mönchsbewegung entwickelte, aus der wiederum eine ganze Reihe von Ortschaften und Städten entstand wie San Giovanni in Fiore, Serra San Bruno und auch Matera. Dabei muß man allerdings immer davon ausgehen, daß die ersten römischen Anachoreten und basilianischen Mönche nur eine uralte Wohnkultur fortsetzten, als sie in die primitiven Höhlen krochen oder nach dem Muster und Vorbild älterer Höhlen ihre eigenen Grotten herausschlugen aus dem nachgiebigen Gestein. Diese Annahme der Wissenschaft wird durch die erstaunlichen prähistorischen Funde im Museum von Matera noch unterstützt.
Aber was ist eigentlich so eindrucksvoll an den *Chiese rupestri?* Man kann heute auf einer asphaltierten Straße bis an den äußersten Rand der tiefen und schmalen Schlucht fahren, aus deren rechtsseitigem Abhang das unübersichtliche Wabensystem der verlassenen Altstadt von Matera aufsteigt und deren gegenüberliegender Grabenrand von den dunklen Schlupf-

löchern der frühen Christen vollkommen durchlöchert ist. Einige große Parkplätze, die freilich fast nur von den Liebespaaren Materas aufgesucht werden, wurden direkt oberhalb dieser Grottenheiligtümer angelegt, so daß man nur wenige Schritte durch das steil abfallende Gelände machen muß, um den vielleicht interessantesten Zeugnissen aus den Anfängen der christlichen Religion, die es in ganz Süditalien gibt, zu begegnen. Die kräftige Farbigkeit primitiver Fresken, teilweise verwittert und manchmal natürlich auch bis zur Unkenntlichkeit der Bildinhalte zerstört, erzählt von einer Inbrunst des Glaubens, die noch nicht zum Ritual erstarrt war. Und die Gesichter der Heiligen und Propheten, die plastisch aus den dunklen Tuffwänden hervortreten, verraten bei allem feierlichen Ernst noch diese Unmittelbarkeit und auch Vitalität, die man in den meisten berühmten Kathedralen vermissen wird. Was einem hier von den rauchgeschwärzten Wänden entgegenstarrt, ist ein Bilderbuch aus einer versunkenen Zeit, dem Stil nach zwar byzantinisch, aber dem tieferen Sinn zufolge naiv und menschlich auf eine Weise, die sich jeder kunsthistorischen Betrachtung und Wertung entzieht. Ähnliches sieht man nur noch in Kappadokien, wo in den berühmten Felsenkirchen von Göreme der Reichtum an Fresken zwar größer ist und manchmal die Fresken selbst auch kunstvoller sind, wo aber die gleiche Leidenschaftlichkeit ausgedrückt wird wie in den verschütteten und vergessenen Felsenkirchen vor Matera.
Ich stand zuletzt an einem Vorweihnachtstag des Jahres 1977 in einer dieser Grotten, deren sorgfältig ausgehauene Wände von Fresken bedeckt sind. Draußen schoß der Wind zischend durch die Tiefe der Schlucht, hing die Sonne wie ein schweres Gewicht am wolkenlosen Himmel. Im Inneren der Höhle, in der einmal irgendwelche längst vergessenen Mönche und Einsiedler ihr frommes, entbehrungsreiches Dasein gefristet haben, spürte man weder den kalten Winterwind noch die dagegen ankämpfende Sonne. Die Natur war hier wie ausgesperrt, war aus diesem unterirdischen Heiligtum verbannt.
Hundert oder sogar hundertdreißig solcher Felsenkirchen allein im unmittelbaren Bereich von Matera: Eine erstaunlichere Ansammlung selbstgenügsamer Frömmigkeit ist nur schwer vorstellbar! Und sie ist zugleich ein denkwürdiger und in seiner unheimlichen Ausdruckskraft adäquater Kontrapunkt zur Altstadt von Matera selbst, die seit einigen Jahren renoviert und

zum faszinierenden Besichtigungsobjekt umgestaltet wird. Ich freilich erlebte diese *Sassi*, die sich früher einmal in die beiden Bezirke *Barisano* und *Caveoso* unterteilten, noch in voller Funktion, erfüllt von einem erbarmungswürdigen Leben, das lärmend und schmutzstarrend aus den Höhlenwohnungen über die schmalen Gassen und verwinkelten Treppen flutete, erfüllt von den kloakenhaften Ausdünstungen der Menschen, ich erlebte noch das grausame Nebeneinander von Tieren und Kindern, von menschlichem und tierischem Kot in diesen dunklen und lichtlosen *Sassi*, als aus der Tiefe der Schlucht ein unaufhörliches und betäubendes Lärmen aufstieg, ein unmenschliches Geräusch, das von Menschen herrührte, die wie verfaulendes Gewürm durch die nachgiebige Erde krochen, ich nahm noch teil (und es ist nicht einmal so lange her) an der dumpfen und ausweglosen Verzweiflung dieser Menschen, die wie Aussätzige jenseits jeder vernünftigen Ordnung lebten, hoffnungslos bis zur Abstumpfung von einer grimassierenden und schmatzenden Hölle umgeben, die nur gelegentliche Touristen oder einige romantische Schriftsteller als erhaltenswert und originell beschrieben haben. Und ich applaudiere uneingeschränkt der Vernunft, die den italienischen Staat spät genug bewog, dieser unvorstellbaren Miserabilität, die man als Besucher oder Gast niemals wirklich nachempfinden konnte, in den sechziger Jahren ein Ende zu bereiten.
Heute sind diese ältesten Stadtviertel von Matera völlig menschenleer. Nur einige wenige Höhlen und uralte Häuser werden noch eher zufällig bewohnt oder dienen als Vorratskammern und Weinkeller. Und es ist, als ob man in ein anderes, fremdes Zeitalter eintreten würde, wenn man schrittweise in diese Totenstadt eindringt und den steilen Abhang der Schlucht hinabsteigt, nur noch umgeben vom graubraunen, lehmfarbenen Mauerwerk, das diese Schlupflöcher und Höhlen jahrhundertelang abgeschirmt hat, nur noch umgeben von den Erinnerungen an eine Existenz, deren bittere Ekelhaftigkeit man sich als Geschöpf dieses verrückten Wohlstandszeitalters schlichtweg nicht mehr vorstellen kann.
Und doch lebten inmitten dieses Pandämoniums einige religiöse Minderheiten, die noch bis vor wenigen Jahren zu den radikalsten Gruppen ganz Süditaliens gehörten, denn von den fünfzehntausend oder achtzehntausend Menschen, die noch um 1950 hier zusammengepfercht waren, bekannten sich

einige Gruppen zu den Baptisten und vor allem zu den sogenannten *Pentecostali*, während sich eine andere Minderheit zu einer Art semiheidnischer Rosenkranzgesellschaft vereinigte, deren religiöse Exerzitien teilweise noch auf den Perversionen mittelalterlicher Flagellanten beruhten. Ein italienischer Autor verglich einmal diese *Sassi* von Matera mit einer neapolitanischen Weihnachtskrippe, nur wesentlich fahler und wie ins Geisterhafte verzerrt. Und auch die Höllenkreise Dantes wurden bei der Schilderung dieser riesigen Wabe, die aus einer schmalen Schlucht emporsteigt, genannt. Beide Vergleiche treffen heute noch zu, auch wenn jetzt der unheimliche Lärm menschlicher und tierischer Stimmen endgültig verstummt ist und aus dieser peinlichen Selbstdarstellung und Entblößung menschlichen Elends und menschlicher Leidenschaften fast schon ein statuarisch erstarrtes Panorama mit musealem Charakter geworden ist.

Aber das Geisterhafte, das wie ein unsichtbarer Fetzen zwischen den Ruinen und vor den Höhleneingängen hängt, und vielleicht sogar noch das Höllenhafte, das einen schaudernd an die Leidensfähigkeit der Menschen erinnert: Beides ist auf eine schwer zu beschreibende Weise immer noch vorhanden und läßt diese erstaunlichen Kulissen selbst unter der harten Sonne Süditaliens plötzlich zum Alptraum werden. Und man starrt abwechselnd auf die leeren Wohnwaben dieser ältesten Altstadt von Matera und auf die gegenüberliegende Seite der Schlucht, wo die rostbraune und grauweiße Felswand durchlöchert ist von prähistorischen Gräbern und frühchristlichen Felsenkirchen, wobei man oft nicht unterscheiden kann, was zuerst eine uralte heidnische Begräbnisstätte und tausend oder zweitausend Jahre später das primitive Schlupfloch eines frommen Einsiedlers war. Denn in dieser fast senkrecht aufragenden Wand, in diesem tiefen scharfen Schnitt quer durch die lukanischen Hochebenen überlagern sich die Zeitalter, Religionen und Mythen und sind beinahe in jeden Quadratmeter des Tuffsteins einige Jahrtausende lebendiger Geschichte eingezeichnet. Und erstaunt fragt man sich, weshalb dieser außerordentliche Schauplatz noch immer so gut wie unbekannt ist.

Aber eine vernünftige Antwort auf diese Frage wird im magischen Viereck, dessen geographische Grenzpunkte in Massafrá und Gioia, in Gravina und Matera liegen, wohl auch künftighin unterbleiben, denn zu vielfältig und auch zu unübersichtlich sind die Geheimnisse, die in der roten apulischen Erde liegen, verborgen in gähnenden Schluchten, überwachsen von struppiger dichter Macchia, verschüttet vom Wind, der den rinnenden Sand über unterirdische Heiligtümer und auch über die alten Fluchtwege der Menschen weht, die hier lange vor der griechischen Invasion gelebt haben. Im Verhältnis zu den Schwierigkeiten, einige dieser abseits gelegenen Grotten und Gräber und die im Kalk- und Tuffstein Apuliens untergebrachten Höhlenheiligtümer mehr zufällig als beabsichtigt zu entdecken, ist es vergleichsweise einfach, die neuen Ausgrabungen von Metapontum unten in der Küstenebene am Ionischen Meer aufzuspüren. Und während man oft ahnungslos an einer verborgenen Schlucht, an einem verwachsenen und bis zur Unkenntlichkeit getarnten Abgrund und damit an primitiven und freilich auch zutiefst beeindruckenden Kulturdenkmälern vorbeifährt oder vorbeigeht, kann man in Metaponto jetzt neben dem Bagger stehen, der die Fundamente der griechischen Stadt Metapontum langsam freilegt. Was mich dabei vor allem faszinierte, war das stille, fast beschauliche Bild, das sich mir bot, war die schwere und saftig glänzende Ackererde, die von den scharfen Zähnen eines gelben Baggers aufgewühlt wurde, war das langsame Sichtbarwerden eines mächtigen Steins, der vielleicht einmal eine Stufe oder ein Balken jenes Tempels war, in dessen heiliger Unzugänglichkeit Pythagoras freiwillig verhungerte. Das sind verrückte Gedanken, ich weiß, aber es war ein so eigenartiges und unwiederholbares Schauspiel, wie hier Bagger und Schubraupe durch die dunkelbraunen Ackerschollen schlürften und wie dabei gleichsam zufällig eine erste Kennmarke, eine erste Ahnung von der einstmals blühenden Griechenstadt sich aus der Erde schälte, wie plötzlich tote Geschöpfe und Dinge wieder unvermittelt lebendig wurden, daß es wahrscheinlich gegen alle Vernunft gewesen wäre, wenn ich mir in diesen Augenblicken nicht die berühmten Weizenfelder von Metapontum und die schimmernden Tempel und die kostbar gepflasterten Straßen und darauf das spöttisch lärmende Volk vorgestellt hätte, wie es den sterbenden Pythagoras verhöhnte, weil es seine politische Moral nicht begriff.

Und dann wieder das zögernde Eindringen ins apulische und lukanische Hinterland, vorbei an den sogenannten *Tavole Palatine* oder auch *Tempel des Pythagoras*, der möglicherweise

der Göttin Hera geweiht war und weder mit irgendeinem Kaiser noch mit dem Tod des Pythagoras etwas zu tun haben muß, obgleich Cicero noch vom legendären Ruhm des im Jahre 497 vor Christus hier gestorbenen Mathematikers, Philosophen und Politikers beeindruckt war, und sich in der Bevölkerung dieses Landstriches hartnäckig das Gerücht hielt, Pythagoras wäre gerade in diesem großen dorischen Tempel aus weichselfarbenem Kalktuff verhungert. Aber die Meinung des Volkes spricht diesen fünfzehn Säulen, die wie ein schönes altes Gitter in der fruchtbaren Landschaft stehen, auch eine legendäre Verbindung mit einem Kaiser zu, genauso wie die jetzt ausgegrabenen Bruchstücke des Apollonischen Tempels inmitten der saftigen Felder Metapontos viele Jahrhunderte lang immer nur als *Kirche des Simson* bekannt waren, obgleich nur einzelne Bruchstücke und verwitterte Steine gelegentlich von einer Pflugschar zufällig ausgegraben wurden.
Die Geschichte wird wie hinter einer dünnen Nebelwand für kurze Augenblicke noch einmal sichtbar, das bunt zusammengewürfelte Heer des deutschen Kaisers Otto II., das hier im Jahre 982 während eines verzweifelten Kriegszuges gegen die übermächtigen Sarazenen lagerte, lebt in der Erinnerung der Menschen noch einmal auf, die frommen basilianischen Pilgerkarawanen, unterwegs vom alten Hydruntum, wo sie die zitternden Planken venezianischer und byzantinischer Schiffe aufatmend verlassen haben, wandern in einer graubraunen Staubwolke noch einmal über die leicht ansteigenden Hügel, bis sie sich auf die tiefeingeschnittenen Schluchten verteilen, die wie zerbrechliche und kaum sichtbare Adern durch das Land laufen, hinter den apulischen Ölbäumen schimmert immer noch das Ionische Meer, glänzt es unter der Sonne wie eine Scheibe aus gehämmertem Kupfer, und aus der einsamen Landschaft steht wieder der alte Glaube auf, der sich aus griechischen und römischen Göttern und aus heidnischem Aberglauben ein neues Weltbild zurechtgezimmert hat. Ich fahre langsam hügelaufwärts. Die braunrote Erde ist mit Steinen übersät. Der wolkige Schatten riesiger Ölbäume fällt auf merkwürdige Zeichen, die sich beim Näherkommen als uralter Bauschutt entpuppen. Vor mir liegt Laterza, das anfangs wie eine weiße Wolke am graugrünen Hügel liegt, bis sich schrittweise die Bilder öffnen und wieder die Spuren eines traumwandlerischen Daseins, das sich tausend Jahre lang oder

länger unter der Erde eingenistet hat, sichtbar werden. Und wieder eine Schlucht, deren dunkelgrauer Tuffstein mit den Narben zahlloser Schlupflöcher bedeckt ist. Was stammt aus prähistorischer Zeit, was hat mit asketischem Fanatismus frühchristlicher Mönche zu tun und was war viele Hunderte Jahre lang letzter Zufluchtsort der gepeinigten Menschen, wenn die Flammenzeichen fremder Invasoren über den Horizont wischten? Aus welchem Zeitalter kommen die verwitterten Fresken und welche begabte Hand hat die Farben so gemischt, daß sie auch nach einem Jahrtausend noch wie unterirdische Sonnen durch das Halbdunkel dieser bauchigen Höhlen glühen?
Ich weiß es nicht! Ich fahre und gehe und durchstreife eine Welt unterhalb der Welt. Wie viele Grottenheiligtümer in Laterza und wie viele in der Schlucht von San Marco in Massafrá? Was entdecke ich in der großen leeren Ebene, durch die vor zweitausend Jahren die Via Appia zog? Wilde Feigenbäume schlingen ihr verwirrtes Geäst um unbekannte Einstiege zu unterirdischen Kultstätten, winzige Kirchen stehen windschief und verlassen und verfallen inmitten eingestürzter Hohlgänge, braunrote und ockerfarbene Löcher starren mich aus Mulden und kaum sichtbaren Einschnitten an, über die verfärbtes Weinlaub kriecht und pelzige Salbeibüsche wuchern, abbröckelndes Mauerwerk hängt an felsigen Vorsprüngen, rätselhafte Steintreppen führen hangaufwärts und verschwinden plötzlich in einem gähnenden Spalt, die mir bekannte und vertraute süditalienische Welt verschwindet in einem unterirdischen Labyrinth, versinkt in einem unbegreiflichen System von Schlupflöchern, Hohlgängen, Höhlen, Grotten, Fresken, Gräbern, Kapellen und Kirchen, diese Welt, an deren Unveränderlichkeit man glaubt, stülpt sich unversehens nach innen, dreht ihre innere Haut nach außen, stellt die Dinge auf den Kopf und sich selbst in Frage.
Ich kann nur ein paar Namen nennen, einige Hinweise geben, ich kann nur sagen, daß ich wahrscheinlich ein Leben lang zwischen Matera, Laterza, Castellaneta und Massafrá zubringen müßte, um diese seltsame Welt und dieses magische mythische Viereck zu erforschen oder wenigstens andeutungsweise zu begreifen. Die Vielfalt der Schauplätze ist verwirrend. Und das Erstaunen angesichts einer so lemurenhaften und bei aller inbrünstigen Gläubigkeit erschütternd heidnischen Welt

ist zu groß, als daß man dieses kleine Universum jenseits unserer bekannten Welt allein mit intellektuellen Mitteln begreifen könnte.
Einige dürftige Hinweise bringen zwar noch keine Ordnung in das troglodytische Chaos, vermitteln aber doch eine ungefähre Vorstellung von der Entwicklung und dem Alter einer der unheimlichsten Sehenswürdigkeiten Europas. Massafrá zum Beispiel liegt wie ein Schiffsrumpf zwischen zwei Schluchten, die mindestens seit dem 8. und 9. Jahrhundert von Basilianern besiedelt wurden. Dutzende von den alten Wohnhöhlen tragen immer noch Spuren einstiger Farbigkeit, während das berühmte Bauernheiligtum einer Madonnenkirche nur über Stufen erreichbar ist, die tief ins Innere einer dieser Schluchten führen. In Laterza existieren noch annähernd zwanzig Grottenheiligtümer, die durch unterirdische Gänge miteinander verbunden sind. Ähnliches gilt für Castellaneta, Mottola und Grottaglie, wo Höhlenkirchen und tief in die Erde gegrabene Krypten immer auch Wohnstätten waren für die Menschen, die ihre Apokalypse schon im diesseitigen Leben hatten. Dabei ist in Massafrá und Crispiano der Widerspruch zum gigantischen Italsider-Werk, das vor Tarent liegt, besonders groß, weil es hier nur wenige Augenblicke sind, die diese verstummte und geheimnisvolle Welt vom mechanischen Lärm eines modernen Stahlwerkes trennen.
Und damit stellt sich wieder einmal die Frage, die in ganz Süditalien anscheinend nicht befriedigend beantwortet werden kann: Wovon lebt das Volk, das zwar in der Nachbarschaft großartiger und manchmal auch erschütternder Kulturdenkmäler existiert, dessen Existenz aber dadurch nicht im mindesten gewährleistet wird? Der Boden am Rand der geheimnisvollen Schluchten ist steinig und so gut wie unbrauchbar für eine ergiebige landwirtschaftliche Bearbeitung. Das wenige fruchtbare Land ist in Domänen aufgeteilt, deren Ertrag für den Einzelnen unbefriedigend ist. Und immer noch beherrscht das alte verhängnisvolle System der Unterverpachtung die bäuerlichen Strukturen. Die Stahlindustrie in Tarent wiederum hat seit Jahren schon mit Absatzschwierigkeiten zu kämpfen und kann vorläufig nur noch durch kostspielige Investitionen davor bewahrt werden, zahllose Arbeiter zu entlassen. Dafür haben sich die landeinwärts gelegenen Städte noch immer nicht vom allmächtigen Problem ständiger Arbeitslo-

sigkeit befreien können. Und wer aufmerksam zwischen Massafrá und Matera unterwegs ist, wird bald feststellen können, daß ein Phänomen besonderer Art auch in dieser Region dominiert. In allen diesen düsteren Bauernstädten beherrschen nämlich Kinder und alte Menschen die Straßen und Plätze. Die mittlere Generation fehlt in einem erschrekkenden Maße, weil seit Jahrzehnten schon nicht nur die arbeitsfähigen Männer, sondern immer häufiger auch die jungen Frauen auswandern. Die Ziele dieser Auswanderung, die mehr eine Flucht vor dem latenten Elend des Südens ist, können in Norditalien oder Amerika, in Deutschland oder Australien liegen. Das Resultat hat ausnahmslos etwas Frustrierendes an sich: Die allmähliche Verödung einer Landschaft, die noch in byzantinischer, normannischer und staufischer Zeit zu den großen geistigen Zentren des Abendlandes gezählt hat. Und beinahe empfindet man die unerläßliche Aussiedlung der Höhlenbewohner aus den *Sassi* von Matera schon wieder als Hohn, wenn man sich vorstellt, daß sich zwar ihre hygienischen und manchmal auch ihre räumlichen Verhältnisse geändert haben, daß sich aber an ihrer allgemeinen Miserabilität allein schon deshalb nichts verändern wird, weil es an Arbeitsplätzen fehlt, an selbstverständlichen Möglichkeiten zum sozialen Aufstieg und damit an diesen grundlegenden Voraussetzungen zur Chancengleichheit, die in den geistig und materiell verwahrlosten Landstrichen des Südens auch heute noch eine billige Chimäre ist.
Wovon lebt das Volk, das vor Jahrhunderten und manchmal auch nur vor knappen zehn Jahren den düsteren und geheimnisvollen Schluchten entstiegen ist und das jetzt vielfach auch oberhalb der Erde nichts von seinem lemurenhaften Dasein eingebüßt hat? Italiens fortschrittliche Schriftsteller beschreiben seit Jahren schon den ständigen Rückgang des Analphabetismus auch zwischen Matera und Massafrá. Aber seit Jahren verraten alle offiziellen und geheimgehaltenen Statistiken, daß dieser Analphabetismus etwas sehr Hartnäckiges ist. In allen einschlägigen Reisehandbüchern kann man nachlesen, daß man sich von hilfsbereiten Kindern zu den sehenswertesten Grottenheiligtümern führen lassen sollte. Aber in keinem einzigen dieser Bücher habe ich eine erschöpfende Auskunft darüber gelesen, was aus diesen Kindern einmal werden soll. Immer nur Hilfskellner? Und analphabetische Landarbeiter

unter der hämmernden Sonne? Immer nur Auswanderer? Und gedemütigte Arbeitssklaven in einem fremden Land?
Wovon lebt das Volk, das einige der ergreifendsten Denkmäler menschlicher Vernunft und frommer Begabung bewacht? Und wie schaut seine Zukunft wirklich aus, jetzt, nachdem wir angefangen haben, seine Vergangenheit zu beschreiben?
Ich weiß es nicht! Ich weiß nur, daß jede Antwort, wenn sie ehrlich sein sollte, unbefriedigend sein wird!

Die Gräber von Venosa

Wozu über einen Mann namens Horaz berichten, wozu der mysteriösen Geschichte hebräischer Katakomben nachforschen, wozu vor den Gräbern normannischer Fürsten meditieren und das Besondere an einer kleinen süditalienischen Bauernstadt beschreiben, deren verwachsene Architektur von den schmutzstarrenden Jahresringen einer fast schon vollkommenen Desolatheit umklammert wird? Wozu immer nur die Biographien derjenigen Helden nacherzählen, deren Namen auf den Straßen und Plätzen verewigt werden, die wie faulende Wunden im Gewebe dieser schrecklichen Städte liegen, durch die ich kommen mußte, um nach langjähriger Abwesenheit wieder ins horazische, hebräische und normannische Venosa einzuziehen, wo mich das dumpfe Lärmen der Maultiere, auf denen die schlaftrunkenen Bauern spätestens ab drei Uhr früh nach ihren weit entfernten Feldern unterwegs waren, an die Dürftigkeit des namenlosen Lebens erinnert hat? Wozu in den verwitterten Trümmern herumstöbern, unter denen ruhmrednerische Feldherren verscharrt sind, wozu überhaupt horazisches Land betreten und auf normannischen Spuren wandern und römischen Erinnerungen nachhängen, während Stunde um Stunde draußen das leere Land vorbeifliegt und durch die zerbrochenen Dächer apulischer und lukanischer Bauernhöfe ein nebeliger Winterhimmel herabhängt?
Ich war frühzeitig in Tarent aufgebrochen, wollte am gleichen Abend wieder in der alten Stadt am Ionischen Meer sein, fuhr über Gioia del Colle, Santéramo und Altamura weiter nach Gravina, war in Gedanken schon in Venosa, wo mir vor vielen Jahren eine zahnlose Alte hartnäckig ein nacktes Mauerviereck aus dem 2. oder 3. Jahrhundert am äußersten Rand der Altstadt

als das *Haus des Horaz* angepriesen hatte, und wo ich damals an den flaumigen und duftenden Frühlingsnachmittagen einen Bauernwein getrunken hatte, der wie Schaumwein moussiert und wie süße Limonade schmeckt. Ich sah die großen Ebenen vor mir liegen, erinnerte mich an meinen letzten Aufenthalt in Venosa und wie ich die schmale dunkle Stadt nach Überresten aus dem römischen Venusium abgesucht hatte und dabei immer nur auf eine bäuerliche Vergangenheit gestoßen war, auf schweigsame schwerfällige Bauern wie Arbeitstiere und auf kräftige Maultiere vor den hochrädrigen Karren und auf den Geruch von Knoblauch und Pfefferwürsten und wie die dicken Zöpfe der gelben und roten Pfefferoni vor den Häusern hängen und was für einen Geruch der frische Mist verströmt, der die engen Straßen bedeckt, und spätestens in Gravina und während ich über die braungelben und grünen Quadrate riesiger Felder rollte, die wie ein spiegelverkehrter Himmel vor mir lagen und keinen Anfang und kein Ende hatten, spätestens jetzt, unterwegs zwischen Gravina und Spinazzola und immer dicht an der unsichtbaren Grenze zwischen dem schönen Apulien und der geheimnisvollen Basilicata, begriff ich allmählich, daß sich etwas verändert hatte. Und während ich begriff, stiegen lautlos die Fragen auf.
Wer bearbeitet das Land? Die großen alten Bauernhöfe sind verlassen. Wem gehört das Land? Die neuerrichteten Siedlungen inmitten der endlosen Felder sind schon wieder verfallen. Wo leben die Menschen, die hier noch vor fünfzehn oder zwanzig Jahren ansässig waren? Stimmt das Gerücht, daß der süditalienische Bauer an der Einsamkeit zugrunde geht? Und deshalb immer wieder sein Kolonistenhaus, das ihm die Regierung bezahlt hat, fluchtartig verläßt, um in der nächsten Stadt und zehn oder zwanzig Kilometer von seinen Feldern entfernt zu leben? Das würde die schrecklichen Ruinen der neuen Siedlungshäuser erklären. Aber warum stehen die großen und mächtigen Bauernhöfe leer, die schon seit zweihundert oder dreihundert Jahren wie graue Schiffe das braune Erdreich zerteilen? Warum nagt der Wind an den leeren Fensterhöhlen und wächst Gras aus den Dächern? Wo sind die Besitzer dieser Bauernhöfe? Wo die Landarbeiter und das nützliche Gerät und das Kindergeschrei? Nur Flucht in die Stadt oder auch das unaufhörliche Elend der Auswanderung? Ich fahre dreißig, fünfzig, siebzig Kilometer durch fruchtbares Ackerland und

zähle hundert, dreihundert, fünfhundert verlassene und verwahrloste Bauernhäuser. Die alten gemauerten Schafställe sind verödet. In den Wirtschaftsgebäuden rumort äußerstenfalls der winterliche Wind, der streng und kühl von der Basilicata herüberweht. Manche der neuen Siedlungshäuser, die erst vor einem knappen Dutzend Jahren entstanden sein können, sind rauchgeschwärzt. Später zwischen Gravina und Matera und durch die berühmte Schlucht des Picciano werde ich die gleichen Ruinen, die gleiche Verlassenheit, die gleiche langsam wachsende Wildnis zu sehen bekommen. Warum? Sah ich ähnliche Bilder nicht schon in Sizilien? Wo die dressierten Handlanger der Mafia zuerst Furcht und Schrecken verbreiteten und dann die Bauern aus ihren neuen Häusern flüchteten, manchmal nur bis in die nächste Stadt und manchmal bis nach Übersee? Und sah ich Gleiches nicht auch im ionischen Teil Kalabriens, wo fünftausend oder zehntausend Siedlungshäuser leerstehen? Wer vertrieb die Bauern dort? Und welche namenlose Krankheit, welche Seuche hat das Land hier entvölkert?

Oder ich frage anders: Was hat diese Veränderung verursacht, die aus einer ruhmreichen Landschaft und einem scheinbar unerschöpflichen Reservoir an Begabungen und aus einem Schauplatz für mythische Gottheiten, römische Dichter, normannische Fürsten und staufische Kaiser ein von Menschen gemiedenes und fast völlig entleertes Land werden ließ, in dessen großen und schmutzigen Bauernstädten eine herabgekommene und gleichgültige Bevölkerung heute noch unter Verhältnissen leben muß, deren Abschaffung sich jede der großen politischen Parteien und religiösen Ideologien Europas in den letzten paar hundert Jahren eifrig vorgenommen hat?

Oder anders gefragt: Wer beschreibt in Venosa, das mindestens seit einem halben Jahrtausend von Wissenschaftlern, Schriftstellern und Romantikern ebenso leidenschaftlich wie nachdrücklich wahrgenommen wird, die unverschämte Unzumutbarkeit einer ewig gleichbleibenden Armut? Wer zitiert neben Horaz auch noch die Flüche der Einwohner von Venosa, wenn sie in den feuchtkalten Wintermonaten oder in der unerträglichen Hitze des Sommers zuerst an ihren desolaten Wohnverhältnissen und dann am Schmutz und schließlich an der Lethargie allmählich zugrunde gehen? Und wer macht ihnen begreiflich, daß die Erzählungen über ihre Heimatstadt

ein schreiender Widerspruch sind zur Wirklichkeit ihrer Heimatstadt?
Ich kam auch diesmal wieder wegen Horaz und natürlich auch wegen des großartigen Glanzstückes normannischer Architektur in Süditalien, der unvollendeten Benediktinerabtei Santa Trinità, nach Venosa. Und stand jetzt mitten unter den Bauern, Landarbeitern und Arbeitslosen auf dem weiträumigen Platz vor dem Kastell, nachdenklich dieser ärgerlichen Sucht aller Literaten frönend, indem ich mir vorstellte, daß Horaz nicht viel anders ausgesehen haben kann als diese vierschrötigen derben Männer mit den harten und mißtrauischen Gesichtern, die hier die Wintersonne genossen. Immerhin war er nichts Besseres oder Privilegierteres, als er im Jahre 65 vor Christus als Sohn eines freigelassenen Sklaven in der alten römischen Legionärs- und Verwaltungsstadt Venusium zur Welt kam. Sein Familienname war Flaccus, was soviel wie Schlappohr bedeutet. Er selbst nannte sich Horatius, welches der Name des ehemaligen Herrn seines Vaters war. Frühzeitig ging er nach Rom, eignete sich die wichtigsten Grundkenntnisse der damals unerläßlichen Rhetorik an, hoffte auf eine Anstellung im Staatsdienst, ging dann aber nach Athen, wo er sich philosophischen Studien zuwandte. Sein Vater, der inzwischen in Venusium zum Steuereinnehmer avanciert war, sorgte für den notwendigen Lebensunterhalt.
In Athen freilich geriet der junge Horaz in die großen und entscheidenden Auseinandersetzungen jener Zeit, die nach der Ermordung Cäsars um die Verteilung der Macht ausgefochten wurden. Als Soldat in der Armee des legendären Brutus, des Mörders Cäsars, wurde er bald Offizier und befehligte schließlich, ohne einen einzigen Schwertstreich getan zu haben, eine ganze Legion. Vielleicht war es damals schon, daß ihn sein sprichwörtlicher Zynismus sagen ließ: »Süß und ehrenvoll ist es fürs Vaterland zu sterben!«
Horaz freilich dachte nicht im mindesten an den Heldentod, sondern beendete ein paar Stunden oder Tage vor der mörderischen Schlacht von Philippi und bevor sein Dienstgeber Brutus Selbstmord verübte, von sich aus seine militärische Laufbahn und kehrte zurück nach Italien, wo er im heimatlichen Venusium die wirren Verhältnisse abzuwarten gedachte. Allerdings mußte er jetzt feststellen, daß sein Vater tot und das geringe Vermögen beschlagnahmt war, weil Octavian, der Sieger über

Brutus, im ganzen römischen Reich den Besitz der Parteigänger des Brutus konfiszieren ließ. Und da die römische Bürokratie keinen Unterschied machte zwischen einem besiegten und einem desertierten Kommandanten, sondern sich ausschließlich auf die Regimentslisten der feindlichen Armee stützte, wurde auch der Pazifist Horaz als Kriegsverbrecher bestraft.
Was ich hier erzähle, sagt freilich noch nichts aus über den Charakter eines zwar schüchternen und vielleicht sogar tölpelhaften, aber brennend ehrgeizigen jungen Mannes aus der Provinz, der wahrscheinlich frühzeitig schon erkannt hatte, daß ihn Herkunft, Neigung und Begabung dazu verurteilen würden, ein Leben lang von mächtigen Gönnern abhängig zu sein. Er blieb auch später in Rom der etwas linkische und bäuerische Mensch aus Venusium, spottlustig zwar und sarkastisch, aber sich selbst gegenüber aufrichtig genug, um auf dem Höhepunkt seines Ruhmes sagen zu können: »Man kann einen Mann wie mich, der Verse macht, die der Prosa verwandt sind, kaum einen Dichter nennen.«
Was für ein Charakter also? Auf jeden Fall mutig und auch rücksichtslos, denn trotz seiner verzweifelten materiellen Lage und obgleich er damit rechnen mußte, als ehemaliger Anhänger des Staatsfeindes Brutus verfolgt zu werden, schlug er sich jetzt irgendwie nach Rom durch, fand zuerst eine Anstellung als simpler Büroschreiber und dann durch seine zynischen und frappierend wahrheitsliebenden Verse, die eine zügellose und ordinäre römische Wirklichkeit ungeschminkt beschrieben, auch die Aufmerksamkeit des mächtigsten Gönners jener Zeit, des Maecenas. Damit sollte die Karriere des Sohnes eines einstigen Sklaven aus den lukanischen Bergen freilich noch immer nicht ihren Höhepunkt erreicht haben, denn nun bemühte sich Octavian selbst um Horaz, überhäufte ihn mit Aufmerksamkeiten und bot ihm sogar die Stelle eines Privatsekretärs an, was der vorsichtige Dichter allerdings ablehnte. Vielleicht begriff er zu genau, wo seine Grenzen lagen und daß es gefährlich sein konnte, im Schatten eines sittenstrengen Kaisers mit den Mitteln des derben Spottes und der zynischen Ironie das Leben zu beschreiben. Er, der ein Zeitgenosse der größeren Begabungen Ovid und Vergil war, beschränkte sich auf die literarische Form, der er sich gewachsen fühlte. Und das war die Satire, war die grimmige und karikierende Übertreibung einer Wahrheit, die er freilich schärfer und mitleidloser durchschau-

te als seine poetisch vielleicht ausdrucksstärkeren und feinsinnigeren Dichterkollegen.
Grimmige Spötter sind auch die Bauern von Venosa, die keinen Horaz zu lesen brauchen, um sich über die Unfähigkeit oder bürokratische Schwerfälligkeit der Behörden in Rom und in der nähergelegenen politischen Provinzhauptstadt Potenza lustig zu machen. Sie tun das ohne Gehässigkeit, fast fatalistisch, als hätten sie längst schon begriffen, daß sie sich mit ihrem Schicksal abzufinden haben. Sie maulen und knurren und sparen nicht mit obszönen Schimpfworten, wenn sie vor ihrem dunklen mächtigen Kastell den großen Stadtplatz bevölkern. Aber dann rotzen und spucken sie äußerstenfalls verächtlich und resignierend aufs alte Steinpflaster und gehen schweigend davon, tragische Figuren, deren Ohnmacht gegenüber einer jahrhundertelangen Willkür mindestens so ergreifend ist, wie die Lethargie unverständlich anmutet, mit der sie sich an Entbehrung und Unterdrückung gewöhnt haben. Und man beginnt tatsächlich an ein Wunder zu glauben, daß es vor zweitausend Jahren dem Sohn eines freigelassenen Sklaven gelungen war, den entscheidenden Schritt aus dieser rückständigen und bedürftigen Welt nach draußen zu tun.
Diesmal verzichtete ich darauf, mir das Haus des Horaz zeigen zu lassen, obgleich jetzt eine touristische Hinweistafel auf diese fragwürdige Attraktion verweist. Dafür begann ich mich geduldig mit den römischen Steinlöwen auseinanderzusetzen, die sich gleichmäßig über ganz Venosa verteilen, altersgraue verdrossene Tiere, die sich bis in die schmutzigsten und unzugänglichsten Winkel der Altstadt verkrochen haben. Schon Norman Douglas berichtete erstaunt über diese Eigenart und meinte resignierend, daß Venosa ein Beinhaus verstümmelter Löwen wäre. Natürlich kauern auch vor der monumentalen Abtei Santa Trinitá zwei dieser steinernen Haustiere aus den glanzvollen Tagen des römischen Venusium, die hier freilich ein wenig verloren wirken, denn diese gewaltige Schöpfung des Normannen Robert Guiscard, die allerdings nie fertiggestellt werden konnte, erdrückt mit ihren kolossalen Mauern und der beinahe gnadenlosen Wucht ihrer gewalttätigen Architektur jedes andere Zeugnis selbst aus ältesten Tagen. Die Erinnerungen an das römische Zeitalter wirken neben diesem ebenso pompösen wie beeindruckenden Bau plötzlich dürftig und filigran. Horaz hat den Schauplatz, auf dem sich ein Jahrtau-

send später die Sehnsucht normannischer Fürsten nach einem friedlichen Ausgleich mit den Mächten des Himmels dokumentierte und wo einige von ihnen schließlich auch begraben wurden, natürlich genau gekannt. Denn hier befand sich das zwar kleine, aber schön gerundete Amphitheater, hier standen die vielbesuchten römischen Thermen, in denen nicht nur die Reisenden, die auf der Via Appia unterwegs waren, Erholung fanden. Und vielleicht hat der junge Horaz hier seine ersten Anregungen erfahren, wenn er den Gesprächen römischer Hofbeamter und Eilkuriere lauschte, für die Venusium eine praktische und angenehme Station war auf ihrem Weg von und nach Brundisium und Rom.

Der Eindruck, den die wuchtigen Ruinen der normannischen Abtei bieten, ist heute noch faszinierend, obgleich in den letzten Jahren gerade hier zahlreiche Ausgrabungen vorgenommen wurden, die das Interesse der Besucher beanspruchen können, darunter eine frühchristliche Basilika aus dem 4. oder 5. Jahrhundert, und obgleich man die Abtei selbst für meinen Geschmack etwas zu ungestüm restauriert hat. Ich kann mich noch zu gut an dieses Gefühl überwältigender Einsamkeit erinnern, das der langgestreckte Bau, der mit seinen drei Apsiden sich kühn in der Landschaft wölbt, vor vielen Jahren vermittelte, um jetzt, da man die alte normannische Klosterkirche restaurierend fertigstellte, ähnlich beeindruckt zu sein wie damals, als gerade das Unfertige und trotzdem Gewaltige dieser Abtei etwas von der Idee vermittelte, die hier ausgedrückt werden sollte. Denn Robert Guiscard, der den Bau ums Jahr 1059 in Auftrag gab, dachte an eine Wiederholung von Cluny, an etwas Himmelstürmendes und dennoch mit der Erde Verhaftetes. Und es entbehrt nicht einer gewissen Tragik, daß sowohl er selbst, nachdem er auf dem Weg nach Konstantinopel vor Korfu plötzlich verstarb, als auch seine beiden Brüder Drogo und Wilhelm Eisenarm und seine unglückliche erste Ehefrau Alberada – sie war ein Opfer der rücksichtslosen normannischen Heiratspolitik – hier begraben wurden. Die schlichten Steinsarkophage des wenigstens im Tod vereinten Ehepaares Alberada und Robert und eine Reihe von beeindrukkenden Fresken, deren leuchtende Farbigkeit eindringlich und streng von allen diesen längst vergangenen und verwehten Zeitaltern und Figuren erzählt, sind gleichsam die offiziellen Sehenswürdigkeiten Venosas. Völlig unbekannt hingegen

dürfte die magische Bedeutung eines glatten römischen Pfeilers sein, der bis vor wenigen Jahren noch den Eingang zur Normannenkirche bewachte. Die Frauen aus Venosa und den umliegenden Städten, die sich inbrünstig an diesem durchaus nützlichen Pfeiler rieben, durften voll Hoffnung auf eine kommende Schwangerschaft sein. Ebenso wurde lange Zeit ein Weihwasserbecken, das aus einem romanischen Kapitell entstanden war, leidenschaftlich verehrt. Das führte manchmal dazu, daß ganze Prozessionen von Frauen, die auf den für Süditalien so wichtigen und mörderischen Kindersegen hofften, schreiend über die Steinplatten rund um dieses Weihwasserbecken rutschten, den Boden küßten und dabei ziemlich eindeutige Bewegungen vollführten, die irgendeine mythische Verbindung herstellen sollten zwischen ihrem unfruchtbaren Schoß und den kräftespendenden Steinen. Denn das einfache Volk wußte ganz genau, daß zum Bau der frommen Abtei römisches Material verwendet worden war und daß mit einigen dieser Steinplatten und Säulen und Quader seit den Tagen des Horaz ein Fruchtbarkeitsmythos verbunden ist.
Horaz hat die Umgebung seiner Heimatstadt noch als waldreich beschrieben, und bis ins 17. und 18. Jahrhundert war Venosa eines der berühmtesten Jagdgebiete der lukanischen und apulischen Baronien. Ebenso war die Malaria, diese vielleicht unbarmherzigste Geißel Süditaliens, hier so lange unbekannt, als man die dichten Wälder, die bis weit ins apulische Land hineinreichten, nicht abgeholzt hatte. Heute unterscheidet sich Venosa mit seiner eintönigen und kahlen Umgebung durch nichts mehr von der landschaftlichen Trostlosigkeit der angrenzenden Bezirke, eine Trostlosigkeit, die durch den Eindruck einer gleichmütigen Ärmlichkeit noch unterstrichen wird. Dabei ließ hier der staufische Kaiser Friedrich II. das sogenannte *Tentorium* aufstellen, ein mechanisches Wunderwerk, das sowohl die Stunden als auch die Tageszeiten und schließlich sogar den Verlauf der Gestirne genau anzeigte und das der Kaiser angeblich von irgendeinem babylonischen Sultan zum Geschenk erhalten hatte. Wohin diese monströse Rarität verschwand und ob sie sich möglicherweise in einem italienischen Museum erhalten hat, weiß ich nicht. Auch über die jüdischen Katakomben, auf die man 1853 erstmals stieß, konnte ich nichts Wesentliches in Erfahrung bringen. Die heutigen Bürger der Stadt scheinen diesen Höhlen, deren

Eingänge jenseits der Bahnstation an die Schlupflöcher basilianischer Mönche denken lassen, keine besondere Bedeutung beizumessen. Immerhin verraten hebräische Grabsteine und Inschriften, daß es von der spätrömischen Zeit an, also etwa vom Jahr 400 an, bis weit in die byzantinische Ära, also ungefähr bis ins 9. Jahrhundert, hier wie in vielen anderen Orten Süditaliens, eine bedeutende jüdische Kolonie gegeben hat, die sich dann aus Gründen, die anscheinend unbekannt sind, plötzlich aufgelöst hat und spurlos verschwunden ist. Und schließlich kann Venosa auch noch die Ruinen eines berühmten Grabmals vorweisen: Claudius Marcellus, fünfmaliger römischer Konsul, Eroberer von Syrakus, erbitterter Feind Hannibals, ausgezeichnet mit dem schmeichelhaften Ehrentitel, das *Schwert Roms* zu sein, starb vor den Mauern Venusiums im Jahre 208 vor Christus unter karthagischen Schwerthieben und wurde am Schauplatz seines wackeren Sterbens feierlich bestattet. Ihm nachgeeifert hat, zumindest was das martialische Leben betrifft, fast siebzehn Jahrhunderte später ein kriegslüsterner Baron namens Piero del Balzo, der in Ermangelung eines Hannibal oder eines anderen gleichrangigen Gegners die Bauern von Venosa schikanierte, ihre Kirche schleifen ließ und an die Stelle des Gotteshauses ein gewaltiges Kastell mit wehrhaften Bastionen und tiefen Gräben hinstellte. Anfang unseres Jahrhunderts kaufte ein einheimischer Spekulant die baufällig gewordene Ruine für runde dreißigtausend Lire und vermietete die nackten Räume für horrendes Geld an kinderreiche Bauernfamilien. Heute wird die verwahrloste Burg, die einem eine vage Vorstellung von der Brutalität vermittelt, mit der früher einmal die herrschende Klasse über die zu rechtlosen Sklaven degradierten Bauern regierte, wieder sorgfältig renoviert. Den Eindruck feindseliger Unnahbarkeit, den der rostbraune und altersgraue Bau allein schon deshalb macht, weil er mitten im Zentrum der Stadt steht und sie auf eine drohende und immer noch gewalttätige Weise beherrscht, können freilich auch die paar Holzgerüste und Ziegelstöße nicht verhindern, die man vorsorglich errichtet hat.
Venosa ist ein berühmter Ort, zumindest was seine Vergangenheit betrifft. Horaz hat ihm etwas von dieser nutzlosen Unsterblichkeit hinterlassen, die Generationen von Lateinschülern in aller Welt wenigstens den Namen seiner Heimatstadt bekanntgemacht haben sollte. Die Gräber einiger bedeu-

tender oder auch nur unglücklicher Menschen liegen hier, darunter vor allem das des Robert Guiscard, der nicht nur ein Riese an Gestalt und zugleich von außerordentlicher Schönheit gewesen sein soll, sondern dessen rücksichtslose Intelligenz alle Voraussetzungen schuf für ein blühendes Reich der Nordmänner inmitten südländischer Umgebung. Einige bemerkenswerte Bauten oder wenigstens die Ruinen solcher Bauten, darunter natürlich die großartige Abtei Santa Trinità, vervollständigen die Liste der Sehenswürdigkeiten von Venosa. Und trotzdem lastet ärmlicher Geruch und mehr als nur ein Hauch von Trostlosigkeit auf der schmutzigen Bauernstadt. Draußen vor den letzten Häusern tropfen die schwarzen Oliven ins Gras, treibt der kühle Bergwind Staubfahnen über die riesigen Felder. In den schmalen dunklen Gassen, deren Fundamente noch auf den uralten römischen Straßen ruhen, erstickt das Leben an Verhältnissen, die sich seit den Tagen des Horaz kaum geändert haben. Immer noch beginnt frühmorgens oder eigentlich ein paar Stunden nach Mitternacht der alltägliche Auszug schlaftrunkener Bauern und hängt die Existenz von zehntausend oder zwanzigtausend Menschen von der veränderlichen Marktlage für Wein, Öl und Gemüse ab. Immer noch müssen die jungen Männer, wenn sie mehr als nur den trockenen Bissen Brot und zum schweren schwarzen Wein die unerläßliche Pasta haben wollen, den entscheidenden Schritt hinaus tun aus ihrer Heimatstadt. Und immer noch drängen die Verhältnisse, die aus Bauern verschuldete Arbeitstiere und aus dem Kleingewerbe ein erbittertes und ohnmächtiges Proletariat machen, die Menschen von Venosa – und nicht nur von Venosa – in ein soziales Abseits. Daran ändern auch die schönen geschmeidigen Verse des Horaz nichts, die man genießerisch aufsagt, während man zwischen Pferdemist und menschlichem Kot die Erinnerung an seine Jugendzeit beschwört, und nichts die bewundernden Blicke, die man auf die mittelalterliche Architektur der unvollendet gebliebenen normannischen Abtei wirft.

Die Sonne trocknet keine Tränen

Landung auf einem anderen Kontinent

Das mächtige Fährschiff gleitet in den sichelförmigen Hafen von Messina hinein. Die Autos auf dem Oberdeck geraten in Bewegung. Im Wagen neben mir, aus dem seit zwanzig oder dreißig Minuten schon das keuchende Plärren eines Säuglings kommt, plötzlich heftiges Geschrei. Eine junge Frau, fast noch ein Mädchen und doch schon die Mutter des plärrenden Säuglings, schlägt mit beiden Fäusten auf den Fahrer ein, auf ihren Mann, auch er noch jung, hochrot jetzt vor Scham, in aller Öffentlichkeit gedemütigt zu werden. Die junge Frau kreischt mit einer Stimme, die immer wieder umkippt. Und schlägt auf den Mann ein, der wortlos, verbissen am Lenkrad dreht. Hat sie vergessen, daß die alten Frauen, schwarzkittelig und allwissend, die auch bei ihrer Geburt geschäftig anwesend gewesen sind, das Wasser, mit dem das Neugeborene flüchtig gebadet worden ist, verächtlich in die Asche der Feuerstelle geschüttet haben? Und die nutzlose Nachgeburt hinterher? Nur ein Mädchen! Und nun eine Sizilianerin, die heimkehrt! Rächt sie sich jetzt auf diese verzweifelte Weise dafür, daß sie im heimatlichen Dorf mit dem Rücken zur Gassenschlucht sitzen muß? Frauenrücken neben Frauenrücken, eine dunkle Kette der Demütigung. Ihre schrillen Schreie zerreißen die drückende Hitze auf dem Oberdeck, während ihr Mann, begleitet von der stummen Kollegialität der anderen sizilianischen Männer, als erster hinausfährt aus der Reihe der wartenden Autos.
Ich bin Augenzeuge einer sizilianischen Tragödie geworden. Der Mann wird die Hiebe, die er in aller Öffentlichkeit hat hinnehmen müssen, der Frau tausendfach heimzahlen. Weil sie ihn vor Augenzeugen gedemütigt hat. Weil sie ihm nicht erlaubt hat, sein Unglück, von der Frau geschlagen zu werden, vor der Welt zu verbergen. Sie kann ihn demütigen, schlagen, betrügen. Es tut nichts zur Sache, wenn es nur im Verborgenen geschieht, ohne Mitwisser und Augenzeugen. Eine Frau zählt auch heute noch nicht viel in Sizilien, besitzt keine eigene Ehre, sondern verfügt nur über die Ehre ihres Mannes, die sie über

ihren geschwollenen Leib zieht. Jetzt hat diese junge Frau, die fast noch ein Mädchen ist, vor einem Dutzend Augenzeugen die Ehre des Mannes befleckt, jetzt hat sie diese Ehre einen schrecklichen Augenblick lang von ihrem Leib heruntergerissen, daß sie nackt und bloß war. Was für ein Schauspiel! Was für eine Tragödie! Ich fuhr fröstelnd nach Sizilien hinein.

Vor wieviel Zeitaltern ist es gewesen, daß ein anderes Schiff knirschend an Siziliens Küsten landete? Und Männer, fremdartig bekleidet, fremdartig bewaffnet, in das schäumende Wasser sprangen, das vom dunklen Afrika her gegen die alabasterfarbene Steilwand der sikanischen Dünen und Hügel brandete?

Ich bin von Messina nach diesem seltsamsten Hafen des ganzen Mittelmeeres gefahren, bin zuerst durch die schwarzen erloschenen Lavawülste und Lavazungen von Catania und dann durch Caltagirone gekommen, in dessen schwefelfarbenem Bauch immer noch sikulische Felsengräber nisten, verschüttet und unentdeckt seit bald dreitausend Jahren, vorbei am Monte Bubbonia, dem alten mythischen Berg, verkarstete Wildnis, in die sich die Sonne ein feuriges Nest gebaut hat, dahinter Mazzarino mit seinen unglücklichen Mönchen, die seit Jahren schon in ihren Kerkerzellen für ein Verbrechen büßen, das in Sizilien nichts Ehrenrühriges ist, weil man den ehrenwerten Freunden behilflich sein muß, auch wenn es um Erpressung und Totschlag geht, und ich bin durch eine Landschaft gefahren, die wie in ein fahlfarbenes Leichentuch eingeschlagen gewesen ist, uralte sikulische Heiligtümer in den Falten der Erde. Butera, sikulisch, arabisch, byzantinisch, schließlich normannisch, nachdem die Nordmänner siebenundzwanzig häßliche Jahre lang den grauen Sandstein belagert haben. Dann Gela mit seiner berühmten griechischen Mauerspur im gelben Dünensand, Weizenstadt, Pferdestadt der glücklichen Griechen, nachdem sie die sikulischen Ureinwohner zurückgedrängt haben ins unzugängliche und unfruchtbare Hinterland, Kongreßstadt, wo vor bald zweieinhalbtausend Jahren der erste dieser faulen Frieden, die nie länger als einen Herzschlag lang anhalten, ausgehandelt worden ist. *Aeschylos starb hier, weil sein Kahlkopf einen Adler blendete, der mit einer Schildkröte in den Klauen über den Erfinder des europäischen Trauerspiels hinwegflog. Der geblendete Adler warf die Schildkröte wie einen Stein auf den Kahlkopf.* Gela, das seine ganze Hoffnung in die Petrochemie gesetzt hat, die mit Flammenzungen das sizilianische Elend verbrennen soll. Licata mit seinen schmutzstarrenden Straßen und dem dünnen feinen Nebel, der aus dem verödeten Hafen aufsteigt, als wollte er die Schande bedecken, daß die römischen und arabischen Zisternen nur noch diesen mehlfarbenen Staub enthalten, der den Bürgern wie ein Fluch zwischen den Zähnen mahlt, und jetzt schon dieses kahlgeschorene Bauernland, das drei Dutzend Gewerkschaftsfunktionären, die eine staatlich verordnete Bodenreform durchsetzen wollten, das Leben gekostet hat, bis sich die Bauern wieder auf ihre Hügel verkrochen, um die Gott und seine Heiligen einen vorsichtigen Umweg schlagen. Ravanusa, Campobello di Licata, Naro, Canicattì, Favara, dazwischen Palma di Montechiaro mit seinem größenwahnsinnigen Ruhm, den ersten Kongreß zur Bekämpfung des Hungers in seinen abbröckelnden grindigen Mauern veranstaltet zu haben. *Drei Tage lang dröhnten die Stimmen der Delegierten über die verstaubte Piazza, dann sank die Stadt wieder in ihren jahrhundertealten Todesschlaf zurück,* und ich taumelte westwärts weiter, immer im feurigen Sog der Sonne, Agrigent und die rekonstruierten Tempel und daneben die Erinnerung an Pirandello, arabische Ölbäume, Schnee der Mandelbäume, rosafarbene und violette Blütendolden, die sich wie Schlangen durch die dunstende Luft wölbten, jetzt schon sikanische Urlandschaft, jetzt schon westliches Sizilien, wo das Leben wie zerbrechlicher Ton aus des Schöpfers Hand fällt...

Ich war angekommen! In Eraclea Minoa! Am seltsamsten Hafen des Mittelmeeres, wo eine Handvoll Männer aus Kreta an Land gegangen ist und dadurch die alte Insel ins grelle Licht der Geschichte gezerrt hat.

Aber müßte ich jetzt nicht Jahreszahlen nennen, die übliche Beschreibung geben, die angeblich unerläßlich ist, wenn man Geschichten wie diese erzählt, aus denen sich eine Geschichte zusammensetzen läßt? Am wievielten welchen Monats hat die junge Frau die Hand gegen ihren Mann erhoben? Wann wird seine Rache den alten sizilianischen Ehrbegriff wiederherstellen? Und diese nutzlosen Dichter und schöngeistigen Männer, die das südliche Sizilien bevölkert haben, Pausanias, Akron, Dinolochos, natürlich Empedokles, natürlich Aeschylos: wann geboren? Wann nach einem Leben voll umständlicher Beschäftigungen im kornreichen prunkvollen Sizilien der Griechen gestorben? Und wann ist dem Agrigentiner Pirandello der Nobelpreis verliehen worden? Die Mördermönche von Mazzarino, die Leichen der erschlagenen Gewerkschaftsfunktionäre zwischen den gelbbraun verbrannten Hügeln, dahinter die dünne Staubspur der entmutigten Bauern, immer wieder Nacht über Sizilien, weil die alten Mechanismen nicht auszurotten sind, wann hat sich das alles zugetragen? Und wann wird es aufgehört haben? Die Geburtsstunde hochherziger arabischer Poeten auf dem Sandsteinhügel von Butera? Eine halbe Million Menschen in Gela, eine halbe Million im blühenden Akragas? Wann war das? Und wann die Landung der fremdartig gekleideten, fremdartig bewaffneten Männer unter den Kalksteinklippen von Eraclea Minoa, das damals noch Makara geheißen hat?

Es ging um Daedalos, den unentbehrlichen Tausendsassa und Künstler, der einer minoischen Königin die absonderlichsten Gelüste befriedigte, indem er sie so nahtlos und so täuschend ähnlich in eine Kuhhaut einschloß, daß der Stier sie bespringen konnte. Später wird sie ein Ungeheuer gebären, Minotauros, menschenfressend tief im minoischen Labyrinth, durch das Ariadne einen listigen Faden wirft. Aber jetzt flieht Daedalos, den vielleicht der Ekel überkam angesichts der viehischen Zustände auf Kreta, an denen er auf seine künstlerische Weise mitschuldig war. Er flieht mit seinem Sohn Ikaros, *der erste Vogelmensch, mein Gott, aber Ikaros ertrinkt jämmerlich, weil er über eine Bootsplanke stolpert. Kein Wort von der Sonne, die das Bienenwachs an seinen Flügeln zum Schmelzen bringt. Daedalos, vereinsamt, kein Wort von seiner Frau. Zählten Frauen damals schon nichts, wenn sie nicht geile Königinnen waren?* Er flieht westwärts nach dieser unbekannten Insel unter der feuerspeienden Sonne, die manchmal schon phönikische Boote ansteuerten, wenn sie vom Kurs abkamen. Daedalos glückt die Flucht. Sein König folgt ihm. Minos. Ein von den Göttern Geschlagener, enttäuscht und gedemütigt, ein Emigrant wie sein genialer Baumeister. Vielleicht fing damals das Unglück der Menschen an, daß sie plötzlich bereit waren, sich umzubringen aus nichtigem Anlaß. Vielleicht landete mit Minos und seinen Gefährten das Unglück auf Sizilien. Er folgte jedenfalls den Spuren seines kostbaren Flüchtlings, fand ihn am Hofe eines sikanischen Königs namens Kokalos, ließ die erste berühmte Fangfrage der sizilianischen Geschichte stellen:

Wie geht der Faden durchs Schneckenhaus? und starb auf schreckliche Weise, weil die Töchter des sikanischen Königs, denen Daedalos, *als ob ihn ein Fluch verfolgte,* bewegliche Riesenpuppen ins Bett legte, den kretischen König mit heißem Wasser zu Tode verbrühten. In der ersten Badewanne, die es auf Sizilien gab. Auch sie natürlich ein Geschenk des Daedalos!

Das alles geschah auf einem landeinwärts gelegenen, düsteren Hügel. Jetzt schleppten die Gefährten des toten Königs den Leichnam zurück an die Küste und errichteten ihm in den weißen Kalksteinklippen ein riesiges Totenhaus. Das Gerücht aber, daß dieses Land eine reiche blühende Insel sei, wehte hinüber in die überbevölkerte Ägäis, vererbte sich auf die nachkommenden Generationen und war schließlich wohl mitschuldig daran, daß ums Jahr 757 vor Christus die erste griechische Invasion unterhalb des heutigen Taormina Sizilien erreichte.

So entstehen Legenden! So wäre es vorstellbar, daß es angefangen hat! Aber was dann, wenn diese Geschichten auf Wahrheit beruhten? Wenn es einen Sikanerkönig namens Kokalos tatsächlich gegeben hat? Und Daedalos? Und Minos? Und wenn der Schauplatz dieses schrecklichen Sterbens, das sich sikanische Königstöchter haben einfallen lassen, heute noch existiert?

Eraclea Minoa, dessen Kalksteinklippen sich gegen das heranrollende afrikanische Meer stemmen, liegt an der Mündung eines Flusses namens Plátani, der in alten Zeiten Halykos geheißen hat. Man hat immer schon vermutet oder auch gewußt, daß es an dieser Stelle einmal eine Stadt gegeben hat, eine Ansiedlung, die unter anderem auch von Herodot erwähnt worden ist. Aber die schneeweißen Kalkhänge waren längst schon in Bewegung geraten und hatten alle Spuren verwischt, bis man von Flugzeugen aus das Gelände fotografierte, weil man auch noch die Erzählungen eines gewissen Theron, Tyrann von Akragas, im Ohr gehabt hat, daß er den machtvollen Grabtempel mit den Knochen des Königs Minos an der Mündung eines Flusses namens Halykos gefunden habe. Und die Aufnahmen vom Flugzeug aus bestätigen dann plötzlich die alten Legenden! Hier lag eine Stadt unter den weißen Kalksteinböden, hier krochen dunkle Mauern durch den rinnenden Sand, wölbten sich geborstene Säulen unter den Ablagerungen

der Jahrtausende. War es das legendäre sikanische Makara? Der Landeplatz der kretischen Männer? Das längst vergessene Grabmal des Minos, den Blick ostwärts gerichtet nach Knossos? War es hier, wo während des Ersten Punischen Krieges eine karthagische Armee mit sechzig Kriegselefanten und fünfzigtausend Mann an Land gegangen ist, um später von den verhaßten Römern gedemütigt zu werden? Und dieser Sikanerkönig namens Kokalos? Findet sich sein Name nicht drüben auf Kreta in Stein gehauen? Und wo war dann, wenn bisher alles stimmt, seine uneinnehmbare Burg, gegen die ganz Kreta fünf Jahre lang Krieg geführt hat? Und hat Daedalos, dieser unsterbliche Mythos aus der Ägäis, um dessen Genie dieser ganze Krieg geführt worden ist, möglicherweise wirklich existiert?
Rauchfarben türmen sich die buckligen Hügel vom Meer landeinwärts, Hügelkette an Hügelkette, manchmal dieser Schmutz dazwischen, der sich in so auffälliger Weise von der spröden Natur abhebt, diese lasterhaften Städte, deren Laster das Elend ist, der Schmutz, der Gestank, *süßlicher Aasgeruch. Sind es immer nur verendete Tiere und Kot? Menschlicher Auswurf, der über den Zerfall klettert?* Zuerst Cattolica Eraclea, dann das verbrannte Erdreich hinauf nach Raffadali, wo die Gelegenheitsmörder ihre Preise angeblich noch immer nicht erhöht haben, dann hinunter nach Santa Elisabetta, das wie eingetrockneter Schlamm im braunen Erdreich liegt, und endlich, vorbei an rätselhaften Felskegeln, hinüber zum Tal des gewundenen Plátani, des alten Halykos, der sein safranfarbenes Schotterbett durch eine Mondlandschaft schiebt, die unbegreiflich anmutet. Hier thront auf einer steilen Hügelkuppe Sant'Angelo Muxaro. Die Straße, die hinaufführt, stößt wie ein dunkles Messer geradenwegs in den Himmel. Wind pfeift um die dunkelgrauen Mauern. Eine zahnlose Alte schreit mir vor der ältesten verfallenen Kirche dieser unheimlichen Stadt ein paar Worte zu, die ich nicht verstehe. Ältester sizilianischer Dialekt, vermischt mit katalanischen und arabischen Brocken. Auf dem Hauptplatz, der wie eine Steinwüste unter der hämmernden Sonne liegt, verfluchen ein paar rasch hingeschmierte Parolen die in Sizilien allgewaltige *Democrazia Cristiana* als dreckige Hure. Zorn nistet in den verfallenden Mauerkronen. Wovon lebt man hier? Mit welcher Münze wird in Sant'Angelo Muxaro das Leben bezahlt? Einen würgenden Augenblick lang bin ich davon überzeugt, auch meinen Preis zu

haben wie alle Männer hier, die mit brennenden Augen auf den Wagen starren, der schnurrend über das holprige Pflaster rollt. Wieviel für einen Schuß aus dem Hinterhalt? Wieviel für die Dynamitladung unten im Tal, wo noch etwas trübgelbes Wasser durch die Betonröhren fließt?

Hier wurde König Minos umgebracht. Hier genoß Daedalos die Gastfreundschaft des sikanischen Königs Kokalos und hat dafür nicht nur die Badewannen, sondern auch eine kunstvolle Festungsanlage gebaut. Hier lag die alte Hauptstadt der Sikaner: Kamikos. Im unübersichtlichen Gelände kauern heute noch die gewaltigen Kuppelgräber dieser Ureinwohner Siziliens, Gräber, deren Baustil mit nichts vergleichbar ist, was auf der Insel in alten Zeiten errichtet wurde. Eines dieser Kuppelgräber wurde ungefähr zweitausend Jahre nach seiner Entstehung in byzantinischer Zeit zu einer christlichen Grabkapelle umgewandelt. In einem anderen Grab fand man eine Schale aus gehämmertem Gold, auf der sechs minoische Stiere im Kreis traben. Und Phalaris, der erste Tyrann des wollüstigen Akragas, soll auf diesem weltentrückten Hügel einen Krug erbeutet haben, der die Namenszüge des Daedalos und des Kokalos in seine irdene Haut eingeritzt hatte.

Was also ist Legende und was Wirklichkeit? Der titanenhafte Hügel von Sant'Angelo Muxaro, den kein Mensch vergessen wird, der ihn einmal bezwungen hat, ist pralle Wirklichkeit. Die riesigen Kuppelgräber, die wie schlafende Tiere in der Landschaft kauern, sind Wirklichkeit. Ihr wahres Alter ist nicht bestimmbar, ihr Baustil hat mit Sizilien nichts zu tun, sie hocken unzerstörbar in dieser innersten Einsamkeit einer Landschaft, die wie eine Woge aus Feuer und Asche über die Menschen fällt. Und die goldene Schale mit den sechs Stieren: Wirklichkeit! Und das zerbröckelnde Mauerwerk, das man aus den Kalksteinböden von Eraclea Minoa ausgegraben hat: Wirklichkeit! Und die Erinnerung an das Genie des Daedalos, die über Jahrtausende hinweg gehalten hat: Wirklichkeit!

Vielleicht muß man manchmal auch an diese alten, nicht genau beweisbaren Geschichten glauben, wie man an eine Religion oder an eine Ideologie glaubt, um der Wahrheit einen winzigen Schritt näherzukommen. Vielleicht will ich deshalb an diese Geschichte vom schrecklichen Sterben des kretischen Königs Minos auf dem Hügel von Sant'Angelo Muxaro glauben, weil dadurch alles erklärt wird! Die Grausamkeit, die wie Ungezie-

fer dem sizilianischen Schoß entwachsen ist. Der Nihilismus, der spätestens seit den blutbesudelten Tagen der verzweifelten Sklavenaufstände gegen die römische Gewalt zur zweiten Natur der Sizilianer wurde. Die Melancholie, die der wahre Nährboden Siziliens ist. Das Mißtrauen, in das sich der Sizilianer einhüllt wie hier in Sant'Angelo Muxaro, muß beinahe zwangsläufig Böses erzeugen. Die kichernden Töchter des sikanischen Königs, denen die liederliche Wollust aus den Augen trieft, während sie das brühheiße Wasser über den Mann schütten, der ihnen den Schöpfer ihrer unentbehrlichen lebensechten Spielpuppen wieder entführen will, sind die Urmütter aller sizilianischen Frauen. Das Leben ein Alptraum! Und im letzten Schrei des tödlich verbrühten Minos die Erkenntnis, daß der Mann auf dieser Insel immer unterliegen wird. Rächen sich die Männer deshalb auf so obszöne Weise an ihren Frauen? Hat das Unglück der Menschen also tatsächlich in diesem Augenblick angefangen, als das erste minoische Schiff knirschend gelandet ist?
Aber es ist müßig, darüber nachzudenken, wie es im Grunde wohl auch müßig ist, die alten Geschichten aus dem Schutt der Jahrtausende hervorzuholen, um sie als Gleichnis zu verwenden. Sizilien ist nicht durch eine einzige dieser nebelfernen Legenden zu erklären, auch nicht durch eine ganze Bibliothek von solchen Legenden und alten törichten Geschichten. Sizilien nicht und der ganze italienische Süden nicht! Und eigentlich weiß ich nicht einmal genau, warum ich gerade mit dieser Geschichte angefangen habe. Weil mich die üblichen verlogenen Worte zu oft enttäuschten und in die Irre führten? Weil ich es nicht mehr mitanhören wollte: *das prachtliebende Agrigent, das lächelnde Syrakus, das janusköpfige Palermo. Mein Gott, dieser ganze von falscher Lieblichkeit strotzende Moder unserer verlogenen Sprache.* Weil mich das verschwiegene Flüstern irritiert, mit dem sich die *Wissenden* aus aller Herren Ländern auf ihre hochmütige intellektuelle Weise über etwas unterhalten, das sie nicht begreifen, nie begreifen werden, weil ihnen der Geruch des Schweißes unangenehm ist, der zwischen den Säulen dieser berühmten Tempel schwebt, zu denen sie wallfahren, *bildungshungrig und die Sonneninsel mit ihrer verdammten Seele suchend,* weil sie alles mit der Seele suchen, solange nur Autobahnen und Pullman-Cars sie hinbringen zu den Wurzeln ihrer Sehnsucht. Und sie sehen nicht, daß diese

Wurzeln manchmal aus Plastik sind. Und sie begreifen nicht, daß zwischen diesen Wurzeln Menschen leben, denen die verlogene Romantik nichts nützt, der sie seit Generationen von Bildungsreisenden hilflos ausgeliefert sind.
Oh ja, vielleicht fing ich wirklich deshalb mit dieser alten blutrünstigen Geschichte da unten vor dem afrikanischen Meer und zwischen den aschfarbenen Hügeln an – *alle alten Geschichten sind blutrünstig* –, weil mich das jahrhundertealte Geschwätz über diese gottähnlichen und kunstbeflissenen Tyrannen langweilt, weil mich die Lügen langweilen, die aus allen diesen bewundernden Metaphern strömen, mit denen man die Kindermörder und Mutterschänder und Leuteschinder herübergezerrt hat in unsere Gegenwart, als wimmelte Sizilien nicht auch heute noch von Kindermördern, Mutterschändern und Leuteschindern. Das ist ein grausames Land! Das ist immer schon ein grausames Land gewesen! Daran ändern auch die Tempel des ersten vorchristlichen und die Autobahnen des zweiten nachchristlichen Jahrtausends nichts.
Ich stand am Rand der Kalksteinklippen, die steil ins zischende Meer stürzen. Der Wind schüttete mir den Staub, den ein Bauer mit seinem Traktor aufwühlte, in die Augen. Eraclea Minoa. In den grünen Kakteen lag brennheiß die Sonne. Das Meer rauschte immerzu. *Was für ehrliche Schweinehunde und Mörder das noch gewesen sind, damals, bevor Poeten und Geschichtsschreiber die gute häßliche Wahrheit über Sizilien gräßlich entstellt haben.* Und der Bauer, der von seinem Traktor stieg, ein kleiner dicker Mann mit einem roten Gesicht, schrie mir lächelnd zu, das Meer sei warm, gut fürs Schwimmen. Ich nickte stumm. Das Meer leuchtete unter der sinkenden Sonne wie geronnenes Blut. Ich badete lange an der Küste, wo der Mord anfing, heimisch zu werden auf Sizilien.

Große Geschichte von Syrakus

Was hatte ich zum Beispiel in Syrakus zu suchen? Was brachte mich her nach Syrakus, das weit draußen im dunstverhüllten Ionischen Meer liegt, während ich voll aufrichtiger Bewunderung auf dieses Panorama starre, das von einer sanften und unschuldigen Schönheit ist? Was werde ich tun in Syrakus, eingehüllt vom infernalischen Lärm des Straßenverkehrs und, wenn der Wind südwärts dreht, von den Abgasen des Mont-Edison-Konzerns, mit Erinnerungen kämpfend, die alle gedankenlos nachgeplapperten Meinungen Lügen strafen, daß die Ostküste Siziliens reich und glücklich sei?

Ich werde mich natürlich mit den gleichen Dingen, Jahreszahlen, Trümmern, berühmten Namen, ergreifenden Augenblikken beschäftigen, mit denen sich alle Touristen beschäftigen, die nach Syrakus kommen, begierig nach den Spuren griechischer Kultur, begierig nach Mythos und Aberglaube, die vorgeschriebenen Runden drehend unter der üppigen Sonne, stumme Steine anblickend, sie auf eine Weise anblickend, als könnte man sie zum Reden zwingen, Kunststile und Geschichtsepochen auseinanderhaltend und immer ehrfurchtsvoll davon überzeugt, daß die fettgedruckten Namen in den Reisehandbüchern tatsächlich die Triebfeder gewesen sind für alle Ereignisse, für alles Leben, für jeden einzelnen großartigen Tod. Ich werde mich in diesem dickbäuchigen Bücherdutzend, das ich mitgebracht habe nach Syrakus, sorgfältig darüber informieren, daß es Tyrannen gab, *abwechslungsreich im Charakter, aber immer für die Unsterblichkeit sorgend, die aus einer verödeten Hafenstadt – kein Schiff mehr am Pier, weil die überseeischen Kolonien abhanden gekommen sind – eine Dreistern-Attraktion gemacht haben,* Tyrannen, Dichter, Mathematiker, Ärzte, Philosophen, große Männer insgesamt, ich werde jede Frage unterlassen, wo das geduldige geschäftige Volk geblieben ist, diese überwiegende Mehrzahl der Menschen, diese Ameisen, die den goldbehängten Königen den Rücken stärkten und den eitlen Dichtern ein dankbares Publikum abgaben. Und ich werde so tun, als glaubte auch ich an die Gipsfigur, die sie heute fanatisch anbeten, seit mehr als zwanzig Jahren schon, als glaubte ich an die Tränen, die diese Gipsfigur in einer armseligen Arbeiterwohnung über den schmerzhaft gewölbten Bauch einer gebärenden Frau vergossen hat, als glaubte auch ich den Ärzten, Prälaten, katholischen Journalisten, die dieses Wunder wissenschaftlich erhärteten und nachwiesen, daß die Gipstränen dieser industriell angefertigten Vorstadtmadonna von menschlichen Tränen nicht zu unterscheiden sind, als glaubte auch ich allen alles, weil Syrakus dadurch zum größten, wichtigsten Wallfahrtsort Siziliens wurde. *Madonna delle Lacrime: 120 000 Pilger an einem einzigen festlichen Jahrestag!*

Lecce

Altstadt von Matera

Küste von Heraclea Minoa

Gigant von Agrigent

Unterwegs in Sizilien

Geburtshaus Pirandellos in Porto Empedocle bei Agrigent

Raffadali

Agrigent

Segesta: Theater

Mafiadorf bei Palermo

Was hat, wenn wir die gipserne Madonna mit ihren unvernünftigen Tränen vergessen, diese Stadt so berühmt gemacht?
Sie war die größte und volkreichste griechische Stadt des Altertums, was in allen einschlägigen Handbüchern nachzulesen ist. Das bewahrte sie allerdings nicht davor, ein komplizierteres und auch unglücklicheres Schicksal zu haben als irgendeine der anderen griechischen Städte auf sizilianischem Boden. Sie war zwar vom Augenblick ihrer Gründung an – korinthische Kolonisten landeten im Jahre 734 vor Christus auf der flachen Felseninsel Ortygia – wohlhabend und einflußreich, verfügte über einige Tyrannen, denen man eine glückliche Hand bei ihren Geschäften nicht absprechen kann, besiegte gemeinsam mit dem wollüstigen Akragas die gefährlichen Karthager in einer der blutigsten Schlachten der Weltgeschichte, lockte durch gute Honorare Dichter und Philosophen an und korrumpierte sie dann so nachhaltig, bis sie den Ruhm und die Schönheit von Syrakus beschrieben, wölbte ihre weißen Marmormauern selbstbewußt dem Meer entgegen, überlebte eine athenische Invasion von mehr als einhundertdreißig Kriegsschiffen, baute, plante, spekulierte, siegte, raubte und schwoll an bis fast zur Millionengröße. Sie füllte eines der größten Theater der antiken Welt mit frenetisch applaudierendem Publikum, wenn Aeschylos hier die Uraufführung seiner *Perser* selbst inszenierte oder die Possen des lokalen Dichters Sophron aufgeführt wurden.
Später predigte Paulus hier, gruben sich die Menschen ein Jahrtausend lang durch den Untergrund der Stadt. Immer noch stößt man auf Katakomben, immer mehr glaubt man daran, daß Syrakus auf dem weitverzweigtesten Katakombennetz der Welt ruht. Hier trat die Geschichte in allen Kostümierungen auf und machte alle Variationen durch, Archimedes und Pindar, Dionysios und Thrasybulos, grausame Diktatoren. Aber der eine schickte seine Schiffe bis in die nördliche Adria, während man den Sturz des anderen jährlich mit einem Schlachtopfer von vierhundertfünfzig ausgesuchten Stieren feierte. Süße Quellen an der Küste und kostbarer Papyrus draußen vor der Stadt, mehr als siebenundzwanzig Jahrhunderte der Beweis lebendiger Existenz. Und immer wieder Größe, die zur Unsterblichkeit wurde, wenn man Unsterblichkeit nach den Inhalten unserer Lesebücher mißt: die berühm-

testen Namen, die prachtvollsten Bauwerke, die skandalösesten Geschichten, die blutigsten Schlachten, die abgefeimteste Politik. Und nichts was geblieben ist, oder fast nichts, kein Zeugnis. Geschwärzter Stein, Rekonstruktionen, Säulen zwischen herabgewohnten Wohnhäusern aus dem 19. Jahrhundert. Und hätten sie in Syrakus diese billige Gipsstatue nicht, diese industriell hergestellte Madonna mit ihren Tränen, die jetzt angebetet wird wie irgendein Götzenbild vor zweitausend Jahren ... wer weiß, um wieviel Prozent dann die Arbeitslosenrate hinaufschnellen würde!
Und alles, was wirklich blieb, was man sehen, fühlen, schmekken kann, hat mit dem Tod zu tun! Syrakus, behaupten die Gelehrten und Schriftsteller, sei ein schönes Lächeln im Antlitz Siziliens. Syrakus, behaupte ich, hat vorzugsweise mit dem Tod zu tun.
Es muß für die Menschen, die hier leben, ein eigenartiges Gefühl sein, auf diesen riesigen Labyrinthen des Todes umherzugehen, zu arbeiten, Kinder zu zeugen und zu gebären, immer mit den Füßen dicht an den Wurzeln des Todes, immer dieser makabren Wirklichkeit eingedenk, die unterirdisch fortdauert. Natürlich ist Syrakus, verglichen mit anderen süditalienischen und vor allem sizilianischen Städten, ein Schauplatz der Gelassenheit, der relativen Ausgeglichenheit. Aber das Sterben hat hier eine jahrtausendealte Tradition! Das fing nicht erst mit den Christen an, deren unübersichtliche Katakomben praktisch eine Stadt unter der Stadt sind, *wo ganze Völker in ihren Steinsärgen geschlummert zu haben scheinen.* Gregorovius berichtete schaudernd, wie sich einmal ein Lehrer mit seinen Schülern in diesen dunklen Gängen verirrt hatte und wie sie dann später tief unter der Erde gefunden worden waren, an diesem Tod gestorben, der sie starr und stumm umgab.
Die meisten dieser Katakomben entstanden freilich lange vor den Christen, als man unaufhörlich neues Baumaterial brauchte für die wachsende Stadt, denn aus ihnen und aus den wesentlich berühmteren Steinbrüchen, den Latomien, kratzten sich die Baumeister und Sklaven den Stein heraus, der für die Unterbringung der Menschenmassen und für die berühmten Befestigungsanlagen, Tempel, Stadien und Arenen notwendig war. Und spätestens hier, wo Menschen sich wie Wühlmäuse durchs Erdinnere gruben, wird man mich begreifen, wenn ich sage: Friedhofsluft weht über die blühende Stadt! Denn wäh-

rend die Tyrannen, deren Namen wir uns aufmerksam merken, ihren Geschäften nachgingen (*gut oder böse spielt dabei keine Rolle*) und etwa, wie dieser legendäre Dionysios, sich vom simplen Stadtschreiber über den populären Volksredner – Geldstrafen, die sein loses Maul stopfen sollten, bezahlten die jubelnden Anhänger – bis zum allmächtigen Diktator hinaufarbeiteten, während die Dichter und Intellektuellen bedenkenlos das Lob ihrer Gönner sangen, schufteten sich zuerst sikulische Sklaven, dann karthagische Kriegsgefangene und schließlich die Kriegsgefangenen aus Athen, die diese unbegreifliche Katastrophe vom Sommer 413 vor Christus, als die athenische Flotte nach einer unheilvollen Mondfinsternis endgültig vernichtet worden war, überlebt hatten, schufteten sich alle diese unschuldigen Opfer der Politik und des immerwährenden Machtanspruchs in den Steinschächten und Erdgruben von Syrakus die Seele aus dem Leib. Siebentausend Athener, zehntausend punische Karthager, zweitausend oder dreitausend sikulische Sklaven, *alles vorsichtig geschätzt,* kamen auf diese unnachahmliche syrakusanische Art in den Steinbrüchen, in denen heute die farbenprächtige Üppigkeit einer überquellenden Natur durch die Dämmerung prahlt, ums Leben, nicht gezählt die namenlosen Sklaven und Gefangenen, die man bei tausend anderen Gelegenheiten in die Steinbrüche schickte, Jahrhundert um Jahrhundert, bis die Knochen vermoderten und diesen vortrefflichen Humus bildeten, aus dem Orangenbäume, Zypressen, Blüten in flammenden Farben und ein paradiesischer Duft emporwachsen zum harten grellen Tageslicht.
Aber die Tempel wuchsen, die Bollwerke wuchteten uneinnehmbar aus der steinigen Erde, *Euryalos alles in den Schatten stellend,* die Statuen trugen goldene Überwürfe, aus dem Schweiß der Sklaven, aus ihrem Sterben entstand eine Stadt, schöner, größer, strahlender als alles Vergleichbare unter dem damals bekannten griechischen Himmel. Die Tyrannen wechselten einander ab. Ihre ärgerlichen Gewohnheiten blieben. Andere Weltreiche entstanden, andere Potentaten schlugen ihre habgierigen Krallen ins reiche Syrakus, ein römischer Staatsverwalter namens Verres plünderte ganz Sizilien und natürlich auch das immer noch reiche und prächtige Syrakus, die Araber kamen übers Meer, dunkel und fremd, Byzanz richtete sich hochmütig ein, Normannen, Staufer, französische

und spanische Ausbeuter, immer wieder andere Herren mit immer neuen und erhöhten Ansprüchen und luxuriösen Gewohnheiten. Und die Sklaven schufteten, gruben, wühlten, scharrten, kratzten.

Ortygia dann, Pflichtziel aller Besucher: Hier wird man den Tod, der Syrakus mit seinen Versprechungen schmückte, kaum begreifen können. Und auch nicht drüben am Festland, wo die Überreste der Geschichte auf ein paar historische Ruinen und Anekdoten beschränkt sind: *wie Cicero unter dem Schutt der zertrümmerten Stadt nach dem Grab des Archimedes geforscht hat,* oder *Platons verbittertes Sterben,* oder *die kluge Hinterhältigkeit des Dionysios – er hat Zinngeld geprägt, um Krieg führen zu können gegen Karthago.* Heute ist Syrakus eine Stadt wie jede andere: mediterran, freundlich, ein wenig nachdenklich, ein wenig verunsichert, nervös auf jede römische Unbesonnenheit reagierend, vom Fremdenverkehr und auch von den Tränen der Gipsmadonna abhängig, aber auch schon industriell orientiert, nicht gerade reich, aber gutsituiert oder eigentlich doch schon wieder wohlhabend für sizilianische Verhältnisse, mit schönen Stränden und einem Klima, das die völlig normale Sorge ums tägliche Brot erleichtert. Das Unterirdische sieht man nicht. Das Sterben in den Latomien ist längst vergessen. Die weinende Madonna – hat sie eigentlich noch einmal ihre erstaunlichen Tränen vergossen? –, über deren Gipsstatue sich ein abscheulich modernistischer Sakralbau wölbt, wurde inzwischen schon zum neuen Wahrzeichen der Stadt. Es gibt weniger Arbeitslose als anderswo im rückständigen Mezzogiorno. Und diese Arbeitslosen benehmen sich gesitteter als anderswo. Und fast scheint es, als gebe es hier auch weniger Kinder als anderswo auf Sizilien. Das Haushaltsgeld ist einteilbar, die Kanalisation funktioniert allem Anschein nach, das Wasser fließt zwar spärlich aus den Leitungen, aber es ist vorhanden. Der süßliche Aasgeruch, der Sizilien wie eine Wolke aus Verzweiflung und Abscheu einhüllt, fehlt hier fast völlig. Der Straßenverkehr ist hysterisch, rücksichtslos wie überall im Süden, aber er ist nicht mörderisch wie in Palermo oder Neapel. Und manchmal frage ich mich, was mich davon abhält, Syrakus rundum eine glückliche Stadt zu nennen! Und was mich beharrlich dazu zwingt, hinter dem sanguinischen Temperament der Syrakusaner von heute die

Tausendschaften von damals zu sehen, die in den Tod getrieben wurden!
Ist es Pantalica? Ist es wirklich dieser Mythos mit seinen mehr als fünftausend Grabkammern, mit diesen gähnenden Löchern in den Kalkwänden einer Schlucht, in der dreitausend oder viertausend Jahre lang Menschen lebten? Oder Thapsos mit seinen uralten Gräbern, die wie eine unglaubwürdige Erinnerung an das mykenische Zeitalter auf der Halbinsel von Magnisi in der Erde liegen? Sind es die unheimlichen Steinfiguren einer dunklen asiatischen Muttergottheit, die westlich von Syrakus bei Akrai hinter Holzverschlägen von einer apokalyptischen Auferstehung träumen? Oder sind es die Felsengräber von Castelluccio, in denen sich wie in Thapsos, Pantalica und Akrai der Kreis schließt, der in der fernen Ägäis seinen Anfang hat? Überall diese Wegzeichen des Todes, die rund um Syrakus einen Bannkreis errichtet haben, den niemand gefahrlos durchbricht!
Aber die Syrakusaner, die Lebenden unter den zahllosen Toten ... wie kommen sie mit sich selbst zurecht? Der Franzose Fernandez hat vor einigen Jahren einmal von ihnen gesagt, sie wären ein barockes Volk, nie mit sich selbst zufrieden, mythoman, exaltiert, ein Volk der Sonderlinge und Protestler. Aber stimmt das auch? Mythoman, das ja! Und wen erstaunt es? Und welches Volk der Erde hätte ein begründeteres Recht darauf, mythoman zu sein? Aber exaltiert? Jener syrakusanische Gelehrte, der im 18. Jahrhundert das Geheimnis der uralten Papierherstellung aus der Papyruspflanze wiederentdeckte: *war er mythoman oder exaltiert?* Und Archimedes, Vittorini, Pindar, die längst Verstorbenen und die gerade erst Sterbenden? Nördlich der Stadt hat sich der Kapitalismus niedergelassen, manchmal ist die Luft über viele Kilometer hin verdunkelt, verschmutzt von den Abgasen der petrochemischen Industrie. Und der alte syrakusanische Adel, der noch nicht abgewandert ist nach Norden, ist aufatmend davon überzeugt, daß nicht der Kommunismus, sondern das Erdöl die Ostküste Siziliens revolutionieren werde. Ist das alles exaltiert? Mythoman? Absonderlich? Die Zahl der Motorfahrzeuge verdoppelt sich in Syrakus alle drei, vier Jahre. Der Fleischverbrauch schnellt in schwindelnde Höhen. Asphalt-, Zement- und Kunstdüngerindustrien wachsen in einem für Sizilien atemberaubenden Tempo aus dem Boden. Eine neue Geld-

aristokratie bevölkert die besseren Hotels der Stadt, wenn sie ihre abendlichen Geselligkeiten veranstaltet. Technokraten diktieren im Widerschein abbröckelnder Mauern, die seit mehr als zweitausend Jahren zugrunde gehen, ihre Berichte nach Rom und Mailand. Mythoman? Exaltiert?
Ich weiß es nicht! Ein paar Kilometer landeinwärts schon ist Sizilien wieder so wie seit tausend Jahren: apathisch, zerfressen vom Aberglauben, indolent, verzweifelt. Was ist die Wahrheit? Das sichtbare, laute, lärmende, geschäftige Syrakus? Oder die Gänge und Schluchten darunter, der Tod in vielfacher Verkleidung?
Man sollte auf Sizilien mit Syrakus beginnen, mit dem Wirbel syrakusanischer Geschichte und den anderen Absonderlichkeiten und Mysterien dieser Stadt. Das ist die übereinstimmende Meinung aller Autoren. Ich weiß nicht recht ...
Immer noch der Barock: *Der Stein windet sich, bläht sich, neigt sich, faltet sich, schwingt sich aus den Fassaden* in Noto, Acireale, Catania und natürlich in Syrakus. Immer noch die verträumten Bootsfahrten den kleinen Ciane hinauf, der sich im Weichbild der Stadt aus der Nymphenquelle Kyane in die Ebene ergießt und berühmt ist für seine Papyrusstauden. Immer noch die überwachsene Quelle der Arethusa auf der Halbinsel Ortygia. Immer noch die schäumende Spur der Schwertfische draußen vor der lärmenden Stadt. Aber *ist* das die ganze Wahrheit?

Agrigent oder Besuch in einem Killer-Dorf

Was müssen das für Sehenswürdigkeiten sein, damit die Menschen seit ein paar romantischen und intellektuellen Zeitaltern schon an die verdorbene und verdorrte Südküste Siziliens kommen? Und was für Geschichten müssen sich im lehmfarbenen und kreidegrauen Erdreich zugetragen haben, daß die neugierige Völkerwanderung nicht abreißt, während eine afrikanische Sonne sich stöhnend durch die lohfarbenen Felder frißt? Ein Mann namens Phalaris soll hier einmal einem anderen Mann namens Pythagoras seufzend erklärt haben, daß niemand geboren sein wollte, wüßte er die Qualen des Lebens im voraus. Dann hat er gelächelt, sardonisch oder lüstern, und seine Opfer durch das längst schon aufgeklappte Schulterblatt eines riesigen bronzenen Stiers gestoßen, hat lächelnd genickt und ein Zeichen gegeben, daß die wartenden Sklaven die Holzstöße entflammten unter dem Bauch des bronzenen Stiers, bis die Glut die Flanken des Monstrums emporkroch und die Opfer auf diese wahnsinnige Weise zu brüllen begannen, die übers afrikanische Meer tönte wie das machtvolle Gebrüll eines Stiers.

Ist es das, woran die Menschen erinnert werden wollen, wenn sie nach Agrigent pilgern? Sie werden vergeblich den Stier suchen, der nichts Neues gewesen ist unter der sizilianischen Mördersonne. Er liegt wahrscheinlich draußen im Meer, zweieinhalbtausend Jahre tief unterm Wasser begraben. Aber nur dreißig Kilometer nordwestlich von Agrigent, in Sant'Angelo Muxaro, hat ein Mann namens Kokalos einen anderen Mann namens Minos festlich empfangen, wie das immer schon bei Königen und Potentaten der Brauch gewesen ist, und dann dafür gesorgt oder es zumindest lächelnd zugelassen, daß seine Töchter kochendes Wasser durch die Röhren schütteten, die zu einer gerundeten Badewanne führten, in der Minos kauerte. Das Sterben des armen Minos muß schrecklich gewesen sein. Und auch das Sterben eines Mannes namens Empedokles muß schrecklich gewesen sein, der sich, weil das im Reichtum erschlaffte Agrigent seinem Größenwahn nicht mehr genügte, in den Krater des Ätna stürzte. Und auch der Tod eines anderen Mannes namens Tandoj muß widerlich gewesen sein, weil die Kugel, die ihn aus dem schattenhaften Hinterhalt getroffen hat, mehr als nur seinen Rücken zerfetzt, mehr als nur sein Leben ausgelöscht hat. Im staubbedeckten altersgrauen Raffadali, das wie ein Denkmal des Wahnsinns an der Mörderstraße hockt, die in tausend Windungen von Agrigent nach Palermo kriecht, haben damals neunundvierzig andere Attentäter geduldig darauf gewartet, diesem Mann namens Tandoj für zweihunderttausend Lire das Rückgrat zu brechen. Aber sieben graugefleckte Hügel weiter im Osten läuten im abgestorbenen Favara, dessen Ruinen aus dem 20. Jahrundert noch zu entdekken sind, die Kirchenglocken unter der Majolikakuppel der Kathedrale, läuten, kreischen und wimmern ihr herzzerreißendes *Ave Maria* hinaus in die Straßenschluchten, aus denen der faulige Atem eines Volkes aufsteigt, das die frommen Lügen, die man ihm seit Jahrtausenden vorsetzt, widerspruchslos hinnimmt.

Was macht die Menschen so gierig nach Sizilien, daß sie die Wut der Sonne und die schwüle Zunge des Schirokko nicht scheuen und den Hunger in den Augen der Menschen nicht sehen und die heimtückischen Schatten auf den prunkvollen Plätzen nicht erkennen und immer noch unverdrossen nach Agrigent kommen? Weil ihnen irgendeine Lesebuchweisheit einmal erzählt hat, daß die Bürger dieser Stadt geschlemmt hätten, als müßten sie anderntags sterben? Und weil diese Bürger Bauten errichtet haben, die für die Ewigkeit gedacht gewesen sind? Weil hier Architekten und Tyrannen, Münzschneider und Muttermörder, Dichter und Philosophen im Überfluß gelebt haben, der heute unvorstellbar ist? Oder weil die Tempel wie Honig über die alten Hügel fließen? Oder weil hier die Opfer lautlos sterben?

Die Zahl dieser Opfer, die durch einen hinterrücks abgefeuerten Schuß aus dem abgesägten Lauf einer Schrotflinte ums Leben gekommen sind, ist in Agrigent genausowenig erfaßbar wie anderswo in Sizilien. Einige Gewerkschaftsführer, ein paar treuherzige Sozialdemokraten, der ehrgeizige Polizeioffizier Tandoj, ein halbes Dutzend Bauern, denen jetzt statt des lebenswichtigen Wassers ihr eigenes Blut nutzlos über die verbrannten Felder rinnt, ein Lehrer, der sein demokratisches Maul zu weit aufgerissen hat, drei habgierige Bauunternehmer und vier lästige Patrioten, fünf unvorsichtige Hirten und sieben andere Augenzeugen, zwei Dutzend Familien, begraben unterm Schutt eingestürzter Hochhäuser, ein Namenloser, dessen blutverschmierte Gesichtshälfte nicht identifiziert werden konnte, zwei Sekretäre, denen geflissentlich Herzschlag attestiert worden ist. Die Höhe des Gewinns, mit dem alle diese Opfer in einem rätselhaften Zusammenhang stehen, ist unbekannt, nicht gerade märchenhaft, aber zweifellos ausreichend. Das alles ereignet sich manchmal auch auf einem *Feld voll sarazenischer Ölbäume am afrikanischen Meer,* und der Dichter Luigi Pirandello, dem sie diese Worte vor seinem Geburtshaus in einen Marmorstein gemeißelt haben, liegt drei Steinwürfe davon entfernt unter einer riesigen Schirmpinie begraben.

Aber deshalb kommt niemand nach Agrigent! Die Schüsse aus den abgesägten Läufen der Schrotflinten oder die Salven aus Maschinenpistolen, die raschelnde Geschäftigkeit danach, die falschen ärztlichen Atteste, die richtigen Verleumdungen finden hinter einem Vorhang aus Schweigen und Unwissenheit statt. Und Pirandello, der sich ein Leben lang damit befaßt hat, die Unmöglichkeit festzustellen, die verrückte menschliche Natur als ein schönes kompaktes Ganzes zu begreifen, ist genauso wie der unglückliche Kommissar Tandoj oder die törichten Bauern, Hirten und Sozialdemokraten, die sich als Augenzeugen wichtig gemacht haben, vor zu kurzer Zeit erst gestorben, um für die Touristen bereits von Interesse zu sein.

Da müssen schon Könige her, halbe Götter, mythische Gestalzen, denen man zutraut, den Schutt im Tal der Tempel bevölkert zu haben. Ehrfurchtheischende Namen, auch wenn sich dahinter die gleiche Mordlust und der gleiche betrügerische Charakter verbergen, wie sie heute noch in Agrigent beheimatet sind. Phalaris zum Beispiel, der schon wenige Jahre nach der Gründung von Akragas – wie Agrigent in diesem weit zurückliegenden Jahr 581 vor Christus genannt worden ist, als die reichen griechischen Kaufleute und Großgrundbesitzer aus dem benachbarten Gela einen Hafen an der Flußmündung des Akragas und eine Akropolis auf den landeinwärts gelegenen Thymianhügeln errichteten, diese geschäftstüchtigen Griechen, die damals vor ein paar Generationen erst aus Rhodos, Kreta und von den anderen ägäischen Inseln gekommen sind und sich auf die gewohnte Weise im fremden sikulischen und sikanischen Land ausgebreitet haben –, Phalaris zum Beispiel, der unter den ersten Kolonisten gewesen sein muß und sich vom Handlanger zum Vorarbeiter auf den Baustellen, auf denen die ersten Götterbilder und Tempel emporwuchsen, hinaufgedient hat, bis er durch Bestechung und jede andere Art von Gaunerei zum Herrn über die Leibwache der jungen Stadt ernannt worden ist – *Dionysios hat es im allmächtigen Syrakus nicht anders gehalten* –, Phalaris zum Beispiel ist heute noch brauchbar für den devisenstarken Fremdenverkehr, weil er einer dieser grausamen und größenwahnsinnigen Tyrannen gewesen sein muß, deren kriminelle Veranlagung über die Jahrtausende hinweg einen Ruhm garantiert, den die Touristen anscheinend lieben.

Auch der Mord an Tandoj wird in den nächsten Jahren nur noch eine erstaunliche Legende sein, die man mit schnalzendem Zungenschlag nacherzählen kann.

Phalaris herrschte sechzehn schmerzensreiche Jahre lang als

Tyrann über die Stadt am afrikanischen Meer. Er machte aus dem mythischen minoischen Stier ein Folterinstrument. Und das Gebrüll der zu Tode geschundenen Menschen war Musik in seinen Ohren. Er war, wie die meisten Tyrannen, ein hochherziger Freund der Poeten und Philosophen, und der genialste von ihnen, Pythagoras, soll dann auch durch eine mitreißende Rede auf der Agora von Akragas für den Tod des vielfachen Mörders gesorgt haben. Denn Pythagoras, der mit sieben feurigen Zungen reden konnte – *was allen mediterranen Völkern bis auf den heutigen Tag imponiert* –, schüttete Gleichnis über Gleichnis dem begriffsstutzigen Phalaris ins erstaunte Antlitz, erzählte von den friedlichen Tauben, die den Sperber, wenn sie sich gemeinsam auf ihn stürzen, zur Flucht zwingen, und während Phalaris noch immer nicht begriff, was ihm da erzählt wurde, begriffen die verzweifelten Bürger um so besser. Der erste Stein flog aus dem Hinterhalt, dann hagelten die Steine auf den Diktator, der starb, ohne verstanden zu haben, was seinen Tod verursacht hat.

So könnte es sich zugetragen haben! So könnte es sich auch später immer wieder zugetragen haben, als die Stadt sich ausbreitete über die goldbraunen Hügel, auf denen längst schon einige der größten und kostbarsten Heiligtümer der ganzen griechischen Welt standen, darunter dieser legendäre Tempel des Olympischen Zeus, der die Architektur der Griechen revolutionierte, obgleich er nie fertiggestellt wurde und im 18. Jahrhundert schließlich als Baumaterial für die Hafenmole von Porto Empedocle endete. Es gab Kriege mit Karthago und dann noch ein paar Scharmützel mit den sikanischen Ureinwohnern im hügeligen Hinterland. Es gab andere Tyrannen und Halbgötter, darunter so bedeutende oder auch nur selbstbewußte Männer wie Theron und Empedokles, und es gab ein paar Generationen lang immer nur Wohlstand und diese süße Wollust des verschwenderischen Glücks, die man heute noch ablesen kann von den Trümmern, die wie ein schimmerndes Alphabet zwischen Ölbäumen, Oleander und duftenden Asphodelen stehen.

Und es gab diesen Polizeioffizier namens Tandoj, *fünfundzwanzig Jahrhunderte später,* der kein Sizilianer war und möglicherweise doch wie ein Sizilianer dachte und handelte, wie einer dieser dunkelhaarigen kraushaarigen olivfarbenen Männer aus Agrigent, die seit Phalaris, Pindar und Empedokles bis herauf zu Pirandello alles formulierten, was die Welt an Unbegreiflichem zu bieten hat, die aus allen *Quellen des Wissens* schöpften, ohne die eigene rätselhafte Natur zu begreifen. Tandoj war ehrgeizig, gewissenhaft und auf diese selbstmörderische Weise furchtlos, die aus subalternen Beamten entweder Helden oder Märtyrer macht. Bald flüsterte man im verbrannten Mörderdreieck zwischen Agrigent, Raffadali und Aragona, daß er einen Bericht zu schreiben angefangen habe, bald wußten die Bauern in Cattolica Eraclea und Favara, daß er an einer buchhalterischen Aufzählung des Sterbens arbeitete, bald warfen sich die Fischer und Hafenarbeiter von Porto Empedocle vielsagende Blicke zu. *Warum der Tod in Agrigent eine kichernde Schwalbe ist? Warum ein ärztliches Attest genügt, das über zerschossene Gesichtshälften den Schleier des Herzschlags legt? Warum die Kirchenglocken ein fröhliches Halleluja intonieren, wenn ein Gewerkschaftsfunktionär im goldfarbenen erdbraunen Feld liegt, die leeren Augen voll Himmel.* Bald begriffen alle, warum die Angst fröstelnd durchs Land kriecht.

Tandoj, die graue Maus, die den agrigentinischen Hyänen die Zähne zeigte! Und die vollbeschriebenen Papierstöße wuchsen, der Verdacht wurde allmählich Gewißheit! Tandoj, der seine hübsche Frau im ehelichen Bett weinend einschlafen ließ (so flüsterte man in Agrigent), während er grübelte und schrieb. Tandoj, der seiner heißblütigen Frau und ihrem Liebhaber nicht gewachsen war, während er aus dem Verdacht eine Gewißheit und aus der Gewißheit einen Beweis für die Anklage formulierte! Tandoj, der den dunklen Hintermännern und Geschäftemachern ein Dorn im Auge wurde!

Dann, am Vorabend seiner Reise nach Rom, kam die Kugel aus dem Hinterhalt. Am nächsten Tag schrie die Sonne wie Klatschmohn. Und die vollbeschriebenen Papierstöße, die Akten und Beweise, die geschliffenen Formulierungen ... unauffindbar. Bis heute. Die Frau war eine ehrbare Witwe. Die Geschäfte gingen weiter. Das lautlose Morden ging weiter.

Das alte Akragas, dessen rekonstruierte Trümmer wir heute besichtigen, hat Kriege angezettelt, denen es nie gewachsen war, hat Reichtum erworben, den es nicht verdient hat, und hat Bauwerke begonnen, die es nicht vollenden konnte. Man hat mit dem punischen Erbfeind, der auf der anderen Seite des Meeres in Karthago saß, immer wieder Verbindung aufge-

nommen, die Schätze Afrikas und Ägyptens in den prachtvollen Lagerhäusern gespeichert, eine Kanalisation angelegt, einen weitum berühmten Fischteich vor den Toren der Stadt ausgehoben, die Siegessäulen bis fast in den Himmel gebaut, Sklaven gehalten, hunderttausend oder dreihunderttausend oder auch fünfhunderttausend, man hat auf Elfenbeinbetten geschlafen und die kostbaren Rennpferde mit Kämmen aus purem Silber gestriegelt, man hat den toten Haustieren turmhohe Tempel errichtet und die alte griechische Welt, die damals gerade erst bei Salamis verzweifelt gegen die persische Flotte gekämpft hat, strahlend in den Schatten gestellt. Die Tyrannen siegten wie Theron bei den Olympischen Spielen, der sich dann auch für gutes Honorar vom unsterblichen Pindar verherrlichen ließ, oder erweckten Tote zum Leben wie Empedokles, der zwischen den blühenden Mandelbäumen von Akragas seine philosophischen Verse aufsagte, ein Halbgott zu Lebzeiten schon, der freilich auch malariaverseuchte Sümpfe trockenlegte und den armen Bräuten von Akragas eine Mitgift zahlte. Immerhin berichten zwei verschiedene Legenden von seinem Sterben, von denen die berühmtere erzählt, daß er in den Krater des Ätna gesprungen sei, damit die Nachwelt begreife, daß ein Gott diese Erde verlassen habe.
Hing die Sonne damals auch schon wie ein Feuerofen am Himmel? Und war der Tod damals auch schon eine Schwalbe, die kreischend schrie?
In Favara, Aragona, Raffadali, Cattolica Eraclea, in den großen staubverkrusteten Bauernstädten und in Dörfern, in denen der dünne Wasserstrahl der alten Brunnen manchmal noch der einzige Faden ist, der die Menschen mit dem Leben verbindet, wachsen die potentiellen Mörder heran. Der Schmutz dieser Menschen ist anscheinend unausrottbar, die Analphabeten lernen *Vater unser* und *Gegrüßet seist du Maria* auswendig aufsagen, die Bauern, unterwegs seit vier Uhr früh in ihren alptraumhaften Geschäften, taumeln schlaftrunken auf den erschöpften Mulis heimwärts, wenn die Sonne zischend hinter den gelbbraunen Hügeln verschwindet, aschfarbene Welt voll Schweiß, Blut und Tränen. *Wo sind die Luxuspferde von Akragas, goldverbrämt das Geschirr, Silber im striegelnden Kamm?* Mörder gedeihen in solcher Umgebung, in der schon die Kinderaugen groß genug sein müssen, damit sie unterscheiden können, was nur nacktes Elend oder was hinterhältige

Politik ist. Eisverkäufer auf der Panoramastraße im Tal der Tempel von Agrigent, während in Favara, Aragona und Raffadali schmutziger Schweiß über die altersgrauen Fassaden der Häuser rinnt. Und die Sonne rollt genießerisch über die Schutthaufen, in denen manchmal – von den Touristen unbeachtet – Menschen leben und manchmal – von den Touristen bewundert – die Geschichte ihre Hinterlassenschaften deponiert hat.

Gestern im *Jollyhotel* der feierliche Aufmarsch einer Hochzeitsgesellschaft, zweihundert oder dreihundert Leute, Mittelstand aus Agrigent, besserer Mittelstand, der schon auf dem Sprung nach oben ist. Das Zeremoniell immer noch bourbonisch und dabei exaltiert auf eine Weise, die in Sizilien, in ganz Süditalien eine schauerliche Tradition hat. *Was unterscheidet den karthagischen Kriegsgefangenen und Sklaven in Akragas vom Kräutersammler, Olivenpflücker, Schuhputzer in Agrigent? Hunger, der die Haut durchlöchert.* Und während das Brautpaar den Applaus der Hochzeitsgäste entgegennahm – die Braut leichenblaß und mit Augen, die wie kaltes Feuer brannten –, grübelte ich darüber nach, weshalb in allen schöngeistigen Büchern über Agrigent immer nur vom Tal der Tempel die Rede ist, von den schönen arabischen Ölbäumen, tausendjährige Wurzeln im Abfall der Geschichte, von den großen Männern der Geschichte, vom Protzentum, vom Vielfraß, vom wollustgeschüttelten Verschwender ... und nie ein Wort über die Trümmer der Wohnhäuser, die ganze Familien unter sich begruben, weil auf Sand gebaut worden ist, billig, gewinnbringend, ungesetzlich, und nie ein Wort über die Zahl der analphabetischen Arbeitslosen oder über die Zahl der wurmkranken, rachitischen, tuberkulösen Kinder, nie ein Wort über die prunkvollsten Kirchengewänder ganz Siziliens, ganz Italiens im erzbischöflichen Palast, nie ein Wort über den selbstverständlichen Segen, den die Kirche seit Generationen schon den Vätern und Großvätern dieses Brautpaares spendet, *draußen die schwefelfarbene Nacht über den schmutzstarrenden Hinterhöfen, in denen das Leben verfault.*

Akragas starb schließlich an seiner eigenen Wollust. Das punische Karthago mußte nur geduldig darauf warten, daß die vollgefressenen Bürger die Nähe des Hungers spürten. Feuersbrünste, Erdbeben, römische Legionäre, Araber, byzantinische

Eiferer – sie hätten, meint ein Kustode aus Agrigent hartnäkkig, die Tempel von Akragas zerstört, weil sie das heidnische Götzenwerk nicht ertragen wollten –, Regengüsse, die den Sand fortspülten, Nacht über Agrigent, normannische Frömmigkeit, die über dorischen Säulen eine Kirche errichtet, immer die Malaria, immer der hungrige Schrei der Falken in den Trümmern von Kerkent, wie die Araber ihren Stützpunkt nannten, dann wieder das christliche Girgenti, vereinsamt, verwahrlost, bis in den zwanziger Jahren dieses Jahrhunderts der alte Name Agrigent feierlich aus den Schubläden der Geschichte hervorgeholt wird, weil immer wieder Scherben und Säulen aus dem Erdreich kriechen, weil immer noch die alten Geschichten erzählt werden: Unsterblichkeit, die das Elend des Volkes verschweigt.
Gestern auf der Hochzeitsgesellschaft die stattlichen Vierzigjährigen, kleingewachsen zwar, aber wohlgenährt, barockes sizilianisches Fleisch in weißes Leinen gezwängt, die feuchten dunklen Augen ständig auf der Suche nach einem Gerücht, nach einem Verdacht, dem man nachgehen kann. Agrigent, Sizilien ist voll von Gerüchten, die einen Verdacht beschreiben! Gestern war ich nahe daran, die stattlichen Vierzigjährigen zu fragen, ob sie sich noch an Tandoj erinnerten. Was aus seiner Witwe geworden ist. Und ob ihr Liebhaber tatsächlich nur ein *Liebhaber aus Geschäftsinteresse* gewesen ist. Und wo die vollbeschriebenen Papierstöße geblieben sind, die verhängnisvollen Aufzeichnungen, in denen angeblich bewiesen worden ist, daß Agrigent von Mördern regiert wird, die wie stattliche Vierzigjährige aussehen, Geschäftsleute, Freunde, ehrenwerte Männer, in deren feuchten dunklen Augen die Gerüchte wachsen, an denen Sizilien erstickt. Ich hätte es tun sollen! Aufstehen und sagen, daß der Mörder Tandojs nicht zu diesen Mördern gehört, die der Polizeioffizier gemeint hat, als er seine spurlos verschwundenen Aufzeichnungen geschrieben hat, weil es immer verschiedene Arten von Mördern gibt, weil die geschäftlichen Interessen eine andere Art von Mord verursachen als die politischen Interessen, weil manchmal die politischen Interessen nicht von den geschäftlichen Interessen zu trennen sind, weil manchmal die Gerüchte einen Mord verursachen, weil es in Agrigent seit dem mordlüsternen Diktator Phalaris immer wieder Mörder gegeben hat, die als

Tyrannen aufgetreten sind. Ich hätte aufstehen und sagen müssen, daß die Tyrannei in Agrigent nicht aufgehört hat.
Aber Tandoj ist tot. Sein gefährlicher Rechenschaftsbericht ist spurlos verschwunden. Die Häuser, deren Wohnungen man gewinnbringend verkauft, werden immer noch auf rutschendem Sand gebaut. Die Touristen schauen immer noch bewundernd auf die honigfarbenen Ruinen. Der Himmel ist immer noch eine Scheibe aus schmelzendem Metall. Es ändert sich nichts in Agrigent!

Zwischen Segesta und Selinunt stirbt Giuliano

Die Geschichte von Selinunt, Segesta und Erice, die abwechslungsreiche Geschichte des westlichen Sizilien, füllt zahllose Druckseiten, beschäftigt Archäologen und Schriftsteller, gibt Auskunft über einige unerhörte Ereignisse, die sich unter dem zerstörerischen Goldstaub der Sonne zugetragen haben, stützt sich auf bemerkenswerte Persönlichkeiten und guterfundene Anekdoten, hat im übrigen die längst schon gewohnten Inhalte – *der sogenannte Pöbel stellt immer das Schlachtopfer* – und wird in handlichen Broschüren in Hotelhallen und besseren Buchläden verkauft.
Aber geschrieben wird diese Geschichte in den Präfekturen und auf den Friedhöfen, mitgeteilt wird sie durch Polizeiberichte und durch den flüsternden Volksmund, bekannt geworden ist sie einigen wenigen Eingeweihten. Die Geschichte des westlichen Sizilien ist eine Geschichte hinter der Geschichte, wie es eine Welt hinter der Welt gibt. Es ist eine Geschichte, die Antwort gibt auf einige merkwürdige Fragen: *»Was denkt das Volk, mißtrauisch und schweigsam«;* oder *»Wie wird man Tempelwächter«;* oder: *»Was geschah wirklich in einem Hinterhof von Castelvetrano«;* oder: *»Warum sind Erdbeben so bedeutend für die Geschichte des westlichen Sizilien«?* Und auf alle diese Fragen, die sich verwirrend anhören, gibt es verwirrende Antworten:
Erdbeben haben die berühmten Tempel von Selinunt zerstört. Erdbeben haben die Barackenstädte zwischen Segesta und Selinunt entstehen lassen. Und beides hat mit der Wirklichkeit des westlichen Sizilien zu tun.
Tempelwächter, Kustode wird man, wenn man die notwen-

digen Verbindungen hat. Die notwendigen Verbindungen sind unerläßlich in einer Landschaft, in der die Arbeitslosen wie Unkraut aus dem Boden wachsen.

Das afrikanische Meer liegt wie blaue Seide vor den gewaltigen griechischen Backsteinen von Selinunt. Sieben Kilometer landeinwärts fallen die Schatten auf einen schmalen Hinterhof in Castelvetrano. Dort ist der Leichnam des legendären Banditen Salvatore Giuliano aufgefunden worden.

Segesta. Selinunt. Dazwischen die Anfechtungen der Sonne. Der Fahrtwind bricht wie eine fauchende Flamme durchs geöffnete Autofenster. Die großen Erdhaufen und Hügel, auf denen sich die verwahrlosten Bauernstädte eingenistet haben, kauern verbrannt, verdorrt in der Landschaft. Und die Erde selbst ist vor vielen Sommern schon zu Asche verglüht. Weingärten kriechen über den Boden, den die Sonne immer wieder zerreißt. Der Himmel hängt wie ein Glassturz über der Landschaft. Die rauchfarbenen Ränder dieses Glassturzes verstellen die Aussicht auf das Dahinterliegende. Die Hitze hängt in Schwaden zwischen Himmel und Erde. Manchmal frißt sich ein Traktor staubaufwirbelnd durch einen aschgrauen Hügel. Manchmal trottet ein Maultier, das unter der fauchenden Sonne keinen Schatten mehr wirft, am Horizont entlang. Der Bauer auf dem Rücken dieses Maultieres schläft mit keuchendem Mund.

Es ist unvorstellbar, daß die Araber aus dieser Hölle ein Paradies gemacht haben, damals, als sie übers flirrende Meer gekommen sind und die Insel mit ihren Erfindungen und mit ihrer atemberaubenden Geschicklichkeit in eine fruchtbare Landschaft verwandelten. Es ist unvorstellbar, daß die ersten griechischen Siedler, die von der Ostküste herübergekommen sind, wahrscheinlich von Megara Hyblaea, ihre Neugründung ausgerechnet nach dem wildwachsenden Sellerie benannten und dabei voll Optimismus waren, weil der glückbringende Sellerie reiche Kornernten und Wohlstand versprach. Alles ist unvorstellbar in diesem westlichen Teil der Mörderinsel, aber es hat sich so zugetragen! Diese griechischen Siedler, die dann die gewaltigsten Ruinen Europas hinterlassen sollten, kamen irgendwann zwischen 650 und 628 vor Christus an diese Küste, bemächtigten sich der reichgegliederten Landschaft bis in die Gegend des heutigen Sciacca, wo sie eine Festung errichteten, weil sie die Vorzüge der heißen Thermen genießen wollten, der ältesten heißen Quellen, von denen man mit Sicherheit weiß, daß die schlauen Griechen sich ihrer bedienten, vulkanische Erscheinungen, deren Dämpfe aus tiefliegenden Höhlen aufsteigen. *Stufe vaporose*, nennt sie das Volk heute noch und natürlich hat Daedalos, der mythische Erfinder und Vagabund, auch hier für diese unsterblichen Hinterlassenschaften gesorgt, die uns unaufhörlich an ihn erinnern: Er nämlich hat die unterirdischen Stollen und Höhlen und Gänge so abgedichtet und so miteinander verbunden, daß die brennheißen Dämpfe aufs stärkste konzentriert in eine Richtung strömen konnten.

Als vor einigen Jahren wagemutige Höhlenforscher in die innerste Tiefe dieser vulkanischen Welt vordrangen, fanden sie mächtige Tonkrüge aus dem 3. vorchristlichen Jahrtausend, in denen neben anderen Opfergaben auch die zarten Knöchelchen von Kindern lagen, die irgendwelchen unbekannten Göttern geopfert worden sind.

Im vorigen Jahrhundert – 1831 – entdeckte ein britisches Segelschiff vor der Küste von Sciacca eine Insel, die namenlos und staatenlos war, weil sie erst ein paar Augenblicke oder ein paar Wochen vorher aus dem Meer emporgestiegen war. Es kam dann sogar zu diplomatischen Auseinandersetzungen zwischen den bourbonischen und britischen Behörden, wem diese rätselhafte Insel nun tatsächlich gehörte, was sich dadurch löste, daß sie eines Tages wieder gurgelnd im Meer versank.

Aber das alles hat natürlich nichts – oder nur am Rande – mit Selinunt zu tun, dieser westlichsten aller sizilianischen Griechenstädte, deren Überreste heute Mühe haben, sich gegen die Umklammerung durch ein rasch wachsendes und ebenso rasch verwahrlostes Fischer- und Badedorf zu wehren. Schon dehnt sich der schmutzige, von Unrat überhäufte Strand bis zur Akropolis. Schon frißt sich die Asphaltstraße mitten durch die Ruinen. Ich habe Selinunt noch gekannt, als weder der Strand von Marinella noch die breite Autostraße vorhanden waren, und als ich mich damals dem Meer näherte, wanderte der Tuffstein wie seit Jahrtausenden durch die Einsamkeit der weichen Hügel. Heute kann man sich vorstellen, wie das ausgesehen hat, als eine riesige punische Armee aus Karthago im Jahre 409 vor Christus mit Kriegselefanten, Belagerungstürmen, Rammböcken und den wüsten Haufen der iberischen

Söldner die reiche, prunkliebende Selleriestadt belagerte, neun schreckliche Tage lang, immer enger und einschnürender der Belagerungsring, bis schließlich das Ende kam, dieses gewohnte Ende mit Plünderung und Vergewaltigung, ein Ende, das angeblich innerhalb von wenigen Stunden sechzehntausend Menschenleben gekostet hat. So überraschend und so vollkommen war diese Niederlage, daß sogar die Steinmetze und Sklaven in den Steinbrüchen von Selinunt ihre schwierige Arbeit von einem Augenblick auf den anderen aufgaben und flüchteten, so daß man heute noch bei Campobello die Arbeitswelt von vorgestern sehen kann, zweieinhalb Jahrtausende zurückgedreht, als mit Seilwinden und Sklavenschweiß die herausgehauenen, herausgeschnittenen Marmorblöcke ans Meer gebracht worden sind.
Übrigens war einer der Tempel auf der Akropolis jenem philosophierenden Meister aus Akragas gewidmet, Empedokles, der hier die Malaria besiegt haben soll. Wer errichtet heute irgendeinem Meister, der den Hunger oder wenigstens die Arbeitslosigkeit besiegt, einen Tempel?
Ich badete im lauwarmen Meer, sonnte mich auf zweieinhalbtausendjährigen Backsteinen, immer das Geflecht der Säulen vor mir, immer den Schutt einer großen Vergangenheit vor Augen, Muttergottheiten unter der verbrannten Macchia, die unvermeidlichen Straßenhändler mit ihren plumpen Fälschungen zwischen den Säulen und Schutthalden. Wovon lebt der Mensch in solcher Umgebung, wenn die nächste florierende Industrie unerreichbar ist, wenn die buntbemalten Fischerboote mit leeren Netzen heimkehren, weil das Meer längst schon leergefischt ist, wenn die kornreiche Fruchtbarkeit griechischer und arabischer Geschicklichkeit seit Generationen verödet, wovon lebt der Mensch wirklich in dieser mythischen Umwelt, wo sogar die Ölbäume abgeholzt wurden und die Sonne an den Wurzeln des wilden Sellerie saugt?
Die Erdbebentrümmer von Selinunt locken immer wieder bildungshungrige Reisende an. Die Erdbebentrümmer zwischen Selinunt und Segesta interessieren nicht einmal die verantwortlichen Behörden, von denen man nicht genau weiß, ob sie in Palermo oder in Rom ihre guteingerichteten Büros haben. In Salemi glänzt die Architektur einer modernen Kirche. Die Baracken, in denen die Überlebenden des letzten Erdbebens auf ein Wunder warten, sind alt und stumpffarben.

Die Entschädigungen, ausgezahlt nach langem Zögern, sind der Inflation und der Mafia zum Opfer gefallen. Manchmal beklagt sich ein tollkühner Priester über die Schwerfälligkeit der Bürokratie. Aber auch er forscht nicht länger nach: Wie sehen die Hintermänner dieser Organisation aus, die sich bereit erklärt hat, die Spenden für die Erdbebenopfer zu verwalten? Was kostet der neue Kirchenbau von Salemi?

Auf einem Hügel bei Calatafimi stößt ein mächtiger Obelisk himmelwärts, weil hier Giuseppe Garibaldi im Mai 1860 die bourbonischen Truppen besiegt hat. Die Bauern rund um diesen Hügel leben mit ihren Tieren, Krankheiten und Schulden in Behelfsheimen, verstrickt in undurchsichtige Verhältnisse, analphabetisch und abergläubisch, und seit eine Autobahn die Landschaft durchschneidet, sind sie wieder ein paar Meilen weiter von der Zukunft entfernt. In Vita ist der Tod allgegenwärtig. Der Schutt vom letzten Erdbeben ist unaufgeräumt. Die Arbeitslosigkeit permanent. Über die Kindersterblichkeit wird nicht geredet. Das Durchschnittseinkommen ist unbekannt. Und weil seit siebzig Jahren die arbeitskräftige Jugend auswandert aus Vita, schleppt sich seit siebzig Jahren das erbarmungswürdige Alter durch Vita. Und so oft ich durch Vita komme, alle paar Jahre wieder, schmeckt der Staub bitter, hat sich nichts verändert, und ich begreife die Biographie des Salvatore Giuliano, wie ich drüben in Agrigent die Biographie des Polizeioffiziers Tandoj begriffen habe.

Salvatore Giuliano: geboren und aufgewachsen in den kahlgescheuerten Hügeln südlich von Palermo, frühzeitig hungrig und unterernährt, frühzeitig ein Polizistenmörder, dann ins diffuse Zwielicht sizilianischer Politik verstrickt, Ende der vierziger Jahre Italiens bevorzugter Staatsfeind, ums Leben gekommen auf mysteriöse Weise, aufgefunden in einem Hinterhof von Castelvetrano, *wo verunsicherte ruhmsüchtige Polizisten aus ihren Maschinenpistolen das Feuer auf den längst schon erstarrenden Leichnam eröffnen,* begraben im rosafarbenen Friedhof von Montelepre, ein abgeschlossener Fall in den Polizeiakten.

Und die Verhältnisse, die ihn haben entstehen lassen, haben sich nur geändert, aber nicht aufgehört!

Denn zwischen den schönen Ruinen von Segesta und Selinunt ist es immer noch unvorteilhaft, einer kinderreichen Familie anzugehören, ein Bauernkind oder ein Landarbeiterkind zu sein, mit den Tieren, Krankheiten und undurchsichtigen Verhältnissen aufzuwachsen, die Notdurft über einem Erdloch neben der Feuerstelle zu verrichten, an Tuberkulose, Würmern und Unterernährung zu leiden, das italienische Alphabet nur mühsam zu erlernen, dem allgegenwärtigen und allmächtigen Priester die Hand küssen zu müssen, die verdorrte Erde bearbeiten zu müssen, die Verhaltensweisen zwischen landlosem Proletariat und vermögendem Großgrundbesitz studieren zu müssen, die Gendarmerie verabscheuen und an Gott glauben zu müssen, keine menschenwürdige Zukunft zu haben, keine zeitgemäßen Konsumgewohnheiten zu haben, keine Infrastrukturen zu erfüllen und sich trotzdem nicht umzubringen. Unvorteilhaft ist die sizilianische Art des Überlebens. Und unvorteilhaft ist die sizilianische Art des Sterbens. *Schrotzerfetztes Gesicht im Erdreich, Fliegen stürzen sich gierig aufs süße Blut,* und das nimmt kein Ende, das vererbt sich von Generation zu Generation, und als am 5. Juli 1950 die Kugeln einschlugen in den Leichnam, der im kleinen staubigen Hinterhof des Hauses eines Rechtsanwaltes in Castelvetrano lag, längst schon erschossen, längst schon das Banditenfell durchlöchert, längst schon zurechtgeschminkt für den Triumph der Polizei, da konnte nur ein Akt von vielen als abgeschlossen betrachtet werden. Was kostet ein Mord im Schatten der schönen Tempel von Selinunt und Segesta? Wer sorgt für den Totschlag im Westen Siziliens? Siebenundsiebzig Morde zwischen Segesta und Selinunt im abgelaufenen Jahr, aber nur dreißigmal wird Anklage erhoben. Hundertelf Morde rund um Trápani, das unterhalb der ruhmreichen und gebenedeiten Liebesstadt Erice liegt, aber nur vierunddreißigmal wird Anklage erhoben. Und jeder Kalender wäre brauchbar, um die Regelmäßigkeit des immerwährenden Totschlags zu beweisen, welches Jahr ist gefällig? Welches Datum wird gewünscht? 19. Januar zwei Morde in Marsala und einer in Palermo, 28. Januar zwei Morde in Camporeale, 14. Februar ein Mord in Valledolmo, 15. Februar ein Mord in Chibo, 19. Februar ein Mord in Villagrazia, 26. Februar noch ein Mord in Villagrazia, 3. März ein Mord in Palermo, 4. März noch ein Mord in Palermo, 6. März das Morden hört nicht auf in Palermo, 7. März ein Mord in Godrano, 11. März ein Mord in Casteldaccia, 17. März ein Mord in Borgetto, 30. März zwei Morde in Trápani, 6. April ein Mord in Vita und drei Morde in Gibellina, 11. April zwei

Morde in Palermo und zwei in Grisi, 25. April ein bescheidener Mord in Terrasini, 13. Mai ein Mord in Ragona und deren sieben im teuflischen Gibellina. Und diese Serie ist beliebig fortsetzbar, ist auf jedes Jahr datierbar – im konkreten Fall war es 1960, wird auch im nächsten Jahr passieren, weil es unvorteilhaft ist, ein Sizilianer zu sein, der im Westen Siziliens unter Verhältnissen leben muß, die eine Vorbereitung sind zum permanenten Mord.

Die Landschaft ist in ihr sommerliches Löwenfell geschlüpft, glatt und gelb, manchmal eine Halskrause aus farblosem Grün, querfeldeinlaufende Weingärten, Eidechsen tragen dieses staubige Grün, manchmal eine dunkle Kerbe im hellen Löwenfell, frisch aufgeworfenes Erdreich, das sich wie eine Naht über einen flachen Hügel zieht. Manchmal das Geschrei der Zikaden. In den dünnen Rinnsalen brennt das Feuer der Sonne. Die Hitze stampft über die stöhnende Erde. Im Kessel von Segesta steht sie starr, wachsam, flüssiges Metall, das einem die Haut verbrennt. Und oben auf dem steinigen Hügel, wobei man nicht genau weiß, was graugefleckte Natur und was aus der Erde kriechendes uraltes Mauerwerk ist, oben im Halbrund des Theaters, das mit seinen Sitzreihen nach Norden blickt, trommelt die Sonne erbarmungslos vom weißglühenden Himmel.

Mir fallen die athenischen Abgesandten ein, während ich vor der kleinen Bar im Schatten sitze, vor mir das gelbbraune Rankenwerk des vielleicht rätselhaftesten aller sizilianischen Tempel, diese hilflosen Diplomaten fallen mir ein, die nach Segesta kamen, um sich über den Wohlstand und die Kreditwürdigkeit der einsamen elymischen Landstadt zu erkundigen, die plötzlich um Hilfe gebeten hatte gegen das übermächtige und habgierige Selinunt. Man war arm in Segesta, auf notgedrungene Bescheidenheit eingerichtet, aber man überlistete die hochmütigen Athener, indem man ihnen alles Gold- und Silbergeschirr vorsetzte, das man in der Nachbarschaft aufgetrieben hatte. In Athen war man beeindruckt und schickte eine Flotte nach Sizilien, die dann freilich vor Syrakus schmählich geschlagen wurde.

Aber nicht einmal hundert Jahre später ging auch Segesta elend zugrunde, als Agathokles die freundliche Stadt zwischen den braungelben Hügeln brandschatzte, alle wehrfähigen Männer an Katapulte binden und wie Geschosse in die Luft schleudern ließ, während Greise, Kinder und Frauen in kunstvoll konstruierten Messingbetten bei lebendigem Leib zu Tode geröstet wurden. Dann, als der Tod durch die Trümmer von Segesta schlich, schickte das Scheusal Agathokles neue Siedler in die rauchgeschwärzte Ruinenstadt und gab ihr ausgerechnet den Namen Dikaiopolis, *Stadt der Rechtschaffenheit,* denn auf dieser Mörderinsel haben die Mörder immer schon zynisch ihre Schandtaten kommentiert.

Ich saß im Schatten und starrte nachdenklich in die Vergangenheit. Neben mir unterhielt sich der Kustode mit einem kahlköpfigen Briten, der mit Koffer und Reisetasche unterwegs war, immer auf den Spuren der verschollenen Völker, die hier ihre Säulen und Legenden hinterließen, Sikaner, Sikuler und Elymer, die möglicherweise aus dem Zwischenstromland, aus dem fernen Mesopotamien eingewandert sind, dann Griechen, alle Stämme aus dem Mutterland, flink, geschäftstüchtig, bauwütig, bis sie unter dem Hagel punischer Speere, unter den Tritten afrikanischer Kriegselefanten zugrundegingen. Dann Roms gleichgültige Legionäre und zusammenraffende Statthalter, die Geschichte drehte ihre Pirouetten, die Erde trank das Blut der Erschlagenen, der Himmel starrte gelangweilt auf die zerfallenden Städte, im wogenden Korn lagen die Leichen, im Schatten der Tempel schluchzten die Witwen, veränderlich waren die Götter, veränderlich war das Glück, bis Sizilien seufzend zurückfiel in die lange Nacht der Unterdrückung. Der kahlköpfige Brite erzählte lächelnd von Erice, der berühmten Tempelstadt, in der Karthager, Griechen und Römer auf die gleiche Weise Astarte, Aphrodite und Venus verehrt haben. Ich überlegte zweifelnd, wer Segesta wirklich gegründet haben könnte, mythische Flüchtlinge aus Troja, phönikische Deserteure, später verschmolzen zu den Elymern, die das ungewöhnliche Vorrecht besaßen, griechische Frauen zu heiraten. Aber wozu diese Nachdenklichkeit, wozu dieses Herumwandern durch vieltausendjährigen Schutt, wenn die Geschichte der Gegenwart, zusammengestellt aus Polizeiakten, bestechlichen Bürgermeistern und verzweifelten Bauern noch keine Archäologen gefunden hat, die eifrig studieren, was ihnen an Material unter die wühlenden Hände kommt!

Der kahlköpfige Brite schleppte Koffer und Reisetasche hinunter zur Bahnstation. Ich fuhr auf die Autobahn, wo ein paar Minuten später ein halbwüchsiger Lastwagenchauffeur mit unverminderter Geschwindigkeit gegen einen Wagen der Straßenverwaltung prallte. Wer hat Segesta gegründet? Warum ist der berühmte Tempel – *ernst schweigsam erstaunt starren dich die gerundeten Säulen an* – auf so unnachahmliche Weise unvollendet geblieben? Wer hat Salvatore Giuliano wirklich erschossen? Wieviel Brot braucht der Mensch? Wer kontrolliert den Bedarf an Flüssigkeit – ich rede von gewöhnlichem Trinkwasser – eines sizilianischen Landarbeiters? Warum sind mir plötzlich die hochberühmten Jahreszahlen gleichgültig geworden?

In Erice dann, das wie ein gewaltiger Buckel aus der Ebene aufsteigt, wieder die Erinnerung an den unvermeidlichen Daedalos, der in dieser legendären Liebesstadt kunstvolles Mauerwerk errichtet haben soll. Noch früher sollen Herakles und Odysseus hier ihre Spuren hinterlassen und ihre erstaunlichen Heldentaten vollbracht haben, wobei der Mythos vom Ringkämpfer Herakles bis heute nicht erloschen ist, denn das Land unterhalb des mächtigen Bergblockes heißt immer noch Campo d'Ercole, erinnert immer noch an die Heldentat dieses unsterblichen Kraftprotzes, der auf dem Rücken einer Kuh vom italienischen Festland nach Sizilien schwamm und dann im elymischen Land irgendwo zwischen Segesta und Erice mit einem alteingesessenen König diesen Ringkampf bestritt, der ihm angeblich das westliche Sizilien einbrachte. Und Odysseus wiederum soll hier seine gefährliche Begegnung mit Polyphem gehabt haben (oder, wahrscheinlicher, drüben an der Ostküste), Äneas, aus dem brennenden Troja flüchtend – oder auch sein Bruder Eryx, beide Kinder der wollüstigen Aphrodite –, hat auf dem Gipfel des siebenhundert Meter hohen Berges die spätere Hauptstadt der Elymer und der Liebe gegründet, die bald von prächtigen Tempeln geschmückt war, in denen auf riesigen Opferaltären geweihte Feuer weithin übers Meer loderten und die Priesterinnen der Aphrodite (Astarte, Venus) zur kultischen Prostitution bereit waren.

Alles Legenden, die durch nichts als die verschwommene Erinnerung des Volkes bestätigt werden. Spuren gibt es so gut wie keine. Heute ist Erice, das die Araber Djebel Hamid und die christlichen Normannen Juliansberg (Monte San Giuliano) nannten, eine stille leere windüberschwemmte Bergstadt, die mittelalterlich anmutet mit ihren engen Gassen und festgefügten Quadern und die noch nicht vom üblichen sizilianischen

Verfall heimgesucht ist. Weit geht der Blick aufs Meer hinaus, umfaßt die Ägadischen Inseln, die wie dunkle Schatten im dunstbedeckten Wasser liegen, fällt auf das Häusergewirr von Trápani, auf die großen weißen Vierecke der Salinen. Und man erinnert sich wieder an Geschichten, die nichts mit dieser schöngefärbten Vergangenheit zu tun haben, wie sie uns die Archäologen und Historiker immer wieder erzählen. Wie war das wirklich, als auf diesem Berg die Holzstöße brannten und die Prostitution eine heilige Sache war? Wie lebte das Volk unten in der Ebene? Wovon träumten die Landarbeiter damals?

Zwischen Selinunt und Segesta stirbt Giuliano. Immer wieder. Erice ist in diesem Zusammenhang nur eine schöne Imagination, eine flüchtige Wolke am sizilianischen Himmel. Die alten Götter sind tot. Die bevorzugten Söhne einer Göttin namens Aphrodite haben ihre Rolle längst schon ausgespielt. Jetzt beherrschen andere bevorzugte Söhne dieses Land, die Maschinenpistolen im Anschlag, die Zugehörigkeit zur regierenden Partei als Ausweis, einen seltsamen Erzbischof, der einer seltsamen Kirche vorsteht, als Freund, die Unwissenheit der Bauern als probates Mittel zur Ausbeutung. Die Ruinen von damals gehören den Profiteuren. Und alle kommen auf ihre Rechnung, weil es immer irgendeinen Giuliano gibt, dem die Sonne zwischen Selinunt und Segesta ein handtellergroßes Loch in die sizilianische Haut brennt. Weil im Gegensatz zum mühsamen Leben das rasche Sterben so wenig kostet im westlichen Sizilien.

Umfrage in Palermo

Man muß sich auf Sizilien entscheiden, ob man vor der Wirklichkeit die Augen verschließen und in eine schöne historische Phantasmagorie flüchten will, in der sich zwischen den kostbaren Tempeln die Hetären bewegen (immerhin: eine der berühmtesten Kurtisanen des Altertums, die hinreißende Laïs, kommt aus dem alten Hykkara westlich von Palermo), oder ob man bereit ist, sich der Wirklichkeit zu stellen. Irgendwann muß man sich entscheiden, spätestens in Palermo, wo einem das Elend so unverhüllt entgegentritt, daß man schon mit absichtsvoller Blindheit geschlagen sein muß, um

nur diejenigen Attraktionen zu sehen, die der Baedeker beschreibt.
Ich brauchte mich nicht zu entscheiden. Im Hotel, kaum daß ich abgestiegen war, forderte man mich eindringlich auf, meinen Wagen in der Garage abzustellen. Mein Einwand, daß der Parkplatz des Hotels auch während der Nacht gründlich bewacht sei – *Polizisten, irgendein unvermeidlicher palermitanischer Hausmeister, Droschkenkutscher, Taxichauffeure bildeten fast eine kleine Privatarmee* – löste nur resignierendes Kopfschütteln aus. In weniger als fünf Minuten sei mein Wagen ausgeräumt. Ich zögerte *(wer verurteilt das erfindungsreiche Volk, wenn es sich vor der vollkommenen Verelendung schützt)*, dann fuhr ich meinen Wagen in die Garage, unterwarf mich einer regelmäßigen Umständlichkeit, die zeitraubend und kostspielig war, mußte immer, wenn ich zum Wagen wollte, einen Hotelangestellten finden, der die schweren Vorhängeschlösser an der Garagentür aufsperrte, mußte mit feuchten schmierigen Geldscheinen die Gerissenheit der Diebe belohnen, die mich gezwungen hatten, beinahe selber wie ein Dieb meinen Wagen, meine Kameras, meine Habseligkeiten vor der Öffentlichkeit zu verbergen.
Die vorgedruckten Warnungen, die das Hotel seinen Gästen mit dem Zimmerschlüssel aushändigte – *Diebstahl von Handtaschen kommt vor, bitte Vorsicht* – waren nur noch eine hilflose Arabeske.
Später erinnerte ich mich der Methoden, die man vor ein paar Jahren in Palermo angewendet hatte, um die sparsamen Autobesitzer in die rasch errichteten Garagen zu zwingen: Nacht für Nacht gingen die Autos in Flammen auf, wurde der Lack zerkratzt, wurden die Reifen zerschnitten, bis die Palermitaner zähneknirschend begriffen und die teuren Garagenplätze mieteten. Dann erzählte mir ein österreichischer Arzt, den ich zufällig in der Hotelhalle traf, wie er eines Nachts von seinem Hotelzimmer aus beobachtet habe, daß Diebe ein Dutzend Autos in aller Ruhe ausgeplündert haben. Er habe dem Portier telefoniert, erzählte der Arzt, aber der Portier habe sich geweigert, auf den Parkplatz zu gehen, weil schon einmal von den Dieben auf ihn geschossen worden sei.
Diese unglaubliche Geschichte hat sich im Agip-Motel südlich von Bari zugetragen. Hat Italien endgültig die Kontrolle über

seinen Süden verloren? Und ist das Chaos jetzt unwiderruflich zum alleingültigen Gesetz geworden?
Ich habe immer die Reisenden beneidet, die mit dem Schiff in Palermo ankommen und dann voll schwelgerischer Begeisterung das allmähliche Näherrücken dieser Kulisse schildern können, das Aufbrechen von Farben und Konturen, die schwer und nachdrücklich aus dem Dunst hervortreten, der Palermo einen erstickenden Sommer lang gefangenhält. Diese glücklichen Menschen gleiten auf einem lautlosen Schiff den Sehenswürdigkeiten entgegen – Kirchen, Paläste, Schlösser, Museen –, deren Inhalte sie sachkundig und mit dieser Leidenschaft akzeptieren, die aus dem verschmutzten Himmel über Palermo einen Schild aus Perlmutt macht und das ölverschmierte, von Abfällen bedeckte Wasser im Hafen fast pergamentfarben aussehen läßt. Ich freilich finde, daß man Palermo erst durch seinen Autoverkehr begreift, durch den leidenschaftlichen Haß, mit dem die Menschen hier ihre Fahrzeuge benützen, blindwütig, rasend, ohne Rücksicht gegen sich selber, nur von der Idee besessen, dem verfaulenden Mauerwerk zu entkommen, der flammenden Hölle zu entrinnen, die ganze Straßenzüge, ganze Stadtviertel gefräßig erobert, ich bewundere den perversen Sadismus des Palermitaner Straßenverkehrs, der an den verschmutzten und herabgewohnten Palästen des bourbonischen Zeitalters vorbeibrüllt, an diesen verlotterten Palästen, in denen die halbverhungerten Erben einer müßiggängerischen Aristokratie untergekrochen sind, weil ihnen die Stadtverwaltung keine menschenwürdigen Wohnungen zur Verfügung stellen kann, weil sie die Mietpreise für die Appartements in den modernen Wohnblöcken nicht bezahlen können, ich verfolge immer mit einem gräßlichen, beschämenden Gefühl der Faszination diesen Straßenverkehr, der sich wie wahnsinnig gebärdet, weil die Menschen, die ihn verursachen, wahnsinnig sind, Bürger einer der ältesten Städte Europas, deren Schönheit freilich nur noch eine bittere Chimäre ist.
Danilo Dolci, der seltsame Heilige von Partinico *(manche Kritiker meinen, er selbst sei sein bester Propagandist)* hat in einem seiner Bücher einmal die Beschäftigungen beschrieben, die ein junger Palermitaner vor seinem Militärdienst ausgeübt hatte. Es waren vierundzwanzig oder fünfundzwanzig, darunter so seltsame wie Froschjäger, Schneckensammler oder Sammler von liegengelassenen Oliven oder so interessante wie

Alkoholschmuggler, Dieb von Friedhofskreuzen und Bleisammler auf den Schießplätzen der Polizei, Beschäftigungen, die man auch bei aller Nachsicht nicht mit einem Beruf verwechseln kann, es sei denn, man betrachtet das Verkaufen geschmuggelter amerikanischer Zigaretten oder das Verkaufen von Kleidungsstücken, die man ahnungslosen, leichtgläubigen Touristen gestohlen hat, als einen ehrenwerten Beruf. Haben solche Geschöpfe noch einen Blick für das phönikische, griechische, römische, byzantinische, arabische, normannische, staufische, französische und bourbonische Palermo, das nie in seiner langanhaltenden abszönen Geschichte auch ein italienisches Palermo war? Haben sie, während sie neben deinem Wagen, der hoffnungslos im orgiastischen Straßenverkehr steckengeblieben ist, auf die nächste günstige Gelegenheit warten, dich mit gekonnter Geschwindigkeit zu berauben, haben sie überhaupt noch eine Chance, einen bewundernden Blick zu werfen auf die Überreste aus der großen Blütezeit Palermos, als das prachtvolle arabische Jahrhundert oder das glorreiche staufische Zeitalter auf den Trümmern des wichtigsten karthagischen Stützpunktes dieser Insel eine Zivilisation ermöglichten, zu deren Zerstörung dann die französischen und spanischen Statthalter rund sechshundert Jahre lang brauchten? Haben sie, denen die Sammlung der obskursten Beschäftigungen noch längst nicht die Ausübung eines normalen Berufes ermöglicht, weil sie ohne Beziehung und Protektion weder Straßenkehrer noch Parkwächter, weder Hilfspolizist noch Gemeindediener werden können, weil sie sogar für einen einträglichen Bettelplatz vor irgendeiner Kirchentür Beziehung und Protektion brauchen, weil ganz Palermo nach einem generalstabsmäßigen Schema von Beziehung und Protektion geordnet ist, in Abhängigkeiten von Beziehung und Protektion unterteilt ist, haben sie, die jungen Sammler von Beschäftigungen, die jugendlichen Taschendiebe, Zuhälter, Schmuggler, Analphabeten und schuldlos schuldiggewordenen Sünder, haben sie also wirklich noch einen vernünftigen Grund, ihre immer wieder betrogene und ausgebeutete Hoffnung vor den touristischen Sehenswürdigkeiten dieser Stadt an den Pranger zu stellen?
Wieviel Einwohner hat Palermo? Siebenhunderttausend, achthunderttausend? Wieviel Arbeitsplätze vergibt Palermo alljährlich an die jungen Sammler von Beschäftigungen?

In der Unmöglichkeit, diese naive Frage korrekt zu beantworten, ist die Wahrheit über Palermo enthalten!

Es muß etwas mit der Krankheit der Gehirne zu tun haben, mit einer heftigen, unerklärlichen Krankhaftigkeit, die irgendeinen lebenswichtigen Teil des palermitanischen Gehirns angreift, seit Jahrzehnten schon immer wieder von neuem angreift und verändert und zerstört, so daß man völlig schamlos, bar jeder normalen menschlichen Scham, Unsummen ausgibt für Staatsanwälte, Polizisten und Richter, die sich mit einer angestrengten Ernsthaftigkeit, die manchmal schon an Sadismus grenzt, mit diesen jugendlichen Sammlern von Beschäftigungen befassen, sie bei ihren Beschäftigungen stören, sie jagen, bestrafen, sie in neue und noch schlimmere Beschäftigungen hineintreiben, und immer spielt Geld eine ganz entscheidende Rolle dabei, werden beträchtliche Summen investiert, um einem jugendlichen Sammler von Beschäftigungen das Rauben und Zerstören fremden Eigentums oder sogar das Töten eines Menschenlebens beizubringen oder ihn bei diesen palermitanischen Beschäftigungen zu stören oder ihn von diesen Beschäftigungen abzuhalten, indem man ihn verurteilt und in kostspielige Zuchthäuser steckt, immer spielt Geld dabei eine Rolle, immer werden Millionen oder sogar Milliarden Lire in Bewegung gesetzt, von diesen krankhaften Gehirnen in Bewegung gesetzt, denen es noch immer nicht eingefallen ist, Kindergärten zu bauen, Jugendheime zu errichten, Arbeitsplätze für die jugendlichen Sammler von Beschäftigungen bereitzustellen. Es muß eine ganz besondere, unheilbare Krankheit sein, die in Palermo die Vernunft angreift, weil es ja nur vernünftig wäre, Kindergärten, Jugendheime und Arbeitsplätze bereitzustellen, weil es gegen alle Vernunft ist, das Vermögen des Volkes – *mein Gott was für ein Vermögen hat dieses Volk denn schon* – für die Aufrechterhaltung oder für die Bekämpfung der Jugendkriminalität zu verschleudern. Denn das ist ja das wahrhaft Absurde oder sogar Satanische an dieser Krankheit, daß auch die Aufrechterhaltung des Verbrechens ein Vermögen kostet: Rechtsanwälte, Zwischenhändler, Spione, bestechliche Polizisten und korrupte Richter, jeder Mord hat seinen Preis, jede Gewalttat, jede Erpressung, jede verbrecherische Organisation! Und ich muß mir immer vorstellen, wie konservativ gekleidete, kleingewachsene und dickliche Fünfzigjährige, die innerhalb dieser allgemeinen palermitanischen Krankhaftigkeit als Rechtsanwälte auftreten, sich mit ungeheuerlicher Beredsamkeit für abgerissene, verschmutzte und verdorbene Halbwüchsige einsetzen, während überforderte oder auch nur gelangweilte Richter und Staatsanwälte gegen die ungeheuerliche Beredsamkeit der Rechtsanwälte ihre eigene Beredsamkeit einsetzen, ich muß mir das immerzu vorstellen, wie in Palermo ein kostspieliger Apparat in Bewegung gesetzt wird, wie eine korrupte Verwaltung mit einer korrupten Gesellschaft augenzwinkernd verhandelt, damit man sich Kindergärten, Jugendheime und Arbeitsplätze erspart, damit man die Krankhaftigkeit dieses monströsen Gehirns nicht öffentlich eingestehen muß.

Dafür stiftet man Votivgaben. Dafür läßt ein stadtbekannter Mörder eine kleine Kapelle errichten, nachdem er wieder einmal eines Mordes nicht überführt werden kann. Dafür bezahlt man zum alljährlichen Rosalienfest ein atemberaubendes Feuerwerk. Dafür gilt es als Ehrensache, daß die hochherzigen Stifter und Bezahler – die manchmal auch die angesehensten Verbrecher dieser Stadt sind, aber was ist hier eigentlich ein Verbrechen? – den schweren silberbeschlagenen Reliquienschrein der heiligen Rosalia tragen dürfen beim festlichen Umzug durch die verschmutzten Straßen, über die sich dann gegen Mitternacht das farbenprächtige Feuer der zerplatzenden Raketen ergießt.

Ob diejenigen, die hier stiften und mittun, überhaupt begreifen, wie fortgeschritten die Krankhaftigkeit ihres Denkens und Handelns schon ist?

Jene Rosalia, deren kostbare Knochen herumgeschleppt werden (die Wissenschaftler behaupten freilich hartherzig: Hundeknochen), war ein adeliges Fräulein, das auf Keuschheit und Moral bedacht gewesen ist und sich vor dem Sündenpfuhl normannischer Wollust auf den Monte Pellegrino rettete. Dort führte es ein eremitisches Dasein. Und dort entdeckte im Jahre 1624 ein Hirte die Knochen der standhaften Dame. Und weil damals in Palermo gerade die Pest wütete und man fest davon überzeugt war, mit diesen Knochen – *Hundeknochen oder nicht* – allen Seuchen entrinnen zu können, ernannte man das Fräulein Rosalia zur Stadtpatronin. Und so tragen heute nur die angesehensten der Ehrenwerten den schweren Silberschrein mit ihren Überresten, bezahlen

nur die vermögendsten der Ehrenwerten Feuerwerk und Jahrmarktsunterhaltung am Namenstag der Stadtpatronin.
Und wer von den Taschendieben, die an diesem Festtag im Auftrag der angesehensten und vermögendsten Ehrenwerten ihrer Beschäftigung nachgehen, bei dieser Beschäftigung zufällig ertappt wird, darf damit rechnen, später auf Kosten dieser Ehrenwerten erfolgreich verteidigt zu werden.
In diesem Zusammenhang muß ich gestehen, daß ich die Leistung eines jeden Schriftstellers bewundere, der imstande ist, sich ausgiebig in Palermo aufzuhalten und dann viele engbedruckte Buchseiten darüber zu verfassen, wie schön Palermo sei, Buchseiten, die erfüllt sind von ergreifender Begeisterung und klassischen Vergleichen – Goethe wird natürlich zitiert, klassische Schriften werden bemüht –, aber ich kann andererseits nicht verschweigen, daß mich eine solche Geistigkeit, die sich, wenn sie sich einmal erschauernd des Sterbens annimmt, mit den sieben- oder achttausend Mumien in den Kellergewölben der Kapuziner beschäftigt und nicht mit der Unterteilung des palermitanischen Bestattungsgewerbes in drei Gruppen, von denen die eine gewisse Steuern abfordert von den Hinterbliebenen, während die andere einen gewissen Tribut auf die rasch verwelkenden Blumengebinde erhebt, indes die dritte Schmuggelgut, vor allem Zigaretten, in leeren Gräbern vorübergehend unterbringt, und die Namen dieser drei Gruppen sind einleuchtend und von schöner Einfachheit *cosca requiem aeternam* und *cosca primavera* und *cosca de tabacco*, daß mich also eine solche Geistigkeit, versessen auf Mumien und nicht auf das Elend der Hinterbliebenen, mißtrauisch macht.
Und mit wachsendem Erstaunen frage ich mich, warum ich das alles, was ich seit Jahren auf den Straßen Palermos sehe, nicht in den Büchern beschrieben finde!
Vielleicht liegt die Schuld bei mir? Vielleicht sollte auch ich mich anstellen in der geduldigen Schlange derjenigen, die in die hochberühmten Kirchen drängen, in die Capella Palatina, nach San Giovanni degli Eremiti, in die Chiesa del Gesù, nach San Cataldo oder La Martorana, die durch die sehenswerten Museen wandern oder die alten Paläste aufsuchen, vielleicht sollte auch ich die gewohnten Beschreibungen abliefern: *Goethe landete am Nachmittag des 2. April 1787;* oder: *im Kloster der Eremiten sind zwei Päpste erzogen worden,* oder: *die gold-*

strotzenden Mosaiken in der Capella Palatina sind ein Paradoxon gefesselten Übermaßes; oder: *karthagisches Ziz, griechisches Parnomos, arabisches Bulirma, alles wird zu Palermo.* Wem gebe ich die Schuld, daß mich die Cantastorie, die Straßensänger im alten palermitanischen Stil, die seit ein paar Jahren schon die unglaubliche Geschichte des Salvatore Giuliano erzählen, weit mehr interessieren als die routinierte Beiläufigkeit in den Museen und Kirchen! Salvatore Giuliano ist nachweisbar für den Tod von mehr als hundert Menschen verantwortlich. Die rabiate Gewaltherrschaft, die er im Hinterland von Palermo errichtete *(elf Tote und sechsundfünfzig Schwerverletzte am einsamen Ginsterpaß, 1. Mai 1947)* war mitverantwortlich dafür, daß bei den entscheidenden Wahlen am 18. April 1948 die brave katholische *Democrazia Cristiana* allein in Palermo einen Stimmenzuwachs von 156% hatte. Denn ein sizilianischer Bandit weiß ganz genau, in wessen Auftrag und für wessen höhere Seligkeit er seine feuerspeiende Maschinenpistole einzusetzen hat. Denn der gewaltsame Tod ist immer noch ein Meister auf Sizilien, wenn er nur von der richtigen Stelle organisiert und sanktioniert wird!
Dem Salvatore Giuliano aber lohnen es heute die Cantastorie von Palermo, daß er katholisch gedacht und katholisch gemordet hat. Sie besingen ihn als strahlenden Helden, der seiner verehrten Mutter zuliebe und damit allen hochverehrten Müttern Siziliens zuliebe in die Einsamkeit der unzugänglichen Hügel geht, um dort für Recht und Gerechtigkeit seine Waffe zu erheben. Die Straßensänger singen ihren Text mit leidenschaftlicher Inbrunst. Den ergriffenen Zuhörern rinnen die Tränen über die Wangen. Die palermitanische Krankhaftigkeit der Gehirne hat wieder einmal ihre Opfer gefunden.
Warum beschreiben die Schriftsteller, die nach Palermo kommen, nicht einfach die Wirklichkeit? Warum sagen sie nicht, daß die Kanalisation der riesigen Stadt einer mitteleuropäischen Kleinstadt zum Skandal gereichen würde, daß die Müllabfuhr von Palermo nicht nur ein Skandal, sondern ein Verbrechen ist, weil zwischen dem Unrat, der die Straßen mit seinem süßlichen sizilianischen Aasgeruch erfüllt, Ratten und Kinder in selbstverständlicher Eintracht verbunden sind. Warum sagen die Schriftsteller nicht mit einfachen, überzeugenden Worten, daß die Wohnverhältnisse in Palermo unbegreiflich sind, weil es heute unbegreiflich anmuten muß, daß zehn,

zwölf oder vierzehn Menschen in einem einzigen Raum zusammengepfercht leben müssen, leben, schlafen, zeugen, gebären, sterben, weil es unbegreiflich ist, daß Menschen, denen das natürliche Recht auf Arbeit verweigert wird, unaufhörlich in dieser qualvollen Enge zusammengepfercht existieren müssen, Zeugen ihrer eigenen Ohnmacht, gleichgültige Beobachter ihres eigenen Elends, bis sie ausbrechen und auf die Straßen flüchten, sich über die Straßen ergießen wie dieser Unrat, der diese Straßen faulig bedeckt, bis sie sich ihr Recht holen, wo sie es vermuten *(Diebstahl von Handtaschen kommt vor, bitte Vorsicht)*, bis sie sich der lähmenden und verbrecherischen Krankhaftigkeit dieser Stadt unterwerfen und stehlen, plündern, schmuggeln, töten, bis sie nicht mehr unterscheiden können zwischen gut und böse, weil ihnen niemand – auch die Kirche nicht, auch der Staat nicht – sagen kann, was in Palermo gut oder böse ist.

Mit dem Auto durch die Hinterhöfe fahren, langsam, schrittweise, immer in der angespannten Erwartung, daß etwas passiert, immer mit dieser Hysterie des möglichen Bestohlenwerdens beschäftigt, weil tatsächlich zu viel schon passiert ist, weil das Geflecht von Licht und Schatten in diesen Hinterhöfen tatsächlich unheilverkündend und bedrohlich ist. Die Autoreifen kreischen auf dem maßlos erhitzten Asphalt. In den engen Straßenschluchten hängt der Sonnenschein wie schwelendes Feuer. Wie viele Haushalte haben hier fließendes Wasser? Und ist dieses Wasser immer genießbar? Fischläden, Gemüseläden, die ganze Palette verdorbener Farben, von der die Schriftsteller und Touristen schwärmerisch erzählen. Ich sehe nur die Fliegenschwärme, sehe die wachsenden Abfallhaufen zwischen den einzelnen Ständen, auch hier Fliegenschwärme im fauligen Brei, Kinder, sich selbst überlassen – *wer hat die unglaubliche Lüge von der sizilianischen Kinderfreundlichkeit in die Welt gesetzt?* –, schmelzendes Leben, das mit diesen Farben auftrumpft, mit denen man auch einen Leichnam schminkt: rote Frucht der Melonen, violette Auberginen, knallrote Pfefferschoten, rosafarbenes Fleisch, schon ins Bräunliche spielend, dunkle Backsteine im Hintergrund, staubverkrustet, mehlfarben, grüne Melanzani, blaues Fischkleid, Fliegen auf violettem Gewebe, Fliegen in den Gesichtern der Kinder, Fliegen auf den klebrigen Süßigkeiten, Fliegen im zerfallenden Kadaver dieses Lebens, das über die alten halbzerstörten Paläste hinausquillt.

Manchmal ein stiller Hinterhof, den die Sonne in Brand gesetzt hat, Orangenbäume, Oleander, ein sanftes Glühen zwischen glatten Steinwänden, über die dunkler Efeu kriecht. Manchmal Berge von Schutt und Abfall, Aasgeruch wie immer, süß und schneidend, diese unvermeidliche Kennmarke des Südens. Das Auto rollt über holpriges Pflaster. Die meisten Slums unverändert wie seit Jahren. Altvertraute Bilder stehen wieder auf. Das Elend hat seine festen Gewohnheiten. Die Sonne wühlt sich durch den Dunst. Wie viele Paläste gibt es in Palermo? Wie viele Haushalte haben sanitäre Anlagen, die den minimalsten Vorschriften entsprechen?
Was nützt es den Bürgern Palermos heute, daß vor achthundert Jahren schon in ihrer Stadt die Werke des Ptolemäos und des Aristoteles aus dem Arabischen ins Lateinische übersetzt worden sind? Oder daß damals die normannischen Armenhäuser beispielhaft gewesen sein müssen? Oder daß einer dieser erstaunlichen normannischen Könige seinen arabischen Hofgeographen Edrisi damit beauftragt hat, eine umfassende Geographie der bekannten Welt zu erarbeiten? Was nützt es den Bürgern Palermos heute, daß am Ostermontag des Jahres 1281 unterm Ave-Läuten aller Kirchen das geknechtete und gedemütigte Volk aufstand und die verhaßten Franzosen erschlug? Oder daß es hier vor tausend Jahren schon eine Kirche gegeben hat, San Giovanni dei Lebbrosi, die nur für die ausgesperrten Leprakranken gedacht gewesen ist? Oder daß ein halbverrückter bourbonischer König im Jahre 1782 einen Friedhof errichten ließ, der einzigartig gewesen sein muß: genau 365 Gräber, für jeden Tag des Jahres ein Grab, was für ein törichter Einfall, der nur noch übertroffen wurde von den Bestattungsgewohnheiten der vermögenden Palermitaner, die sich bis zum Jahre 1881 ein kostspieliges Spezialverfahren leisteten, um nach ihrem Sterben in den Kellern der Kapuziner als ausgestopfte Mumien in Reih und Glied aufgestellt zu werden! Und was nützt den Bürgern Palermos heute noch die erstaunliche Tatsache, daß in ihrer verfaulenden und zugrunde gehenden Stadt einstmals dreihundert arabische Moscheen und noch im 19. Jahrhundert dreihundert prachtvolle katholische Kirchen standen? Oder daß eine der erstaunlichsten Herrschergestalten des christlichen Abendlandes, Kaiser Friedrich – *Staunen der Welt nannte ihn die Christenheit* – hier inmitten des Pöbels

und in den Slums der damals noch arabisch anmutenden Stadt seine harte Kindheit verbrachte?
Heute erzählen die Straßensänger in Palermo die Biographie eines Massenmörders. Sie beginnen ihren Vortrag mit den Worten: *Nun haben wir keine verbundenen Augen mehr und wissen wer Giuliano wirklich war.* Und während sie mit ihren kreischenden Stimmen die Heldentaten eines zeitgenössischen Massenmörders verherrlichen, lauschen ihnen Arbeitslose und Gelegenheitsdiebe, Hungerleider und Zuhälter, vermögende Kriminelle und Scharen verwahrloster Jugendlicher voll inbrünstiger Andacht. Wer glaubt noch an die Zukunft ihrer Bewohner?

Es steht ein Dom in Monreale

Wenn Palermo tatsächlich eine schwarze Stadt mit leuchtenden Farben ist, wie das einmal ein italienischer Schriftsteller zögernd ausgedrückt hat, dann muß man sich fragen, was diese Stadt auf so melancholische oder eigentlich auf so einschneidende oder sogar bösartige Weise schwarz eingefärbt hat. Eine halbwegs befriedigende Antwort auf diese vernünftige Frage erhält man in einer verödeten schmutzigen sizilianischen Ortschaft namens Villalba, die zwar nicht direkt in der geographischen Mitte Siziliens liegt, die aber in einem gewissen Sinne trotzdem ein Zentrum Siziliens ist. Villalba als Realität ist ein schmutzstarrendes armseliges Bauerndorf. Villalba als Legende ist unvergleichlich und bestätigt einmal mehr, daß auf dieser Insel sogar das organisierte Verbrechen etwas Mythisches annehmen kann. Denn Villalba ist das Heimatdorf eines Mannes namens Calogero Vizzini, dessen ruhmrednerisches Epitaph feststellt: »Mit dem Geschick eines Genies verbesserte er das Los seines ehrenwerten Geschlechtes. Scharfsinnig, dynamisch, niemals müde, gab er den Bauern und Arbeitern Wohlstand, indem er immer Gutes bewirkte. Und er machte sich in Italien und im Ausland einen hochangesehenen Namen. Groß in den Verfolgungen, größer noch im Unglück, blieb er immer freundlich, und heute, mit dem Frieden Christi und verschönt in der Majestät des Todes, erhält er von allen, ob Freund oder Feind, das schönste Zeugnis: Er war ein ehrenwerter Mann!«

Es ist anzunehmen, daß Calogero Vizzini, dieses Musterbeispiel eines ehrenwerten katholischen Sizilianers, gelegentlich auch nach Monreale gekommen ist, wo er sich nachdenklich die architektonischen Hinterlassenschaften eines anderen bedeutenden Sizilianers betrachtet haben mag, denn fromm sind sie beide gewesen, der sechsunddreißigjährige Normannenkönig Wilhelm, den man aus unerfindlichen Gründen *den Guten* genannt hat, und der siebenundsechzigjährige Patriarch der Mafia, dem man aus einleuchtenden Gründen die Geschicklichkeit eines Genies nachgesagt hat.
Er, der klassische Sizilianer, war das Kind verzweifelt armer Leute. Aber schon als Achtzehnjähriger, spätestens, terrorisiert er mit anderen Kindern verzweifelt armer Leute die nähere Umgebung von Villalba. *Warnungen kommen wieder in Mode – zuerst ein verwüsteter Weingarten, dann ein Schaf, eine Kuh mit abgehackten Vorderläufen*, und als er erstmals vor Gericht erscheint, wird er erstmals freigesprochen.
Die Entwicklung des Calogero Vizzini ist fortan unaufhaltsam. Die Philosophie der Brutalität, die Verbindung von wacher Intelligenz mit hemmungsloser Gemeinheit, die nützliche Verwandtschaft mit der Kirche – seine Brüder werden Priester, später natürlich Besseres, Vornehmeres –, alles dient dem Emporkömmling aus Villalba, der wie ein Engel fast alle künftigen Gerichtsverfahren übersteht, sich in den sizilianischen Landadel einkauft *(es ist müßig, nach den Methoden zu forschen)*, dem die eingeschüchterten Bauern längst schon die Hand küssen, der fünf Tage nach der Landung der Alliierten eine geheimnisvolle Rolle zu spielen beginnt und bald als nationaler Held gefeiert wird, dem alles gelingt, was er mit seinen blutbesudelten Händen anfaßt, mit diesen Händen, die gestohlen haben, terrorisiert haben, gemordet haben und trotzdem noch immer nicht imstande sind, das lächerliche Alphabet buchstabengetreu aufzuschreiben. *Respekt vor diesem Leben!* Calogero Vizzini hatte tatsächlich nur einen einzigen ernstzunehmenden Gegner. Nicht den Staat. Nicht die Behörden in Palermo. Und selbstverständlich auch nicht die Kirche. Dieser Gegner stammte wie er auch aus Villalba. Er hieß Michele Pantaleone. Er war Sozialist.
Was für eine Konstellation unter den Flammenzungen des sizilianischen Sommers! Was für ein Gruselkabinett menschlicher Leidenschaften inmitten einer Natur, die sich neun

Monate im Jahr gegen die Menschen empört! Hier der kleingewachsene spitzbäuchige Analphabet in der zerknitterten Hose, die schwere goldene Uhrkette am Knopf befestigt, der die altertümlichen Hosenträger hält, der verschwitzte Hemdkragen geöffnet, das faltige Doppelkinn häßlich, schweißüberströmt das alternde Gesicht – *aber er hat in Palermo eine Aristokratin im Bett gehabt, aber er hat Siziliens, Italiens Politiker wie die Puppen tanzen lassen.* Don Calo, wie man ihn bald ehrerbietig nennt, der Habenichts aus dem Dorfmist von Villalba, der jetzt, nach der Befreiung Siziliens vom Faschismus, in seltsamen politischen Kategorien denkt, von einem separatistischen Sizilien oder sogar von einem amerikanischen Sizilien, träumt Träume, die nichts Neues sind unter der sizilianischen Sonne. Und mit Behutsamkeit und Geduld knüpft er die Fäden zwischen der Organisation, die er zu diesem Zeitpunkt wahrscheinlich längst schon leitet, und den politischen Parteien Italiens und Amerikas.
Hier Calogero Vizzini, Don Calo genannt. Und dort Michele Pantaleone, aufgewachsen im gleichen Schmutz, aber jetzt Sozialist und Idealist, ein Mensch, der das selbstverständliche Elend der Bauern und Landarbeiter von Villalba und ganz Sizilien nicht tatenlos mitansehen will. *Wahrheiten hören sich auf Sizilien manchmal wie Phrasen an.* Und der sich in seiner Verzweiflung, weil die allgegenwärtige katholische Kirche und die allgegenwärtige *Democrazia Cristiana* und die allgegenwärtige Mafia aus dem Schweiß des Volkes und aus der Angst des Volkes und aus der Unwissenheit des Volkes ihren ekelhaften, widernatürlichen Vorteil ziehen, der sich also in seiner Verzweiflung an die Kommunisten wendet und den berühmtesten Propagandisten dieser Partei, Li Causi, nach Villalba holt. Das war am 16. September 1944.
Der Kommunist beginnt mit lauter Stimme zu sprechen. Die mißtrauischen Bauern rücken näher. Sie beginnen mit wachsender Aufmerksamkeit zuzuhören. Ein Priester, zufällig der Bruder des ehrenwerten Don Calo, wirft sich mit Macht in die Glockenstränge seiner Kirche. Don Camillo und Peppone auf sizilianisch. Aber jede Heiterkeit fehlt. Die Stimme des Kommunisten übertönt die katholischen Glocken. Da gibt Don Calo selbst das verabredete Zeichen. Das Feuer der Maschinenpistolen säubert den Dorfplatz von Villalba. Der nachfolgende Prozeß ist eine Farce und endet mit Freisprüchen. Die *Demo-*

crazia Cristiana hat sich bis auf den heutigen Tag ihre absolute Mehrheit auch in Villalba erhalten können.
Wer wallfahrt heute noch nach Villalba? Und wer strömt in den berühmten Kreuzgang von Monreale? Der Unterschied zwischen beiden Sehenswürdigkeiten ist gering. Ein vernünftiger Autofahrer braucht eine Stunde, um das schmutzstarrende Bauerndorf Villalba und das berühmte Spektakel Monreale mit einem einzigen umfassenden Blick zu betrachten. Aber niemand geht nach Villalba, wo die europäische Demokratie vor mehr als dreißig Jahren eine der schmerzhaftesten Ohrfeigen ihrer kummervollen Geschichte empfangen hat. Aber alle wandern nach Monreale hinauf und starren bewundernd auf Bauwerke, deren Nützlichkeit für das sizilianische Landproletariat äußerst fragwürdig ist.
Was für eine verrückte Welt! Während ich das schreibe, abends, wieder nur anderthalb Stunden nützlicher Autofahrt von Villalba entfernt, schaukeln draußen in der duftenden Dunkelheit die Lampen der Fischerboote zwischen der Nordküste Siziliens und den windüberschwemmten Äolischen Inseln, Dutzende Lampen im sanften Rauschen des Meeres, keine Mafia, keine größenwahnsinnigen Analphabeten, kein schmachvoll erhaltenes normannisches Bauwerk, nur das helle freundliche Flimmern vom gleichmäßig atmenden Meer herein. Was für eine verrückte Welt! Was soll die Darstellung sizilianischer Wirklichkeit? Was soll die Wahrheit über Villalba und Monreale – *nie besaß die Mafia einen besseren Fürsprecher als einen gewissen Erzbischof* –, wenn diese Wahrheit hier schon, nur anderthalb Autostunden entfernt, zur Phrase erstarrt?
Calogero Vizzini alias Don Calo wird im März 1945 Verwalter von mehr als vier Millionen Hektar fürstlichen Bodens, denn Giulia Florio d'Ontes, Prinzessin von Trabia und Butera, eine der großen Damen Siziliens also, geht mit schlechtem Beispiel voran und spielt ihr Land der allgegenwärtigen Mafia in die Hände. Andere fürstliche Großgrundbesitzer folgen diesem Beispiel, was später, als 1950 in Rom die Bodenreform beschlossen wird, zu blutigen Auseinandersetzungen zwischen Gewerkschaftsfunktionären und Mafiakillern führen wird. Bauern werden auf Bauern schießen, denn auch die Killer sind Bauernsöhne, geboren aus dem gleichen schmutzigen Staub wie ihre Opfer.

Aber Don Calo, das Genie, lebt zu diesem Zeitpunkt schon in Palermo, besucht schon wie jeder gebildete Tourist die normannische Architektur von Monreale und Cefalù, hat sich schon eine Gräfin als Geliebte genommen und beginnt, weil seine aristokratische Freundin rauschgiftsüchtig ist und das Milieu kennt, das Milliardenspiel mit dem Kokain. Ein gewisser Lucky Luciano, hochberühmt und versiert, ausgewiesen aus den USA, wird Kompagnon. Eine Süßwarenfabrik in Palermo wird zum Umschlagplatz, in den kandierten Früchten nistet das Gift, sorgfältig injiziert, sorgfältig verpackt, sorgfältig die Bestechungsgelder verteilt, die das große Geschäft garantieren, bis plötzlich eine römische Zeitung über die eigenartigen Praktiken in der Süßwarenfabrik berichtet. Zwei Stunden nach Erscheinen der Zeitung wird die Fabrik geschlossen. Von ihren Eigentümern, nicht von der Polizei. Zwei Monate später, im schweißtreibenden Juli 1954, stirbt Calogero Vizzini eines sanften Todes. Die Gendarmerie von Villalba präsentiert an seinem Grab das Gewehr. Frauen brechen weinend zusammen. Die öffentlichen Gebäude sind beflaggt. Ein Zeitalter wird zu Grabe getragen.

Dann gibt einer der Nachfolger Vizzinis eine Erklärung ab, die Mafia betreffend. Er nennt sie eine Organisation gegenseitiger Hilfe von Sizilianern für Sizilianer. Ein Erzbischof und die Spitzen der herrschenden Partei auf Sizilien bestätigen diese Erklärung.

Dreiunddreißig Jahre später, fast auf den Tag genau, stirbt in Ravanusa, unweit von Palma di Montechiaro, einer der Nachfolger dieser Nachfolger des Königs von Sizilien. Er heißt Calogero wie sein großes Vorbild. Er stirbt unter den Schüssen eines automatischen Gewehrs, abends, unter dem verlöschenden Licht der Sonne.

Immer steigt Sizilien bergan, klettert es mühsam von seinen Küsten, gegen die sich das Meer schäumend ergießt, über Maultierpfade und steinige Schluchten einem Himmel entgegen, der wie flüssiges Glas über die ausgeglühte Landschaft rinnt. Immer streckt sich Sizilien verzweifelt der Sonne entgegen, die gnadenlos ist, unberechenbar, ein erbitterter Feind des Lebens. Draußen im nächtlichen Meer, draußen vor der schrecklichen Westküste die dumpfen Explosionen der Dynamitfischer. Auf den verbrannten Hügeln das knatternde Echo langanhaltender Feuergefechte. Im Dschungel Palermos die

grellen Stichflammen vorzeitig entzündeter Sprengsätze. Journalisten verschwinden spurlos, ein Staatsanwalt wird auf offener Straße erschossen. Und in der maßlos erhitzten Einsamkeit Westsiziliens stürzt sich eine Mutter mit ihren Kindern in die Tiefe eines ausgetrockneten Brunnenschachts. Wovon lebt ein Mensch, dem es an Beziehung und Protektion fehlt? Was erzählen uns die offiziellen Statistiken über die Lebensgewohnheiten zwischen Palermo und Agrigent? Warum sind unbekannte schmutzige Bauernstädte wie Corleone, Mussomeli, Partinico oder Villalba so berühmt geworden? Wer hat im Juli 1977 Calogero Bonanno erschossen? Warum sind nur diejenigen Jahreszahlen wichtig, die mit der Erbauung katholischer Dome zu tun haben? Auch die Straße nach Monreale führt bergan. Wodurch unterscheidet sich Monreale von anderen westsizilianischen Hügeln? Warum besitzen die alten, verfallenen Kathedralen und Kirchen von Palma di Montechiaro, Calatafimi oder Ravanusa nicht den gleichen Ruhm? Hat das nur mit dem Schmutz zu tun, nur mit der Verwahrlosung, nur mit den ehrenwerten Männern der Mafia, die wie Pilger nach Monreale gepilgert sind?
Monreale, spätestens seit der zweiten Hälfte des 12. Jahrhunderts berühmt, als ein unglücklicher normannischer König seinen ehrgeizigen Traum zu erfüllen wünscht, eine Begräbnisstätte von ganz außerordentlichen Ausmaßen und von ganz außerordentlicher Schönheit über seinen verderbenden Knochen zu wissen. Heute haben die Touristen diesen König – es war Wilhelm der Gute – längst schon vergessen. Sie bewundern nur noch die goldstrotzenden Mosaike im Inneren des Doms, die, von byzantinischen Meistern geschaffen, ein poetisches Halleluja von den Wänden signalisieren, als hätte es nie einen Mann namens Calogero Vizzini gegeben. Wer denkt heute noch daran, daß die kostbaren Steine draußen im berühmten Kreuzgang nur noch eine raffinierte Fälschung sind, weil ebenso fromme wie geschäftstüchtige Kirchenherren die echten Steine längst schon gewinnbringend versilbert haben? Wer kennt heute noch den ehrenwerten Nitto Minasola, mitverantwortlich für die Geschwüre von Monreale? Wer weiß, daß die kleine Hügelstadt mit ihrer berühmten normannischen Kathedrale immer schon ein Zentrum der Mafia gewesen ist? Und wer erinnert sich noch daran, daß vor rund einem Jahrhundert ausgerechnet im frommen Monreale sechs

Jahre lang einer der blutigsten Machtkämpfe stattgefunden hat, dessen sich die Mafia je rühmen durfte? Damals terrorisierte diese Gesellschaft von ehrenwerten Männern die Bevölkerung der kleinen Stadt auf eine so barbarische Weise, daß im Verlauf weniger Jahre zahlreiche Familien nach Übersee emigrierten. Oder wer erinnert sich noch des zynischen Mittagessens zwischen Monsignore Filippi, dem allerehrwürdigsten Erzbischof von Monreale, und Don Vanni Sacco, respektgebietendem Oberhaupt der lokalen Mafia im Hinterland von Palermo? Nach Aufhebung der reichgedeckten Mittagstafel, nach erzbischöflichem Segen und Mafiaschwur war es beschlossene Sache, daß Giovanna, die Tochter von Don Vanni Sacco, die neue Glocke der normannischen Kathedrale taufen werde. Und was heute noch den selig erschauernden Touristen machtvoll ins Gemüt dröhnt, ist also ehedem von der zarten Hand einer Mördertochter eingeweiht worden. Wer protestiert? Wer findet anstößig, was in Monreale ein Erzbischof gutgeheißen hat?
Die interessanteste Geschichte hat vor einem Vierteljahrhundert in Monreale ein gewisses Aufsehen erregt, als nämlich ein Pater namens Biondi mit einem Kreditbrief in der Tasche (fünfzig Millionen Lire) von Monreale aus auf die Jagd nach Salvatore Giuliano ging. Dieser Fünfzig-Millionen-Kreditbrief war einlösbar beim römischen Innenministerium an dem Tag, an dem Salvatore Giuliano durch die Geschicklichkeit des Paters der Polizei in die Arme laufen würde. Und weil der naive Pater Hilfe suchte und auf Helfershelfer angewiesen war, wandte er sich ausgerechnet an den Sekretär des Erzbischofs Filippi, der gerade erst unter allergrößten Schwierigkeiten den Verdacht von sich gewiesen hatte, ein beflissener Freund der Mafia zu sein. Es soll dann noch mehrere Zusammenkünfte im Palast dieses eigenartigen Erzbischofs von Monreale gegeben haben *(das Grinsen des Volkes war ausdruckslos, immer schon trafen sich die ehrenwertesten der Ehrenwerten in diesem Palast)*, Zusammenkünfte, Geheimverhandlungen, unfrommes Gerede in frommer Umgebung, ungenierte Besuche Giulianos in Monreale, bis schließlich unser Pater Biondi, die tiefere Ursache aller Zusammenkünfte und Geheimverhandlungen, unter Betrugsverdacht verhaftet und wenig später für drei Jahre ins Zuchthaus geschickt wurde.
Was hat sich ein Mann wie Don Calo bei solcher Komödie wohl

gedacht? Wie viele Gebete hat der Kirchenfürst gegen die goldstrotzenden Mosaike geschleudert, um sein Gewissen zu beruhigen? Was denkt das schweigsame Volk in Monreale?
Aber wozu diese Geschichten erzählen, die weder besonders alt noch besonders originell sind und keinen Anspruch darauf erheben können, in die internationalen Reisehandbücher aufgenommen zu werden! Wozu den Schmutz aufrühren, der wie eine schöne Patina über dem Zeugnis normannischen Kunstdenkens liegt, das immer noch ein andachtsvolles Reisepublikum zu angespanntester Aufmerksamkeit animiert! Die Sonne tanzt wie eine Scheibe aus flüssigem Gold über dem gleichgültigen Bauch der Kathedrale, in dessen kostbarem Inneren Frömmigkeit und Fluch zu gleichen Teilen erarbeitet werden. Die Sonne fliegt wie ein schmelzender Komet über Monreale hinweg, wo irgendwann einmal die Toten aufstehen werden, um ihre zynische Beichte abzulegen. Die Sonne schüttet ihren heißen Schweiß auf die Dächer von Monreale, unter denen ein Leben stattfindet, das kein Reisehandbuch erwähnt und das kein Kunstführer beschreibt.

Die Sonne trocknet keine Tränen

Sizilien, sagen die Menschen aus Europa und seufzen vor Freude, wenn sie das Urlaubsarrangement für Taormina oder Syrakus gebucht haben, was für eine Sonne, die glüht und wärmt!
Ja, sage ich, was für eine Sonne. Aber sie trocknet keine Tränen.
Die Menschen aus Europa sehen mich an, erstaunt und verständnislos. Dann schütteln sie stumm den Kopf.
Ich aber, ach ja ... immer schon wollte ich wissen, woher das Korn kommt, goldfarben und wogend unter einer zutraulichen Sonne, immer schon war meine Neugierde heftig, wenn ich ins duftende Brot biß, wem das zu verdanken ist, dieses schmackhafte Mampfen und Kauen und vorher die geschwollene Frucht am Halm, dieser heute schon selbstverständliche Reichtum, der unsere Bäuche füllt. Die Antwort darauf fand ich im innersten Sizilien, Caltanissetta, Valguarnera, Leonforte, Alimena und vor allem Enna, fruchtbare Scheibe eines Erdreichs, das eine Göttin aus für mich unerfindlichen Gründen gesegnet

hat, Demeter natürlich, Mutter der Kore oder Persephone, der sie alle grünen Wiesen rund um das hochaufragende Enna geschenkt hat, testamentarisch oder auch nur durch Zuspruch, vermacht jedenfalls in der gutgemeinten Absicht, daß dort diese Feldfrucht gedeiht, die sich dann über den ganzen Erdkreis ausgebreitet hat und die heute ein lakonischer Anlaß ist für Börsenkurs und bilaterales Gespräch.
So zumindest will es teilweise der Mythos! Und die ältesten Geschichtsschreiber erzählten das eifrig weiter, berichteten das Unglaubliche auf eine ganz selbstverständliche Weise, erklärten die Erfindung des Korns mit sachlichen Worten, gerade weil eine Göttin die Hand mit im Spiel hatte, und sie stellten die gute alte Demeter nicht nur als Urmutter, sondern auch als brave Korngöttin vor, die auf dieser Sonneninsel den Menschen beweist, wie man überleben kann, gutgenährt überleben kann, weiches Brot essend und die habgierigen Finger im süßen klebrigen Honigkuchen. Was für glückliche Zeiten das gewesen sein müssen! Äcker voll Korn, Getreidehügel bis an den Horizont, Brotduft in der Mitte Siziliens, eine mütterlich segnende Göttin, deren Tochter Kore sich an harmlosen Spielen ergötzte, weil der Sündenfall noch nicht stattgefunden hatte, weil Sizilien damals noch keine Mörderinsel war.
Aber der Teufel schläft nicht, erst recht nicht auf Sizilien, denn da war Hades, düsterer Gott der Unterwelt, unweit von Enna beheimatet, und zwar in einem See, Lago di Pergusa, wo er mit argwöhnischen Augen die blühende und immerzu fruchtbare Natur betrachtete und schließlich auch Kore entdeckte, an der er bald ausschließlich interessiert war. Er raubte sie und zog sie zu sich in die Tiefe. Demeter aber suchte verzweifelt neun Göttertage lang die ganze Insel nach ihrer Tochter ab, stieß seufzend die Fackeln ins unaufhörliche Feuer des Ätna und machte die sternfarbene sizilianische Nacht zum hellerleuchteten Tag, sie suchte und schrie und zerriß sich die Haut mit ihren scharfen Nägeln, bis sie endlich begreifen mußte, daß Kore längst schon mit ihrem lüsternen Gewalttäter den unkeuschen Granatapfel geteilt hatte und seine Frau geworden war.
Ich kann mir das vorstellen: Schrecklich müssen in diesem Augenblick die Flüche der betrogenen und gedemütigten Mutter gewesen sein, schrill und schamlos ihre Schreie, mit denen sie den Schmerz hinauswarf übers wogende Korn, das unter

ihrem Atem verbrannte. Die Mütter Siziliens aber, hängebäuchig vom ewigen Gebären und in ihrer Vergangenheit schwarzkittelig und ertaubt, haben das schrille Schreien von damals noch im Gedächtnis, haben die Ohnmacht eines mütterlichen Fluches seit den Tagen der Demeter nicht vergessen und verfluchen schreiend die Welt der Männer, weil sie sonst nichts haben, hinter dem sie ihre Ohnmacht verbergen könnten.

Demeter jedenfalls verfluchte die fruchtbare Insel, die über Nacht wüst und leer wurde. Und das Volk, schuldlos am Streit der Götter, unschuldig am eigenen Elend, nannte den Anlaß allen Unheils, die schöne Kore, jetzt Persephone, die Zerstörungsbringende. Die Götter aber, denen das Wüten der getäuschten Mutter allmählich lästig war, entschieden sich für eine Aufteilung des Glücks und Unglücks, was immer man darunter verstehen mag. Drei Monate lang würde Kore alias Persephone in der düsteren Umarmung des Hades eine lähmende Lust genießen, aschfarbenen Gesichts die Küsse der Unterwelt empfangen. Und neun Monate lang würde sie bei ihrer Mutter verbringen, das goldfarbene Korn zum Reifen zwingen und im übrigen so tun, als ob alles seine Ordnung hätte.

Eine hübsche Geschichte! Ich finde sie lehrreich, denn so kann man sich die beiden Jahreszeiten Siziliens erklären, den grauen regenerfüllten Winter und die dröhnende Sonne im langen Sommer. Und als ich zuletzt über die verbrannten Hochebenen rund um Enna fuhr, das fahle Gelb der abgeernteten Felder unaufhörlich vor Augen, da fielen mir alle diese alten und halbvergessenen Märchen wieder ein, in denen vermummte Götter listig die Weichen stellten für das Schicksal der Menschen. Schieben sich deshalb die Sprengmeister der Mafia die schwarzen Dreiecke ihrer Halstücher heimtückisch ins Gesicht, bevor sie einen Brunnen zerstören, eine Wasserleitung in die Luft jagen? Hat mit dieser Unvernunft der Götter von damals das Unglück von heute angefangen? Immerhin haben die Kornfelder von Enna auch die Gefräßigkeit der Römer unterstützt, den Reichtum römischer Senatoren und Caesaren gefördert, bis es hier in Enna zu diesen schrecklichen Sklavenaufständen kam, von denen die radikalen Marxisten und Maoisten unserer Zeit nur träumen können. Immerhin hat hier die Ehrenwerte Gesellschaft heute noch ihre unzerstörbaren

Stützpunkte, weil man mit dem Korn, dem Brot, das vom Schweiß der Armut durchtränkt ist, ein nützliches Geschäft machen kann. Was für ein Unterschied besteht überhaupt zwischen den versklavten Kornschneidern der Römer, denen das schwere Fußeisen um die wundgescheuerten Knöchel klirrte, und den wahlberechtigten sizilianischen Landarbeitern von heute? Hat die Not, hat die Abhängigkeit inzwischen einen anderen Geschmack angenommen? Drücken Schulden heute weniger als vor zweitausend Jahren? Haben sich die Wohnverhältnisse gebessert, riecht der Weihrauch, den man immer irgendwelchen Göttern opfert, jetzt anders als damals? Hat man das selbstverständliche Recht auf Arbeit vom Fluch der Hungerlöhne befreit? Und hat die Ausbeutung menschlicher Arbeitskraft auf den Kornfeldern Siziliens inzwischen ein erträgliches Maß erreicht?
Dort aber, wo Hades die jungfräuliche Kore in die Tiefe gezerrt, in Persephone verwandelt und damit ganz allgemein das sizilianische Unglück seinen banalen Anfang genommen hat, am indigofarbenen Lago di Pergusa, schnürt heute eine moderne Autorennbahn den Mythos von damals ein, röhren Hochleitungsmotoren und stöhnt der Asphalt. Spezialisten beherrschen den geweihten Schauplatz einer der ältesten Tragödien der Menschheit. Öllachen schimmern unter der Sonne, Mechaniker arbeiten fluchend an überdrehten Rennmotoren. Worin unterscheiden sich die Flüche dieser Mechaniker von den uralten Flüchen der sizilianischen Mütter?
Manchmal freilich zögere ich auch bei der Formulierung solcher Fragen, weil ich nicht weiß, ob man das gutheißen kann, was man voll moralischer Entrüstung aufsagt, selber gutgenährt und dickbäuchig sogar, selber in Verhältnissen lebend, die dem allgemeinen Standard entsprechen, selber unfähig, fremdes Elend so zu begreifen, als wäre man persönlich davon betroffen. Was will ich mit meinen Fragen nach Recht und Ordnung im innersten Sizilien? Was berechtigt mich dazu, eine ehrenwerte Gesellschaft von Strohmännern und Hintermännern in Verdacht zu bringen? Was weiß ich schon vom schwierigen und jederzeit aufhaltsamen Aufstieg eines schweißüberströmten und nach Erde und Armut stinkenden Taglöhners zum halbverhungerten Landpächter, der durch Entbehrung und Nachgiebigkeit allmählich so weit kommt, daß sein Sohn, daß sein Enkelkind sich vom Großgrundbesitz

eine Scheibe abschneiden und jetzt selber verpachten, jetzt selber ausbeuten und Wucherpreise fordern kann! Was weiß ich schon vom fragwürdigen Genuß, über eigenes Land zu gehen? Was würde ich tun, wofür würde ich mein Einverständnis geben, wenn jemand oder etwas diesen Genuß gefährdet?

Manchmal freilich, unterwegs in Sizilien, breche ich vorsichtig, beinahe schuldbewußt ein Stück Brot entzwei und starre mit leerem Gesicht auf meine Hände, die plötzlich schuldbedeckt sind und brennen unter der Last dieser Flüche, die alles Brot begleiten, das auf Sizilien die Mägen stopft.

Ein paar alte Geschichten, die heute wertlos sind: Caltanissetta mit seinen Schwefelgruben und seinen Zuchthausgittern, hinter denen die kleinen Gauner Nachschub besorgen für die großen Herren. Zwanzigtausend gekreuzigte Sklaven in Enna, deren ersterbendes Gebrüll den Himmel zerriß, bis ein paar einsichtsvolle römische Legionäre, denen das Geschrei beim Würfelspiel lästig war, die Knochen der unglücklichen und besiegten Sklaven vollends zerbrachen. Im Sommer neun Monate lang das Summen der heißen Luft vor der Rocca di Cérere, die an Demeter erinnert. Eine vage Erinnerung an kretische Muttergottheiten in den sikulischen Bergen, wo sich Archäologen verbissen durchs staubige Erdreich wühlen. Und dann auch noch Herakles, unsterblicher Raufbold und Held, der in dieser Landschaft eigenhändig einen See angelegt haben soll. Alles Geschichten, die ohne Bedeutung sind für das zweifelhafte Glück der Sizilianer.

Schwer vorstellbar, daß Enna, die uralte sikulische Stadt, von allen Dichtern immer nur jubelnd beschrieben worden ist: Pindar und Ovid, Kallimachos und Cicero, und immer natürlich die gleichen Metaphern – *Nabel Siziliens, Mitte Siziliens, Herz Siziliens* –, alles schöne Poetenworte, die am Sechzehn-Stunden-Tag der unterprivilegierten Landarbeiter nichts ändern und auch nichts an den kaum verhüllten Drohungen aus dem Mund ehrenwerter Männer im Schlagschatten der verwinkelten Gassen, im Halbdunkel abendlicher Kreuzwege. Dafür große Geschichte, die hier wie überall auf Sizilien die Erbarmungswürdigkeit des Volkes verdeckt. Es war eine sikulische Stadt, es hat Griechen und Karthager, Römer und Araber, Normannen und Hohenstaufen, Franzosen und Spanier unter seinen Mauern gesehen, denn wer Enna erobert,

setzt sich im Sattel Siziliens zurecht. Daran hat sich bis ins Zeitalter der gefräßigen Mafia nichts geändert.
Aber immer auch war dieser steinige Sporn ein festes Bollwerk gegen alle Angreifer, kaum zu erobern, nur schwer zu beherrschen. In den Sklavenkriegen, die das fahle Korngelb mit frischem Blutrot vermischten, würgten Roms sieggewohnte Legionäre zwei Jahre lang an diesem Brocken. Erst der Verrat, dieses alte sizilianische Laster, öffnete ihnen die eisenbeschlagenen Tore. Und Verrat begleitete auch die Araber, begünstigte sie, als sie im Jahre 859 endlich die Inselmitte erreichten und auch Enna für ihren Propheten eroberten. Die Normannen haben dann sogar ein ganzes Menschenalter gebraucht, um den Nabel Siziliens gewaltsam für sich zu gewinnen.
Gelegentlich kommen Touristen nach Enna und betrachten bewundernd das gelbbraune Land, das unter ihnen liegt, die violetten Berge im Norden, den bewölkten Ätna im Osten. Und die Kameras surren. Gelegentlich kommt ein Senator, kommt ein Minister mit größerem Gefolge nach Enna und blickt, nachdem das Begrüßungszeremoniell abgewickelt ist, teilnahmslos in die teilnahmslosen Gesichter der Menschen, denen er eine bessere Zukunft verspricht. Und die Kameras surren. Gelegentlich zerreißt eine Salve aus einer Maschinenpistole den Vorhang aus Schweigen und Gleichgültigkeit, der Enna von der Außenwelt abschließt.
Die wahre Geschichte von Enna ist etwas, das in unerledigten Aktenbündeln verschwindet. Schwer vorstellbar, daß die Dichter darüber berichten.
Von Enna nach Troina, immer nordwärts, manchmal ostwärts, immer bergauf, manchmal bergab, Kurven wie ungezielte Sichelhiebe in der zerrissenen Haut der Landschaft, die Sonne ein Wegweiser, der keinen Schatten mehr wirft, von Enna nach Troina sind es zwei, drei Stunden mühseliger Autofahrt. Aber ein Zeitalter liegt dazwischen. Erinnern wir uns: 1061 beginnt die normannische Invasion auf Sizilien. Von Messina westwärts, südwärts frißt sich unaufhaltsam der Eisenwurm dieser gepanzerten Ritter ins Landesinnere, der Zug dieser furchteinflößenden Männer, deren Weiber ihnen in der Mordlust gleichwertig sind und jubelnd, kreischend arabische Schädel spalten. Die Bergstadt Troina, wo im Winter das Wasser in den Bottichen gefriert, wird ihr erstes Zentrum, wird die erste Hauptstadt der christlichen Nordmänner, die wie ein ver-

wüstender Sturm in den blühenden Garten der Araber einbrechen.
Aber davon soll hier nicht die Rede sein, das alles ist längst schon vergessen, ist nur noch auf dem Dünndruckpapier verstaubter Folianten festgehalten, die grausigen Schlachten in Talsenken, das unaufhörliche Gemetzel irgendeinem Gott zuliebe, die beiläufige Rechtfertigung durch die Religion, während man Schatztruhen plündert, Frauen schändet und zerbrechliche Kinderköpfe an Mauern zerschlägt, die rotbraun glänzen unterm unschuldigen Blut. Das alles hat keinen besonderen Stellenwert für Sizilien, das immer schon Invasion und Gewalttätigkeit geduldig ertragen hat. Das Ereignis freilich, das in diesem Troina stattgefunden hat, wo der Normanne Roger längst schon wie ein satter Monarch residierte und von wo aus seine gepanzerten Totschläger und die hysterisch kreischenden Hünenweiber halb Sizilien terrorisierten: dieses Ereignis sollte von allergrößter Bedeutung sein für die nächsten Jahrhunderte, sollte nicht nur die europäische, sondern auch die arabische Geschichte zutiefst beeinflussen.
Es war im Jahre 1088, daß ein Papst nach Sizilien kam und dann auch noch die Mühsal einer Reise nach Troina auf sich nahm, daß dieser Papst – es war Urban II. – wie irgendein gewöhnlicher Mensch den flirrenden Staub schluckte und sich die alten Knochen wundscheuerte in knarrenden Sänften und auf hölzernen Sätteln, die seinen allerhöchsten Hintern peinlich und peinvoll drückten. Warum tat er's? Warum kam dieser Herrscher über die Christenheit ausgerechnet ins erbärmliche Bergnest Troina, zerschlagen und gedemütigt, ein erschöpfter Bettler in Purpur?
Roger, der den Papst knapp, höflich oder auch nur gnädig aufnahm, wußte es natürlich! Er hatte unermeßliche Beute gemacht, die Araber aus fast allen wichtigen Städten Siziliens vertrieben, sein brutales aber wirkungsvolles Christentum über Sizilien verbreitet und dem ehrgeizigen Mann in Rom, der jetzt keuchend vor ihm saß, die Erfüllung eines Traumes verheißen, den Urban II. ein Leben lang geträumt hatte: Palästina, das Land des Herrn, vom schrecklichen Islam zu befreien.
Denn nichts anderes wird in Troina verhandelt und geplant und ausdiskutiert als die Idee eines Kreuzzuges, eine ebenso faszinierende wie mörderische Idee, für die man Geld braucht, aber

auch Waffen und Männer, aber auch Verpflegung und Nachschubbasen. Und das alles kann Roger besorgen. Er kann auch für die Verwirklichung dessen garantieren, was ein intellektueller Papst, der vom langen Ritt wundgescheuert ist, generalstabsmäßig vorgesehen hat. Denn das normannisch gewordene Sizilien liegt näher bei Jerusalem, dichter am islamischen Erbfeind als das päpstliche Rom. Und so nebenbei kann der Normanne auch dafür sorgen, daß die alten byzantinischen Klöster Siziliens, die von den toleranten Arabern verschont worden sind, jetzt endlich in den Schoß der wahren christlichen Kirche heimgeführt werden. Skrupel kennt man keine. Die abgrundtiefe Verlogenheit dieser Pläne umwölkt man mit Weihrauch. Und über die Moral wird man sich vielleicht Gedanken machen, wenn man im Namen Christi endlich gesiegt hat.

Viel wird in Troina besprochen, in diesem Bergnest, das immer schon der höchste bewohnte Ort Siziliens gewesen ist. Die Gespräche werden natürlich Folgen haben. Wieder wird Blut fließen. Wieder werden in den Geschichtsbüchern Heldentaten erscheinen, die kaum übereinstimmen mit dem, was tatsächlich passiert. Die Eintönigkeit des Sterbens wird bitter schmekken. Und die Tränen der Hinterbliebenen werden salzig schmecken.

Was ist Sizilien wirklich, frage ich mich manchmal, unterwegs zwischen den schmutzigen Zeitaltern und dem rasch wachsenden Plastikmüll unserer Zivilisation? In Caltanissetta neben dem modernsten Industriewerk die erbärmlichsten Gruben tief im Inneren der Erde, aber immer nur lächerliche zwei Prozent des Weltbedarfs an Schwefel. In Sperlinga der törichte Stolz, nicht teilgenommen zu haben am legendären Aufstand der *Sizilianischen Vesper* gegen die Franzosen im Jahre 1282, als einzige Stadt Siziliens die verfolgten Franzosen sogar aufgenommen zu haben, aber das Elend quillt heute aus den dumpfen Quartieren, die wie Rattenlöcher in die brüchigen Felsen getrieben sind. Und in Leonforte strömt das Wasser aus den vierundzwanzig Röhren des *Granfonte*, des größten Brunnens Siziliens, den ein gutmütiger Fürst namens Branciforte im 17. Jahrhundert gestiftet hat, aber die wasserholenden Bauern auf ihren Maultieren sind wie seit Jahrzehnten immer noch stundenlang unterwegs, bevor sie Tonkrug und Blechkiste vollrinnen lassen. Bei Piazza Armerina überqueren auf

meterhohen Eisenbrücken die staunenden Touristen die vielleicht schönsten Mosaike der römischen Welt, dreieinhalbtausend Quadratmeter farbenprächtige Poesie, aber kaum jemand von den Besuchern weiß, daß trotz Plastikhüllen und Glaskuppeln die Zerstörung dieser antiken Kostbarkeiten unvermeidlich sein wird, weil das Geld für rasche Rettung fehlt. Das uralte und längst schon verschwundene Engyon oder Agira, wo der große Historiograph Siziliens, Diodoros, beheimatet war, oder die rostbraunen Trümmer von Morgantina, alles im gleichen Dunstkreis, alles inmitten der schweigsamen Berge und von Enna aus mit einem einzigen weitausholenden Blick zu begreifen: Wo liegt der Zauber verborgen, den man brechen muß, damit wieder Leben einzieht in diesen Vorhof des Todes?
Viele Jahre lang habe ich den Bauern zugesehen, wenn sie das Maultiergespann oder zwei dürftige Kühe im Kreisrund unter offenem Himmel traben lassen, den schweren, ächzenden Mahlstein auf den brechenden Halmen. Seit Jahrtausenden wird so der Weizen von der Spreu geschieden, bläst der Wind hilfreich ins Korn, trotten die Tiere wie blind rundum durch die hämmernde Sonne. So entsteht Brot. So fällt der Schweiß der Menschen auf die Frucht, von der wir leben.
Einmal unterhielt ich mich mit einem Mann auf freiem Feld, während die Maultiere trabten und der Staub unter ihren geduldigen Hufen himmelwärts flog. »Der Lohn Gottes«, sagte ich in meiner dummen Einfalt. Der Mann sah mich an, dreitausend Jahre Sizilien im grundlosen, alterslosen, zerfurchten Gesucht. Dann nickte er langsam. »Und der Teufel«, murmelte er, »hat seinen Dreck dazugetan«...
Immer schon wollte ich wissen, woher das Korn kommt. Jetzt weiß ich es. Und Betroffenheit knirscht zwischen meinen Zähnen, wenn ich daran denke, wieviel Elend dieses sizilianische Korn gekostet hat, wieviel Sikuler und Griechen, Karthager und Römer *(allein zwanzigtausend Sklaven gekreuzigt in Enna)*, wieviel Araber und Nordmänner dafür mit ihrem Leben bezahlt haben, wieviel Franzosen und Spanier dafür ins verbrannte Gras gebissen haben. Schaut so das Erbe der Demeter aus?

Aquino
Garigliano
Mte. Cassino
Fiorentino
Liri
Volturno
Gaeta
Sant Angelo in Formis
Capua
Benevent
Caserta Vecchia
Calore
Santa Maria di Capua Vetere
Caserta
Neapel
Mte. Vergine
Mte. Taburno
Pozzuoli
Vesuv
Herculaneum
Pompeji
Ravello
Salern
PROCIDA
Nocera
ISCHIA
Amalfi
Sele
CAPRI
CAP PALINURO
TYRRHENISCHES MEER
Palermo
Erice
Monreale
Trapani
Segesta
Cefalù
Marsala
Troina
Taormi
Ätna
SIZILIEN
Calascibetta
Selinunt
Enna
Acireale
Caltabellota
Caltanissetta
Catania
Piazza Armerina
Agrigent
Augusta
Gela
Syraku
Ragusa

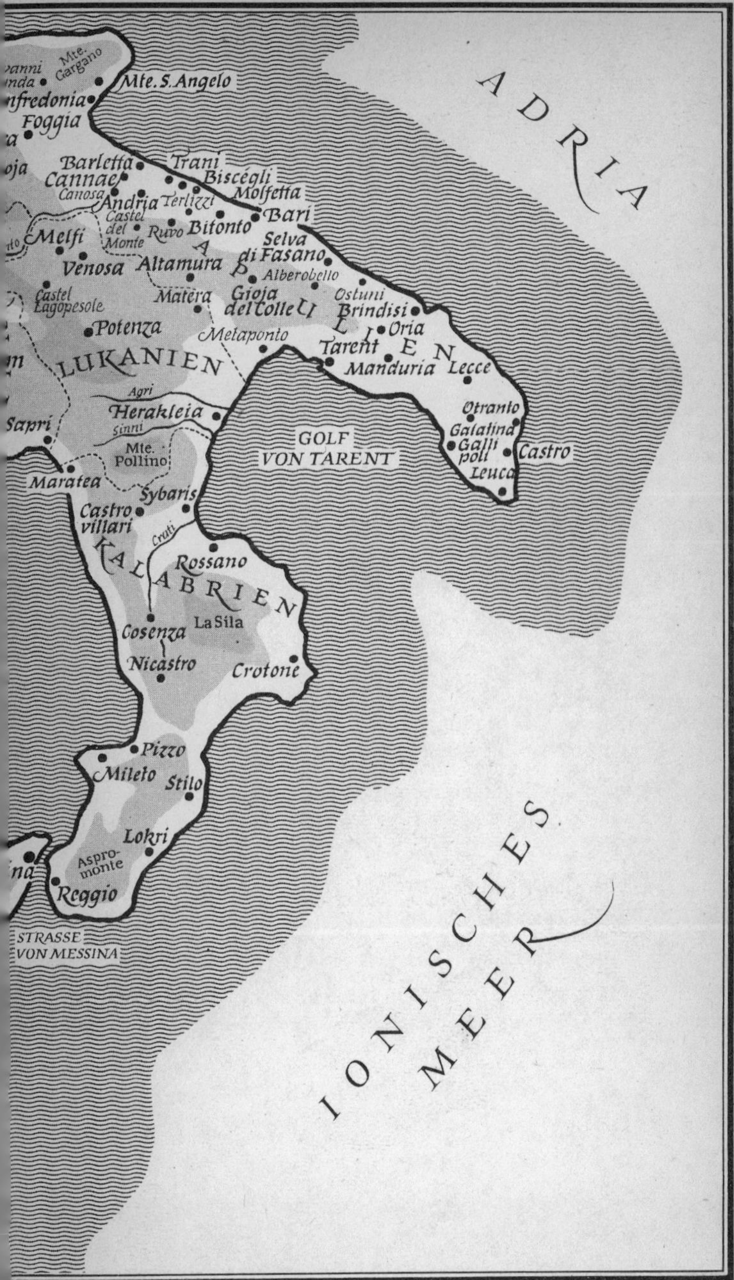
ADRIA
Mte. Gargano
Mte. S. Angelo
Foggia
Barletta
Trani
Bisceglie
Molfetta
Cannae
Canosa
Andria
Terlizzi
Castel del Monte
Ruvo
Bitonto
Bari
Melfi
Venosa
Altamura
Selva di Fasano
Alberobello
Castel Lagopesole
Matera
Gioia del Colle
Ostuni
Brindisi
APULIEN
Potenza
Oria
Metaponto
Tarent
Manduria
Lecce
LUKANIEN
Agri
Herakleia
Sinni
Sapri
Otranto
Galatina
Gallipoli
Castro
Leuca
GOLF VON TARENT
Mte. Pollino
Maratea
Sybaris
Castrovillari
Crati
KALABRIEN
Rossano
La Sila
Cosenza
Nicastro
Crotone
Pizzo
Mileto
Stilo
Lokri
Aspromonte
Reggio
STRASSE VON MESSINA
IONISCHES MEER

Register

(Namen in Kursiv bedeuten antike Stätten)

Biographien / Erinnerungen

Susanna Agnelli
Wir trugen immer Matrosenkleider
Erinnerungen an Kindheit und Jugend in einer der reichsten Familien Europas.
Band 2037

Gottfried Bermann Fischer
Bedroht, bewahrt
Weg eines Verlegers
Band 1169

Günter Blöcker
Heinrich von Kleist oder Das absolute Ich
Band 1954

Günter de Bruyn
Das Leben des Jean Paul Friedrich Richter
Band 2130

Elias Canetti
Die Provinz des Menschen
Aufzeichnungen 1942-1972
Band 1677

Pablo Casals
Licht und Schatten auf einem langen Weg
Erinnerungen, aufgezeichnet von Albert E. Kahn
Band 1421

Charles Chaplin
Die Geschichte meines Lebens
Band 1836

Eve Curie
Madame Curie
Die weltberühmte Biographie der Nobelpreisträgerin, die das Radium entdeckte.
Band 2243

Alfred Einstein
Mozart
Sein Charakter – Sein Werk
Mit 99 Notenbeispielen
Band 2039

Lion Feuchtwanger
Goya oder Der arge Weg der Erkenntnis
Band 1923

Otto Flake
Es wird Abend
Bericht aus einem langen Leben
Band 2272

Helmut Fritz
Die erotische Rebellion
Das Leben der Franziska Gräfin zu Reventlow
Band 2250

Hans J. Fröhlich
Schubert
Band 5011

Hans Gal
Johannes Brahms
Leben und Werk
Mit zahlreichen Abbildungen, Notenbeispielen, ausführlichem Verzeichnis der Werke und Register.
Band 2222

Wilhelm Hankel
Goldne Zeiten führt' ich ein
Caesar und sein Wirtschaftsimperium
Band 2244

Frederik Hetmann
Rosa L.
Die Geschichte der Rosa Luxemburg und ihrer Zeit.
Mit dokumentarischen Fotos
Band 2132

Banesh Hoffmann / Helen Dukas
Einstein – Schöpfer und Rebell
Band 2022

Danielle Hunebelle
Dear Henry
Begegnungen mit Henry Kissinger
Band 1442

Heinrich Eduard Jacob
Felix Mendelssohn und seine Zeit
Band 5023

Franz Kafka
Das Kafka-Buch
Eine innere Biographie in Selbstzeugnissen
Band 708

Walter Kempowski
Immer so durchgemogelt
Erinnerungen an unsere Schulzeit
Band 1733

Rose Fitzgerald Kennedy
Alles hat seine Stunde
Meine Lebenserinnerungen
Band 1840

Hans-Christian Kirsch
...und küßte des Scharfrichters Tochter
Heinrich Heines erste Liebe
Band 5012

Gustav Knuth
Mit einem Lächeln im Knopfloch
Band 1739

Joel König
David
Aufzeichnungen eines Überlebenden
Band 2196

Arthur Koestler
Ein spanisches Testament
Aufzeichnungen aus dem Bürgerkrieg
Band 2252

Halldór Laxness
Zeit zu schreiben
Band 2218

Fischer Taschenbücher